요한계시록 강해

2

요한계시록 강해 2

| 발행일 | 2013년 4월 10일 초판 1쇄 |
| | 2024년 2월 29일 초판 3쇄 |

지은이　김홍전
펴낸이　홍승민
펴낸곳　성약출판사

서울특별시 용산구 한강대로104길 14 (우04334)
전화 02-754-8319 팩스 02-775-4063
www.sybook.org

Expositions on Revelation Vol. 2
ⓒ Sungyak Press, Printed in Korea
ISBN 978-89-7040-088-4 04230
ISBN 978-89-7040-924-5 (세트)

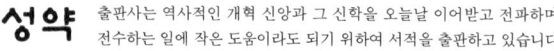

성약 출판사는 역사적인 개혁 신앙과 그 신학을 오늘날 이어받고 전파하며 전수하는 일에 작은 도움이라도 되기 위하여 서적을 출판하고 있습니다.

요한계시록 강해

김홍전 지음

Expositions on Revelation

2

성약

일러두기

1. 이 책에서 성경 말씀을 인용할 때에는 주로 "개역 한글판 성경전서"(1961년 대한성서공회 발행)를 사용하였습니다. 그러나 설명의 편의를 위해서 구역(舊譯)을 인용하기도 하고, 낱말이나 구절을 다시 번역하거나 설명을 더하는 일을 제한하지 않았습니다.

2. 이 개역 한글판에 따르면 성삼위의 한 위(位)의 성호(聖號)인 '성신'(聖神)은 구약전서에만 보존되고 신약전서에서는 '성령'(聖靈)으로 바뀌었습니다. 이 책에서는 구역(舊譯)에 사용되었고 개역(改譯)의 구약전서에 보존되어 있으며 한국 교회에서 60년대까지 널리 사용되던 성호인 '성신'을 사용하였습니다. 이 성호가 신·구약의 성구나 설명문에 나올 때에 '성령'으로 고쳐 읽으시는 것은 독자의 자유입니다.

서문

저자는 성약교회에서 1971년 가을부터 72년 봄에 걸쳐 요한계시록을 강설하였습니다. 요한계시록 강해 첫 권을 펴내는 이때가 마침 올해가 저물고 내년을 기다리는 12월입니다. 연말이 되면 자연히 사람은 지나온 시간을 돌아보게 됩니다. 인생과 마찬가지로 교회도 시간 역사 안에서 책임 있게 전진해 나가려 한다면 과연 땅 위에서 제사장 나라와 복의 기관으로서 품격 있게 제 역할을 담당해 왔는지를 돌아보아야 할 것입니다.

저자는 주일 오전과 오후에 계시록 첫 부분에 나오는 일곱 교회에 보내는 편지를 18회에 걸쳐 강설하였습니다. 그리고 수요일 저녁에는 21회에 걸쳐 계시록 전체를 읽어 가면서 그 전모를 알 수 있도록 가르쳤습니다. 우선 수요일 저녁 강설 내용을 엮어서 두 권의 책으로 펴냅니다. 주일에 행해진 소아시아 일곱 교회에 관한 강설들은 따로 묶어서 곧 출판할 예정입니다.*

독자 여러분들께서도 요한계시록 강해를 통해 교회를 향하신 하나님의 뜻이 어디에 있는지 발견하실 수 있기를 바랍니다. 이 강설들이 40년 세월을 뛰어넘어서, 오늘날 바른 교회를 목표로 하고 전진해 나가는 이들에게도 큰 도움이 되리라 믿어 의심치 않습니다.

2012년 11월 28일
발행인

---

* 참조. 김홍전, 『일곱 교회에 보내는 그리스도의 편지』, 성약출판사, 2014년.

목차

일러두기	04
서문	05

제13강 바다에서 나온 짐승

계시록 13장의 짐승과 다니엘 7장의 짐승	14
큰 바다가 표시하는 실체	18
짐승이 표시하는 실체	21
바다에서 나온 짐승의 특징	22
사탄이 일하는 방식	25
적그리스도가 활동하는 기간	29
정교일치(政敎一致)의 독재권	31
기도	34

제14강 주님의 재림 전에 일어날 일들

역사의 현실 위에 나타나는 마귀의 요동	39
교회가 가진 두 가지 독특한 점	41
교회의 예언자적 성격	43
참된 교회를 부수려는 용의 책략	45
예수님이 땅에 오시기 전에 나타날 징조들	47
자연계의 탄식과 고통	53
기도	59

제15강 배교의 시대에 우리는 어떻게 해야 하는가

민주주의 체제와 기독교의 진리	66
하나님의 나라의 능력과 성신의 역사(役事)	69
음험한 핍박과 최후에 나타날 강력한 핍박	73

최후의 큰 유혹에 빠져들지 않으려면	76
고등 비평 운동과 신학의 변질	79
배교의 시대에 우리는 어떻게 해야 하는가	84
기도	86

제16강 진노의 일곱 대접
역사 위에 임하는 하나님의 심판

계시록 11장부터 펼쳐지는 장면들	89
16장의 사실들은 상징인가	91
땅과 바다에 임할 무서운 심판	93
대접 심판에서 볼 수 있는 역사의 원칙	96
역사 위에 임하는 하나님의 심판	100
바벨론에서 울려 나오는 찬송	103
기도	107

제17강 큰 바벨론의 비밀

붉은빛 짐승을 탄 여자	111
음녀의 특성	113
보편적인 종교에 의한 통치	116
땅의 가증한 것	119
일곱 머리와 열 뿔 가진 짐승의 비밀	122
적그리스도의 출현과 아마겟돈 전쟁	126
기도	128

제18강 바벨론의 멸망과 배교의 현실

바벨론의 멸망 133
이 세상 왕들을 다스리는 큰 도성 바벨론 135
영혼을 사고파는 일 139
멸망한 바벨론의 상태 141
바벨론의 실체 144
마귀가 택한 가장 효과적인 회유 방식 147
미국의 흑백 문제와 기독교의 태도 151
배교와 적그리스도의 국가 155
영혼을 팔아먹는 사람들 157
기도 159

제19강 역사의 대단원에 임할 심판

음녀가 타고 있는 짐승의 실체 163
이스라엘이 취한 왕정의 독특성 167
이스라엘의 사사 제도와 선지자 제도의 독특성 171
이스라엘에 도전한 다섯 세력의 성격 175
여덟째 임금의 적그리스도적 성격 177
역사의 종국에 일어날 대환난 179
기도 181

제20강 새 하늘과 새 땅

성경이 묘사한 이상 세계   185
사람이 추구하는 이상 세계   189
예수님은 마귀가 제안한 이상 세계를 거부하심   191
계시록의 표현을 어떤 관점에서 보아야 하는가   194
기도   200

제21강 역사의 출발점과 귀착점

에덴에 세워 두신 새크러먼트(sacrament)   205
일반적인 은혜   208
은혜의 언약과 하나님의 대권   211
역사의 출발점과 귀착점   216
등불과 햇빛이 쓸데없으니   219
현상 세계와 실재 세계   222
히브리 성경의 구분   224
성경이 가르치는 역사관(歷史觀)   227
우리에게 닥쳐오는 역사의 도전   229
기도   231

보첨(補添)   233

계시록 22장의 중요한 두 장면

성구 색인   254

제13강

바다에서 나온 짐승

요한계시록 13:1-18

Expositions on Revelation

요한계시록 13:1-18

¹내가 보니 바다에서 한 짐승이 나오는데 뿔이 열이요 머리가 일곱이라 그 뿔에는 열 면류관이 있고 그 머리들에는 참람된 이름들이 있더라 ²내가 본 짐승은 표범과 비슷하고 그 발은 곰의 발 같고 그 입은 사자의 입 같은데 용이 자기의 능력과 보좌와 큰 권세를 그에게 주었더라 ³그의 머리 하나가 상하여 죽게 된 것 같더니 그 죽게 되었던 상처가 나으매 온 땅이 이상히 여겨 짐승을 따르고 ⁴용이 짐승에게 권세를 주므로 용에게 경배하며 짐승에게 경배하여 가로되 누가 이 짐승과 같으뇨 누가 능히 이로 더불어 싸우리오 하더라 ⁵또 짐승이 큰 말과 참람된 말 하는 입을 받고 또 마흔두 달 일할 권세를 받으니라 ⁶짐승이 입을 벌려 하나님을 향하여 훼방하되 그의 이름과 그의 장막 곧 하늘에 거하는 자들을 훼방하더라 ⁷또 권세를 받아 성도들과 싸워 이기게 되고 각 족속과 백성과 방언과 나라를 다스리는 권세를 받으니 ⁸죽임을 당한 어린양의 생명책에 창세 이후로 녹명되지 못하고 이 땅에 사는 자들은 다 짐승에게 경배하리라 ⁹누구든지 귀가 있거든 들을지어다 ¹⁰사로잡는 자는 사로잡힐 것이요 칼로 죽이는 자는 자기도 마땅히 칼에 죽으리니 성도들의 인내와 믿음이 여기 있느니라 ¹¹내가 보매 또 다른 짐승이 땅에서 올라오니 새끼 양같이 두 뿔이 있고 용처럼 말하더라 ¹²저가 먼저 나온 짐승의 모든 권세를 그 앞에서 행하고 땅과 땅에 거하는 자들로 처음 짐승에게 경배하게 하니 곧 죽게 되었던 상처가 나은 자니라 ¹³큰 이적을 행하되 심지어 사람들 앞에서 불이 하늘로부터 땅에 내려오게 하고 ¹⁴짐승 앞에서 받은 바 이적을 행함으로 땅에 거하는 자들을 미혹하며 땅에 거하는 자들에게 이르기를 칼에 상하였다가 살아난 짐승을 위하여 우상을 만들라 하더라 ¹⁵저가 권세를 받아 그 짐승의 우상에게 생기를 주어 그 짐승의 우상으로 말하게 하고 또 짐승의 우상에게 경배하지 아니하는 자는 몇이든지 다 죽이게 하더라 ¹⁶저가 모든 자 곧 작은 자나 큰 자나 부자나 빈궁한 자나 자유한 자나 종들로 그 오른손에나 이마에 표를 받게 하고 ¹⁷누구든지 이 표를 가진 자 외에는 매매를 못하게 하니 이 표는 곧 짐승의 이름이나 그 이름의 수라 ¹⁸지혜가 여기 있으니 총명 있는 자는 그 짐승의 수를 세어 보라 그 수는 사람의 수니 육백육십육이니라

제13강

바다에서 나온 짐승

　오늘은 지난 시간에 본 계시록 12장에 계속해서 두 마리의 큰 짐승이 하나는 바다에서, 하나는 땅에서 올라오는 것을 그린 장면입니다. 12장에는 머리가 일곱이고 뿔이 열인 짐승이 나옵니다. "붉은 용이 하나 있어서 머리가 일곱이고 뿔이 열이라. 그 여러 머리에 일곱 면류관이 있는데……"(계 12:3). "그 용은 옛 뱀 곧 마귀라고도 하고 사탄이라고 하는 온 천하를 꾀는 자"(계 12:9) 했습니다. 그가 땅으로 내쫓겼습니다. 내쫓긴 다음에 그 입으로 물을 강과 같이 토해서 남자를 낳은 여자를 핍박하고 빠뜨리려고 하니까 "그 여자가 큰 독수리의 두 날개를 받아 광야 자기 곳으로 날아가 거기서 그 뱀의 낯을 피하여 한 때와 두 때와 반 때를 양육받으매 여자의 뒤에서 뱀이 그 입으로 물을 강같이 토하여 여자를 물에 떠내려가게 하려 하되", 정면에서 하지 않고 여자의 뒤에서 하는 일입니다. "땅이 여자를 도와 그 입을 벌려 용이 입에서 토한 강물을 삼키니 용이 여자에게 분노하여 돌아가서 그 여자의 남은 자손 곧 하나님의 계명을 지키며 예수의 증거를 가진 자들로 더불어 싸우려고 바다 모래 위에 섰더라"(계 12:14-17). 하나님의 계명을 지키며 예수의 증거를 가진 자들과 싸우려고 붉은 용이 그렇게 갔다는 것입니다.

'바다 모래 위에 섰더라' 하는 말씀은 '저가 바다 모래 위에 섰더라' 하는 말로도 보고, 어떤 사본에는 1인칭으로 '내가 바다 모래에 섰었다' 하는 말로 되어 있으니까 정확하게 뭐라고 말할 수가 없습니다만 여기 있는 이대로 '그가 싸우려고 그가 바다 모래 위에 섰더라' 그렇게 보겠습니다.

계시록 13장의 짐승과 다니엘 7장의 짐승

그리고 다시 사도 요한이 묵시로 보니까 "바다에서 한 짐승이 나오는데 뿔이 열이요 머리가 일곱이라. 그 열 뿔에는 열 면류관이 있고 그 머리들에는 참람된 이름들이 있더라"(계 13:1). 이 짐승도 붉은 용과 같이 뿔이 열이고 머리가 일곱입니다. 열과 일곱이라는 수는 여자적(如字的)으로만 보지 않고 상징적으로 볼 때는 하나님의 수와 사람의 수의 만수(滿數)를 늘 표시합니다. 사람은 열이라는 수로 만수를 표시하고 거룩한 것은 일곱으로써 완결된 수를 표시합니다. 흔히 성경에 부호(符號)로 사용될 때 그렇게 씁니다. 여기서도 종교적인 혹은 정신적인 관점으로 봐서든지 인간의 질량적인 관점으로 봐서든지 어떤 충만한 수를 가리키는 것입니다.

이것을 별나게 해석하는 사람들도 있습니다. 로마 제국이 열 개의 국가로 이뤄졌다고 하면서 열 개를 세느라고 애를 쓰는 사람도 있습니다. 귀꿈맞게 별로 역사에 현저하게 나타나지 않는 나라까지 다 끄집어내서 '이렇게 열 개로 형성됐다' 하고 주장하지만 실제로 로마가 멸망시킨 나라가 여러 개이고, 멸망시킨 다음에는 그것을 연방 국가를 만들어 가지고 조직한 것이 아니고 일대 제국을 건설한 것입니다. 그러니까 억강부회(抑强附會)해서 해석할 것이 아닙니다. 여기서 열과 일곱은 열이라는 수가 표상하는 인간적인 충만한 수와 일곱이라는 수가 표상하는 정신세계에 있어서 어떤 일정한 사이클의 전체를 의미한다고 생각하는 것이 좋습니다.

"내가 본 짐승은 표범과 비슷하고 발은 곰의 발 같고 입은 사자의 입 같은데 용이 자기의 능력과 보좌와 큰 권세를 그에게 주었더라"(계 13:2). 짐승의 모양은 표범, 곰, 사자를 닮았고, 명령을 하면 모두가 벌벌 떨면서 습복(慴伏)하고 순종하는 큰 능력과 높은 지위와 큰 권세를 가졌습니다. 이런 묘사를 볼 때 무엇을 연상하게 됩니까? 이것이 거룩한 천사로 연상되지는 않을 것입니다. 용은 "옛 뱀 곧 마귀라고도 하고 혹은 사탄이라고도 하는 온 천하를 꾀는 자라" 그랬는데 그 용과 더불어, 즉 마귀와 더불어 가까이 이야기를 할 뿐 아니라 마귀에게 권세를 받은 자라는 것입니다.

짐승이라는 점을 볼 때는 다니엘 7장이 생각나지 않습니까? "바벨론 왕 벨사살 원년에 다니엘이 그 침상에서 꿈을 꾸며 뇌 속으로 이상을 받고 그 꿈을 기록하며 그 일의 대략을 진술하니라. 다니엘이 진술하여 가로되 내가 밤에 이상을 보았는데 하늘의 네 바람이 큰 바다로 몰려 불더니"(1-2절), 여기서도 바다가 나옵니다. "큰 짐승 넷이 바다에서 나왔는데 그 모양이 각각 다르니 첫째는 사자와 같은데 독수리 날개가 있더니 내가 볼 사이에 그 날개가 뽑혔고 또 땅에서 들려서 사람처럼 두 발로 서게 함을 입었으며 또 사람의 마음을 받았으며, 다른 짐승 곧 둘째는 곰과 같은데 그것이 몸 한 편을 들었고 그 입의 이 사이에는 세 갈빗대가 물렸는데 그에게 말하는 자가 있어 이르기를 일어나서 많은 고기를 먹으라 하였으며, 그 후에 내가 또 본즉 다른 짐승 곧 표범과 같은 것이 있는데 그 등에는 새의 날개 넷이 있고 그 짐승에게 또 머리 넷이 있으며 또 권세를 받았으며, 내가 밤 이상 가운데 그다음에 본 넷째 짐승은 무섭고 놀라우며 또 극히 강하며 또 큰 철 이가 있어서 먹고 부서뜨리고 그 나머지를 발로 밟았으며, 이 짐승은 전의 모든 짐승과 다르고 또 열 뿔이 있으므로 내가 그 뿔을 유심히 보는 중 다른 작은 뿔이 그 사이에서 나더니 먼저 뿔 중의 셋이 그 앞에 뿌리까지 뽑혔으며 이 작은 뿔에는 사람의 눈 같은 눈이 있고 또 입이 있어 큰 말을 하였느니라"(3-8절). 그와 대조적으로 "내가 보았는데 왕좌가 놓이고 옛적부터 항상 계신 이가 좌정하셨는데 그 옷은 희기가 눈 같고 머리털은 깨끗한 양의 털 같고, 그 보좌는 불꽃이요 그 바퀴는 붙는 불이며 불이 강처럼 흘러 그 앞에서 나오며, 그에게 수종(隨從)하는 자는 천천이요 그 앞에 시위(侍衛)한 자는 만만이며 심판을 베푸는데 책들이 펴 놓였더라. 그때에 내가 그 큰 말 하는 작은 뿔의 목소리로 인하여 주목하여 보는 사이에 짐승이 죽임을 당하고 시체가 상한 바 되어 붙는 불에 던진 바 되었으며 그 남은 모든 짐승은 그 권세를 빼앗겼으나 그 생명은 보존되어 정한 시기가 이르기를 기다리게 되었더라"(9-12절).

다니엘이 본 사실은 좀 더 구체성을 띠고 있습니다. 왜냐하면 다니엘이 본 이후에 일어난 역사상의 여러 가지 일과 거기에 나타난 여러 가지 것을 역사 위에 대조해 가면서 보면 결국 어느 모로든지 결론을 얻어낼 수가 있기 때문입니다. 옛적부터 앉아 계신 이가 무슨 일을 새로 시작하시는데 이 두 개의 큰 세력과 큰 능력의 발휘를 대조적으로 쓴 것입니다. 하나는 옛적부터 앉아 계신 이에게서 불이 강같이 흐르고 시위하는 이가 천천만만이라는 사실이고, 또 하나는 '큰 바다'에서 나오는 짐승들입니다. 계시록 13장에는 그냥 '바다'인데 여기는 '큰 바다'라 해서 구체성을 띤 말입니다. 히브리 사람들에게 큰 바다(הַיָּם הַגָּדוֹל)라는 말은 지중해를 가리킵니다. 그러니까 지중해를 중심으로 일어나는 문제를 이야기하는 것입니다. 그리고 그 성격이 '사자인데 날개가 돋쳐 가지고 나중에는 사람의 마음을 받고 우뚝 섰다' 하는 것입니다. 이것은 다니엘이 느부갓네살의 꿈을 해몽하면서 이야기한 것과 대단히 부합하는 점이 많이 있습니다. "왕은 열왕의 왕이시라"(단 2:37) 해서 백수(百獸)의 왕인 사자로 표시했습니다. 과연 가장 강력한 제국다운 제국을 건설한 느부갓네살의 그 웅도(雄圖)나 지략이나 정책을 보면 그렇게 표현할 만합니다.

그리고 다니엘 4장을 보면 그가 한때 자만했다가 미쳐서 짐승과 같이 들의 풀을 먹고 지내다가 다시 사람의 마음을 받은 일이 기록되어 있습니다. 소같이 풀을 먹고 돌아다니고 손톱이 길어 새 발톱같이 되고 머리가 봉봉(槰槰)하게 길었다가 나중에 하늘을 바라보고 자기에게 사람의 마음이 돌아오고, 늘 그것을 순찰하고 감독하는 순찰자, 즉 천사의 목소리를 듣고 깨닫고서 다시 사람의 마음이 되어서 왕위를 회복하고 바벨론을 다시 다스렸다는 이야기입니다. 그런 것을 보면 '사자가 사람의 마음을 받았다'(참조. 단 7:4) 하는 것은 바벨론을 대표합니다. 그다음에는 곰이 일어나서 한편 몸을 들고 입에는 세 갈빗대를 물었다 하는 이야기인데 그것을 메디아(Media)라고 해석하고, 그다음에 표범을 페르시아(Persia)라고 해석하고, 그다음에 나오는 큰 철 이가 있어 부서뜨리고 빻는 짐승을 헬라라고 해석하는 현대 학자가 있습니다만, 메디아가 바벨론과 같은 대제국을 건설해서 천하를 다스리고 차지한 적은 없고 메디아는 나중에 페르시아와 합방(合邦)을 해서 메디아의 공주가 페르시아의 왕에게 시집을 가서 그 왕이 대영웅으로서 페르시아 제국을 건설한 것이니까 두 나라가 합해서 하나의 제국을 건설한 것으로 보는 것이 좀 더 근리(近理)하고 수긍할 만한 해석입니다.

그렇다면 자연히 곰은 끝없이 탐(貪)해서 끝없이 점령하고 판도를 굉장히 넓혔던 미도 페르시아(Medo-Persia) 제국에 관한 양상이고, 그 다음에 나타나는 날개 넷이 돋은 표범은 굉장히 신속히 정복해 나가던 알렉산더 대제의 정복 양상(樣相)을 제일 뚜렷이 드러내 주니까 그것이 헬라이고, 그다음에 무섭고 큰 힘을 가진 넷째 짐승은 가장 강력한 군국(軍國)이었던 로마를 생각나게 합니다. 이 모든 나라들은 지중해를 중심으로 지중해와 인접한 팔레스타인과 관계되어 있는 국가들입니다. 팔레스타인과 관계없는 칭기즈 칸의 제국이나 아메리카에 있던 잉카 제국은 상관이 없는 이야기입니다. 지중해 동안(東岸)으로 뻗어 있는 팔레스타인, 영화로운 땅, 즉 택하신 백성이 있는 땅과 관계된 나라들을 이야기하고 있는 것입니다. 그렇게 깊은 관계를 가지고 있던 나라들이 지중해 연안에서 나왔습니다.

큰 바다가 표시하는 실체

'큰 바다'라는 말은 지중해를 표시하는 말도 되지만 동시에 바다로 상징하는 실체 하나를 생각하게 합니다. 계시록에서는 "또 천사가 내게 말하되 네가 본 바 음녀의 앉은 물은 백성과 무리와 열국과 방언들이니라"(계 17:15) 해서 '물'이 나옵니다. 늘 바람이 불어서 요동하는 바다와 같이 항상 요동하고 변천하고 거칠고 위력이 있는 현상, 즉 정치적이고 경제적인 문화를 건설하는 국가 현상이나 국가의 힘 또는 그러한 것들로 쌓아 올린 '이 세상'(ὁ κόσμος, 호 코스모스)의 큰 세력을 대개 바다로써 상징하는 것입니다. 시편에도 "여호와여, 큰 물이 소리를 높였고 큰 물이 그 소리를 높였고 큰 물이 그 물결을 높이

나이다"(시 93:3) 하는 말씀이 있습니다. 이 세상에 있는 모든 세력들이 아우성을 치면서 "우리가 그 맨 것을 끊고 그 결박을 벗어 버리자"(시 2:3) 하는 현상을 바다가 큰소리를 내는 것같이 들린다고 표현한 것입니다. 그런 것이 지금 여기 바다라는 말로 표시되었습니다.

요컨대 '큰 바다'라는 말은 지중해와도 관계되어 있지만 이 세계의 정치 세력의 큰 주축으로부터 이런 것이 나온다는 의미가 크게 포함되어 있습니다. 그런데 그 시대의 거대한 성격적인 제국으로서는 바벨론과 같이 거대하고 강성한 제국이 과거에 없었고, 그다음에는 미도 페르시아의 대제국이 그 위대한 세력을 가지고 현대에서도 부러워 할 만한 국가 형태를 취하고 나타났고, 그다음에는 알렉산더의 헬라, 그다음에는 로마입니다. 칭기즈 칸이나 나폴레옹이나 샤를마뉴(Charlemagne)나 무굴 제국이나 잉카 제국은 훨씬 후에 나타납니다. 그 이전에 또 다른 나라가 있었는지 알 수 없으나 적어도 역사상 현저하게 오늘날 인류 문화에 깊이 관계되어 있고 근원적으로 올라갈 수 있는 나라들은 지금 말한 그런 나라들입니다. 그것들이 나중에 세계에 영향을 끼친 역사의 큰 흐름으로 나타났던 것입니다.

무굴 제국이나 잉카 제국은 그 고적이라든지 옛날에 있었다는 희미한 사료와 역사의 편편(片片)에서 보는 정도이지 그것이 전 세계 인류가 일대 변동할 만한 강한 영향을 준 일이 없습니다. 가령 칭기즈 칸의 제국이 굉장히 컸다고 하더라도 한때 화화(火花)처럼, 불놀이같이 확 피었다가 스러지고 말았습니다. 그것이 알렉산더의 제국과 같은 영향을 끼쳤거나 적어도 바벨론 제국처럼 인류 문화의 거대한 조류를 만들어 냈느냐 하면 그렇게 생각할 수 없습니다. 그냥 넓은 땅을 말발굽으로 휘감아서 나 차지했다는 것뿐입니다. 그러니까 단순히 제국의 정치적 세력이나 군사적 세력만을 가리키는 것이 아닙니다. 이것은 국가라는 형태로 강력한 힘을 가지고 있으면서 소위 '이 세상'이라고 하는 인류 문화와 그 영광의 실질적인 내용을 구성하는 데에 힘을 발휘하고 그것을 가급적 넓은 판도에 유효하고 능력 있게 퍼뜨리는 세력을 의미하는 것이지, 덮어놓고 역사상에 판도를 많이 차지하고 군사력 가지고 많이 뚜드려 부쉈다고 하는 것이 전부가 아닙니다.

 계시록 13장에 있는 사실 자체가 큰 제국을 이야기하려는 것보다는 인류 전체에 얼마나 큰 세력을 떨치고 나가고 인류 전체의 문화에 하나의 형태를 지어 주고 인류의 생각을 지휘하고 나가는가에 관한 이야기입니다. 얼마나 강력한 힘을 가지고 인류 전체 위에서 하나님 나라의 거룩한 사상과 영광의 여러 가지 내용에 대해서 대척적으로 반항하고 반대하는 큰 세력으로 존재하면서 작용했느냐 하는 것이 중요합니다. 그러니까 어떤 형태의 국가인가는 중요하지 않습니다. 그것이 제국이었든지 공화국이었든지 독재 국가였든지, 혹은 민주주의 국가였든지 여기서는 그런 것이 중요하지 않습니다. 원나라 제국이 굉장했다든지 그런 것이 문제가 아닙니다. 요컨대 그 나라가 인류의 문화와 사상, 사조(思潮)에 얼마나 영향을 끼치고 또한 인류의 생활을 직접 지시할 수 있을 만한 큰 세력을 펼치고 있었느냐 하는 점이 중요합니다. 그래서 바빌로니아나 미도 페르시아나 그리스나 로마를 중요시하는 것입니다. 바벨론 이전에 아시리아도 있고 애굽도 있습니다. 애굽은 지중해 연안에 있었지만 여기 특별히 등장시키지 않는 것은 지금 근원적으로 차례차례 계승해서 움직여 나오는 사실을 다니엘서가 이야기하고 있으니까 애굽이 여기에 끼어들 여유가 없기 때문입니다. 결국 다니엘서에서는 첫째, '바다'라고 하는 말의 의미가 무엇이고 둘째, '짐승'으로 표상하려고 한 것이 무엇인지가 중요한 문제입니다.

짐승이 표시하는 실체

계시록 13장에도 이 두 가지가 다 중요하게 사용되고 있습니다. 바다에서 올라왔고 짐승이었습니다. 지금까지 말씀드린 것과 같이 '바다'는 요동하는 정치 혹은 인류 문화의 큰 세계를 상징합니다. 그런 점에서 단순한 바다가 아닙니다. 그리고 '짐승'은 하나의 큰 세력으로 응취(凝聚)하고 집중해서 인류 위에 영향력을 끼치면서 하나님 나라의 큰 영광의 사실에 대해서 강하게 반대하는 적대 세력을 보여 줍니다. 그 짐승은 의도를 가지고 행악을 하고 난폭하며, 끝없이 먹고 또 부서뜨리고, 소유하고 소화하는 작용을 하고 있습니다. '어떤 국가든지 국가의 성격은 짐승과 같다' 이렇게 해석하는 사람들이 많이 있습니다만 그렇게 간단히 해석할 것은 아닙니다. 포악하며 약육강식을 하고 먹고 부서뜨린다는 점에서 짐승과 같다고 생각하는 것이지만, 국가도 강해야 먹고 부서뜨릴 수 있는 것이지 약하면 먹히기나 할 뿐입니다.

여기 계시록에서도 그렇지만 다니엘 7장에서 본 짐승은 비비한 새나 비둘기로 표시된 것이 아니라 육식 동물로 표시되어 있습니다. 말하자면 맹수입니다. 사자든지 곰이든지 표범이든지 이것은 길들일 수 없는 동물들입니다. 가축도 아니고 애완동물도 아닙니다. 짐승 가운데서도 가장 맹렬하고 강렬한 성격을 가진 맹수들로 표시되어 있습니다. 만일 다니엘이 한국 사람이었다면 호랑이를 썼을지도 모르겠지만 표범을 썼습니다. 그렇게 해서 그 짐승들이 가지고 있는 어떤 독특한 성격을 하나씩 드러내려고 한 것입니다.

계시록 13장으로 돌아가서 거기 나오는 짐승을 보면 지금 말하는 사자라든지 표범이라든지 곰이라든지 어떤 하나를 가지고 표시할 만한 짐승이 아니고 그런 것들의 특성을 모두 포함해서 가지고 있습니다. "내가 본 짐승은 표범과 비슷하고", 사자와 비슷하지 않고 표범과 비슷하다고 했습니다. "그 발은 곰의 발 같고 그 입은 사자의 입 같은데 용이 자기의 능력과 보좌와 큰 권세를 그에게 주었다" 하고 묘하게 그렸습니다. 다니엘서에서는 표범의 특성을 몸에다 두었습니다. 거기다 날개까지 넷이나 돋쳤습니다. 그 네 날개에 대해 좀 더 구체적으로 해석해서 그것은 알렉산더가 가장 중용했던 인물들이 카산데르(Cassander), 리시마코스(Lysimachos), 셀류코스(Seleucos), 프톨레미(Ptolemaios)를 뜻한다고 해석하는 이들도 있습니다. 이 사람들이 알렉산더의 휘하에서 큰 세력을 가지고 가장 맹렬하게 공격을 해 나갔고 나중에 알렉산더가 죽은 후에 그 나라가 넷으로 나뉠 때 각각 왕이 되었습니다. 유럽은 카산데르와 리시마코스가 차지하고 수리아 일대는 셀류코스가, 팔레스틴을 끼고서 남쪽으로는 프톨레미가 대치하게 되었습니다. 그것을 상징하려고 날개 넷을 만들어 냈다고 해석할 수도 있겠지만, 날개 넷으로 표시하려는 것은 그것만이 아닙니다. 표범은 원래 몸이 빠른 짐승인데 금상첨화로 날개까지 돋쳐서 아주 신속하게 달려 나가는 것을 표시한 것입니다. 그러니까 표범을 특성적으로 보여 주는 것은 그 입이나 꼬리가 아니고 몸뚱이입니다. 몸을 중요히 클로즈업(close-up)해서 보여 줍니다.

바다에서 나온 짐승의 특징

계시록 13장에 나타난 짐승에게서 제일 두드러진 것은 몸이 표범 같다는 것입니다(계 13:2). 굉장히 신속하다는 의미입니다. 신속하기만 한 것이 전부가 아닙니다. 신속하기로는 독수리도 빠지지 않지만 표범은 맹수입니다. 맹수로서 자기의 먹이가 되는 것이 있으면 그냥 신속하게 가서 맹렬하게 공격합니다. 신속하게 달릴 뿐만 아니라 맹렬하게 공격한다는 것을 표범의 몸으로 표상한 것입니다. 그래서 여기 나타난 무서운 짐승을 다른 무엇보다도 표범 같다고 한 것입니다.

표범으로서 상징된 나라는 헬라입니다. 헬라 이외에 다른 나라가 그만큼 신속하게 정복한 일이 없습니다. 로마는 철저하게 정복하던 나라이고 헬라의 알렉산더는 아주 신속하게 정복하던 사람입니다. 로마는 철저하게 정복하고 완전히 유린해 버리니까 먹고 부서뜨리고 발로 빻았다고 했습니다. 알렉산더는 신속하게 군대를 끌고 가서 정복하면서도 철저히 쳐부수는 짓은 하지 않고 비교적 관대하게 그 나라의 종교도 용인하면서 단 한 가지, 헬레니즘을 받아들이라는 것뿐입니다. 이렇게 가급적으로 관대한 정치를 펼쳐 나가는 것이 알렉산더의 정책이었고 그 후에 헬레니즘이 발전할 때의 태도였습니다. 알렉산더는 위대한 영웅이라고 할 만큼 강장(强壯)하고 참 영웅적인 기개가 있는 사람입니다. 그런 의미로 계시록 13장의 이 짐승도 어딘지 그런 성격을 가진 거대한 국가나 인물이지 않겠는가 하고 생각하게 됩니다.

그런데 계시록에서 묵시를 해석할 때나 다니엘의 예언과 같은 것을 해석할 때에 한 가지 중요히 생각할 것이 있습니다. 다니엘 2장에 보면 큰 우상의 신상(神像)이 나타날 때에 그 신상은 금, 은, 놋, 철 그다음에는 진흙과 철이 섞인 것으로 보았고 다니엘이 그것을 해석할 때에 "왕은 곧 그 금 머리니이다"(38절) 해서 느부갓네살을 지칭하였습니다. 느부갓네살이라는 한 개인을 표시하고 또한 그는 바벨론을 대표하는 자니까 말하자면 바벨론 국가를 표시한 것입니다. '국가인 동시에 한 왕' 이것이 해석의 요체(要諦)입니다. 계시록 13장에서도 그 짐승은 한 개의 커다란 국권인 동시에 국권을 행사하는 권력의 집중처입니다. 만일 독재자라면 한 인물일 것이고 한 인물이면서 하나의 기관(機關)일 것입니다. 물론 전제 군주는 소위 기관설(機關說)에서 말하는 기관은 아닙니다. 기관설이라는 것은 어떤 한 인물이 권세를 가졌다는 것보다도 그 사람이 앉은 자리가 권위를 대표하는 경우가 많이 있는데 그런 점에서 국가가 그 자리를 시설(施設)해 주고 또 그에게 위탁한 것이라는 말입니다.

요컨대 계시록 13장에 있는 짐승은 표범으로 대표할 만큼 맹렬하고 신속한 공격력을 가졌던 알렉산더와 비슷한 어떤 인물을 상상하게 합니다. 몸뚱이는 표범 같지만 그 발은 곰의 발 같다고 해서 무서운 힘을 가지고 유린하는 곰의 발 이야기를 합니다. 거대한 힘을 가지고 점령하고 유린해 나갑니다. 많은 사람들이 곰은 대단히 굼뜬 짐승이라고 생각하는데 아주 유명한 사냥꾼이 쓴 글을 보니까 그것은 오해이고 산중에서 만난 짐승 가운데 제일 무서운 것이 곰이라고 합니다. 곰은 보통 뒤룩뒤룩하게 생겼고 주변 일에 상관을 하지 않는 것 같지만 일단 성이 나서 공격을 할 때는 그렇게 신속할 수가 없고 아주 무섭게 공격을 한다고 합니다. 곰은 아주 맹렬하게 덤비는데 특히 발로 치는 것이 빠르고 성이 나면 앞에 있는 나무고 무엇이고 할 것 없이 그냥 콱 분질러 젖히면서 앞으로 나온답니다. 그러니까 곰의 발은 굉장한 강타를 할 수 있는 무서운 힘을 표시합니다. 만일 군대라고 하면 군대의 가장 강한 힘은 옛날 중국식 용어로는 타력(打力)이라고 표현했습니다. 예를 들면 '제갈공명이 조조의 군대를 강타를 했다' 이런 말을 썼습니다. 요새로 말하자면 아주 무서운 화력(火力)을 가지고서 막 퍼부었다는 이야기입니다. 곰의 발은 그러한 강력한 타력을 의미합니다. 신속하게 공격할 뿐만 아니라 공격이 아주 무섭게 강하다는 것입니다.

"발은 곰의 발과 같고 그 입은 사자의 입 같은데", 그리고 입은 사자의 입을 가졌습니다. 사자는 몸뚱이보다는 목이 더 중요한 상징입니다. 사자의 갈기는 위엄을 표시하고 그다음에 입을 벌리고 소리를 크게 지르는 것이 무섭습니다. 무서운 이빨을 가지고서 먹고 부서뜨린다고 했는데 그것은 철저한 파괴력을 의미합니다. 이 짐승은 강타할 뿐 아니라 철저히 파괴하고 부서뜨려서 집어먹는 힘이 있다는 것입니다. 그가 얼마나 큰 힘을 가졌느냐 하면 "용이 자기의 능력과 보좌와 큰 권세를 그에게 주었더라"(계 13:2) 해서 용이 아주 높은 위치와 큰 권세, 즉 거기서 무엇이든지 명령하고 행사할 수 있는 권세를 주었다는 것입니다. 이 짐승이 어디서 나오느냐 하면 바다에서 나온다고 했습니다. 이 세상의 정치와 경제, 열국의 소용돌이 속에서 결국 이런 것 하나가 나온다는 이야기입니다.

과연 이것은 어떤 한 일정한 시기에 나올 한 인물이나 하나의 국가의 형태나 정치 세력의 형태를 의미하겠습니까, 그렇지 않으면 역사 전체, 즉 인류 역사 이래 지금까지의 세계의 국가의 총화를 집약적으로 이런 것으로 표시하는 말입니까? 물론 그렇게 집약적으로 표시할 수도 있는 것입니다. 역사 이래로 인류의 사회에 존재한 권력의 집중으로 인한 국가의 형태가 고대의 바벨론부터 지금까지 항상 짐승과 같이 맹수와 같이 포악하게 점령하고 지배하고 나가는 큰 세력을 추구해 왔고 그렇게 해서 자기네 판도를 넓히고 세력을 장악하고 나왔습니다. 그렇지만 여기 계시록 13장에서 나타난 짐승이 반드시 세계에 있는 모든 국가 세력의 총화적인 상태를 의미하지는 않는다는 것을 느끼게 됩니다.

사탄이 일하는 방식

여기 보면 계시록 12장에서 붉은 용이 "그 여자의 남은 자손, 곧 하나님의 계명을 지키며 예수의 증거를 가진 자들과 더불어 싸우려고 바다 모래 위에 섰더라"(17절) 했는데, 싸우려고 하더니 과연 "권세를 받아 성도들과 싸워 이기게 되고"(계 13:7) 한 것을 보면 붉은 용이 싸우는 방식으로 자기 앞에 내세운 것이 짐승이라는 이야기입니다. 그렇다면 적어도 이것이 아담 이래로 니므롯이 건설했던 바벨이든지 아카드(Akkad)든지 그런 나라를 다 포함하는 상태를 의미하기보다는 용이 어떤 특수한 목적을 가지고 자기가 베푼 큰 경륜 가운데에서 산출시켜 놓은 한 세력인 것입니다.

그 특수한 목적이라는 것은 용이 공중에서 미가엘에게 쫓겨난 이후에 땅에서, 땅에 있는 하나님의 세력인 그 여인을 핍박하다가 안 되니까 그 여인의 남은 자손과 더불어 싸우려고 하는, 그래서 하늘에서 "땅과 바다는 화 있을진저!"(계 12:12) 하고 이미 말씀한 대로 땅과 거기 거하는 자들에게 큰 화를 일으키는 계획을 진행하기 위한 가장 유효한 방법으로 용이 하나의 화신(化身)을 만들어 내놓은 것이 이 짐승입니다. 그러니까 그것을 하나의 인격으로 볼 때는 사탄 인카네이트(Satan incarnate), 말하자면 성육신(成肉身)을 해서 로고스께서 사람의 몸을 가지고 땅에 내려오신 것을 모방하였습니다. 사탄도 결국 인간 사회에서 인간들을 가장 효과 있게 잡아서 호령하려면 과거와 같이 자기는 위에 앉아 있고 많은 귀신들을 모아 가지고 그 귀신들 중에서 어떤 것들이 사람에게 들어가서 사람을 도구로 사용해서 일을 하는 방식은 미온적이라고 생각한 것입니다.

사탄은 공중에서 직접적인 물리력을 행사하지 못합니다. 사람의 세계에서는 사람이라는 세계의 현상적 존재와 관계를 맺고 그를 통해서 하게 되어 있지 그것을 제외한 다른 방법으로 가령 특수한 능력을 가지고 모든 자연 현상을 요동시켜서 무엇을 할 수 있는 것이 아닙니다. 우리가 마귀에 대해서 늘 알아 두어야 할 것이 이것입니다.

하나님은 그렇게 하십니다. 성신님께서 사람의 속에 들어가셔서 사람으로 하여금 일도 하게 하시고 동시에 친히 역사(歷史)를 운전하기도 하시고 환경을 변화시키고 섭리로 모든 것을 동시에 발생하게도 하시고 보존하기도 하시면서 다스려 나가십니다. 그러나 사탄은 그것을 모방하려고 해도 그렇게 할 수 없습니다. 그러니까 사람의 정신적인 작용을 사용하는 방식을 씁니다. 사탄이 하나의 영으로 존재하는 까닭에 사람의 영적 작용을 사용하는 것입니다. 그런고로 사람의 영적 작용을 떠나서 사탄이 독립적으로 하나의 인격으로 땅에 거하면서 직접적으로 사람에게 강력하게 타격을 주든지 혹은 무섭게 하든지 그렇게 하게 되어 있지 않습니다. 사탄은 혼몽하고 정신이 없는 사람에게 허깨비를 보게도 하고 환상을 보게도 하지만 결국 그것은 심리적 조작입니다. 그러나 사람 속에 들어가서 활동하는 까닭에 사람의 속에 들어가서 그 사람의 정신으로 하여금 사탄적인 것을 생각하도록 만들 수 있는 것입니다.

　사단이 사람의 속에 들어간 예가 있습니다. 사탄이 가룟 유다의 마음에 먼저 예수님을 팔 생각을 넣어 주었고(참조. 요 13:2) 마지막에는 예수님 앞에서 떡을 한 조각 받은 다음에는 사탄이 곧 그 속에 들어갔던 것입니다(요 13:27). 사탄은 이렇게 일을 하는 것이지 가령 예수님을 십자가에 못 박으려고 할 때도 사탄이 직접 예수님을 자기 손으로 데리고 간다든지 하지 못했습니다. 예수님께서 사탄과 직접 대면한 예가 없는 것은 아닙니다. 예수님이 시험받으실 때에 거기에 다른 무엇이 없이 직접 대면한 것같이 보여 줍니다. 예수님은 로고스로서 하늘에서 사탄이 왔다 갔다 하는 것을 늘 보시는 것입니다. 그러므로 예수님이 직접 사탄을 대면하시는 것은 큰 문제가 아닙니다. 그렇지만 사람으로서 '사탄을 봤다' 하는 말을 함부로 하면 안 됩니다. 사탄이 사람의 속에서 일을 하려면 사람의 속에 들어가기도 하지만, "불순종의 아들들 가운데서 역사하는 영이라"(엡 2:2) 하는 말씀에서 보듯이 불순종하는 자의 속에 거주하면서 일한다는 뜻이 아니고 거기에 에너지를 자꾸 공급한다는 것입니다. 그래서 여러 가지 귀신을 사용해서 사귀(邪鬼) 들린 자가 있게 하는 것입니다. 그런데 이런 것들이 굉장한 효과를 내느냐 하면 그만한 정도의 효과를 내는 것뿐입니다.

하지만 사탄이 최후에 전 인류 위에 일대 요란을 떨려고 할 때에는 그런 미온적인 방법으로 하지 않고 사탄이 할 수 있는 최대의 방법으로 할 것입니다. 가장 사탄적인 인물 하나가 탄생해서 나오고 그를 사용할 것인데 그가 바로 적그리스도입니다. 사탄이 모든 점에서 그리스도를 모방하는데, 이를테면 그리스도가 성육신했다는 것과 비슷하게 사탄도 이제 가장 유능한 인물 하나를 완전히 자기의 도구로 써서 활동을 한다는 것입니다. 예수님은 성신으로 잉태해서 동정녀 마리아에게 나셨습니다. 그래서 마리아의 체질 가운데, 마리아의 본질을 가지고 사람이 되셨지만 사탄은 그런 재주가 없습니다. 사탄도 잉태하게 해 가지고 자기에게 필요한 인간을 하나 낼 수가 있습니까? 그것은 도저히 할 수가 없는 이야기입니다. 사람의 눈을 속이려고 하겠지만 사탄은 결국 어떤 한 사람을 사용할 수밖에 없습니다. 그래서 이제 한 사람을 사용해서 사탄은 그에게 자기의 권세와 보좌와 힘을 다 준다는 것입니다. 이런 무서운 인간이 하나 나올 것을 보여 주고 있습니다. 환상적인 천사 같은 것이 나오는 것이 아니라 한 인물이 나오는 것입니다. 그리고 그는 인물인 동시에, 마치 느부갓네살이 바벨론을 완전히 대표하고 그 머리가 된 것과 같이 국가를 완전히 대표할 수 있는 아주 초인적인 인물이라야 하겠다는 것입니다. 그것은 한 인물인 동시에 구체적인 인간적인 지혜에 의해서 그가 행사하는 집중된 큰 권력 내용입니다. 결국 인간이요 동시에 권력의 내용인 것입니다. 그것이 가장 사탄적인 것입니다.

적그리스도가 활동하는 기간

이러한 인물이 이제 나오게 되는데 그가 무제한하게 일을 하는 것이 아니라 마흔두 달 동안 일할 수 있게 되어 있습니다. "또 짐승이 큰 말과 참람된 말 하는 입을 받고 또 마흔두 달 일할 권세를 받으니라"(계 13:5). 마치 모든 세계의 국권이 여기에 응취되고 집약된 것 같은 가장 성격적이고 가장 농밀(濃密)한 국권인데 마흔두 달 동안 일을 한다는 것입니다. 마흔두 달은 우리에게 친숙한 기간입니다. "마흔두 달"(계 11:2), 그러니까 일천이백육십 일입니다. 그리고 "삼 일 반 후에"(계 11:11) 혹은 "한 때와 두 때와 반 때"(단 7:25; 계 12:14)라는 말씀이 있습니다. 이것은 어떤 일정한 기간을 표시합니다. 그런데 이것이 똑같은 기간인가에 대해서는 우리가 명확하게 전부 다 같은 기간이라고 말하기는 힘듭니다. 그렇지만 어째서 하필 마흔두 달로 표시됐는가 하는 문제입니다. 의미가 있는 것은, 한 때인가 하면 두 때이고 두 때인가 하면 반 때라는 그 시간이 주는 큰 인상 또는 감정과도 관계가 있지만 세 때 반에서 한 때를 1년으로 치면 열두 달이니까 세 때면 서른여섯 달이고 반이면 또 여섯 달, 그래서 마흔두 달이 되는 것입니다. 일 년을 360일씩 계산해서 일천이백육십 일이라는 그런 식으로도 생각해 볼 수 있습니다.

세 때 반을 사흘 반이라고 하기도 하는데 왜 하필이면 사흘 반이냐 하면, 그것에 두 배를 하면 일곱이 되는데 일곱은 하나님의 경륜의 한 사이클입니다. 완전한 한 회기(回期)가 일곱인데 회기의 반절이 사흘 반입니다. 그런 의미로 보면 하나님께서 인류를 구원하시고 또 하나님의 큰 나라를 이 땅 위에 설시(設施)하는 전 기간을 하나님의 수로 생각해서 일곱이라는 수로 보고 그것을 둘로 나누면 마흔둘입니다. 일곱 가운데 절반이고 7년이라는 수를 절반으로 나눠 놓으면 삼 년 반, 마흔두 달이 됩니다. 그런 의미에서 마흔두 달은 독특한 성격을 가진 하나의 기간입니다.

계시록 12장에서 여자가 아들을 낳아서 하나님 앞으로 올려 가니까, 용이 미가엘과 더불어 싸워서 하늘에 있을 곳이 없게 되어 땅으로 쫓겨나서 땅에서 낭자히 행패를 하는데 그 기간을 마흔두 달로 보면, 전 기간 7년의 반절이 마흔두 달입니다. 예수 그리스도를 정점으로 해서 그 이전에도 하나님 나라는 진행해 왔고 이후로도 흘러갑니다. 그러므로 그 이전을 삼 년 반으로 보면 그 이후도 삼 년 반으로 보아서 그 전체가 땅 위에 있어서의 하나님 나라의 진행의 한 사이클을 의미한다고 생각해 볼 수 있습니다. 그렇다면 삼 년 반은 소위 아하리이트 하야밈(אַחֲרִית הַיָּמִים)이라는 것, '후기' 혹은 '말세'라는 말로 표현하는 그 독특한 성격이 있는 전 기간을 이야기하는 것입니다. 그 기간 동안 이 자가 여러 가지로 일을 하는데 특별히 맹렬한 죄악을 행할 시간이 있을 것입니다. 얼마 동안 그렇게 할는지 알 수 없으나 좌우간 그가 마흔두 달 중에 그런 사탄적인 일을 한다는 것입니다.

그렇다면 지금 말한 이런 자가 과거의 역사에, 신약 시대의 모든 역사에 있어 왔다고 보아야 할 것 아닙니까? 그를 꼭 어떤 한 인물이라고 하기보다 상징적인 한 인물로 볼 때에는 교회가 존재한 처음부터 항상 교회와 하나님의 거룩한 나라의 진행에 대해서 맹렬하고 강력하게 반격을 하고 자기를 세워서 하나님이라고 하고 자기가 우상이 되고 신이 되어서 섬기게 하는 이 세력의 운동은 언제든지 있어 왔습니다. 그런데 그것이 시간이 점점 흐를수록 아주 농밀하게 강력하게 나타나서 역사의 종국에는 가장 위대하고 무섭게 나타날 것이라는 말입니다.

용이 내쫓김을 받아서 처음 얼마 동안에는 아이를 낳은 여인을 핍박했습니다. 그다음에는 여인이 광야 자기 곳으로 가니까 여인의 뒤에서 물을 강같이 토해서 여인을 물에 빠뜨리려고 했습니다. 그래도 안 되니까 이제는 남은 자와 더불어 싸우려고 합니다. 여인의 남은 자손과 더불어 싸우려고 할 때 취한 가장 효과 있는 방법이 바로 '짐승'입니다. 그러니까 이 짐승이 전 기간 동안 있었다고 생각하기는 어렵습니다. 용은 항상 존재하고 있으면서 활동했으니까 짐승의 성격이 전 기간 동안에 흐르고 있다고 할 수 있습니다. 왜냐하면 짐승의 성격은 용이라는 큰 테두리 안에 있는 성격이기 때문입니다. 그러므로 그런 성격을 가지고 있었으나 그것을 가장 맹렬하게 그것을 잔인하게 맹혹하게 발휘해 가지고 땅 위에서 낭자히 행동하는 것은 마지막에 '아무래도 안 되겠다' 생각하고서 일어나는 그 시간입니다. 그런 의미로 여기에 있는 사실들을 보아야 할 것입니다.

정교일치(政敎一致)의 독재권

용이 여인을 핍박했다는 것은 이 짐승이 교회를 핍박하는 사실의 성격을 그대로 표시해 줍니다. 그런데 마지막에는 어떤 방법으로 핍박하는가 하면 정교일치(政敎一致)의 방법으로 사람에게 강제 종교를 강요하면서 동시에 그 사람의 생존권을 통제하는 통제 경제 정책을 취하고 독재적인 한 세력을 확호하게 수립해서 전 세계를 그 앞에 습복(慴伏)시킨다는 것입니다. 그리고 "그의 머리 하나가 상하여 죽게 된 것 같더니 그 죽게 되었던 상처가 나으매 온 땅이 이상히 여겨 짐승을 따르고"(계 13:3)라는 말씀으로 그가 역사상 기복(起伏)이 있는 인물이라는 것을 표시했습니다. 그의 정책이라든지 정치적인 존재의 부활 혹은 부흥이라는 사실이 세상 사람을 경탄시킬 만하고 그런 아주 굉장한 활동을 해서 초범(超凡)한 역사를 하나 만든다는 뜻입니다. 이러한 인물이 나중에 나와서 활동을 하게 될 것입니다.

그의 활동은 인류 역사 전체에 있는 활동 전부를 망라한 이야기 같지만 독특한 성격 하나를 표시하고 있습니다. 그가 정권을 가지되 독재권을 가지고 있고 정교일치의 독재권을 발휘한다는 것입니다. 부분적으로는 그런 일이 있었지만 역사에 보편적으로 존재했던 사실은 아닙니다. 예를 들면 제2차 세계 대전 때 일본이 가지고 있던 성격의 두드러진 면은 첫째, 피와 철을 가지고 무섭게 쳐부수려고 하는 군국주의적인 것과 둘째, 인간을 신화(神化)한다는 것과 셋째로, 정교일치 혹은 제정일치(祭政一致)를 한다는 것입니다. 그들이 내건 '아시아적 대사명'이라는 것을 일종의 종교적인 것으로 만들어서 신사 참배를 시키고 국가 신도(神道) 혹은 일본 황실 신도 하나를 유일의 종교로 삼으려고 하고 그것이 동시에 국가에 충성을 다하는 길이라고 강요해 나갔습니다. 그런 것이 하나의 샘플이 될 것입니다. 독일은 어떠했느냐 하면 독일 역시도 같은 태도를 취했습니다. 히틀러는 결국 반미치광이가 됐지만 그를 반신적(半神的)으로 숭앙을 시켰습니다. 모든 경우에 '하일 히틀러!' 해서 '히틀러 만세'를 부르게 해서 히틀러를 찬양하도록 했습니다. 이와 같이 강력한 독재권은 결국 인간을 신화하는(man-deifying) 그런 데로 자꾸 응취(凝聚)되어 나가는 것입니다. 최후에는 여기에 그것이 집약되는 것입니다. 인간을 신화해 나가는 것입니다. 큰 우상을 만들어 놓고 거기에 절하게 한다는 것을 보면 종교적입니다(계 13:14-15). 이런 종교적인 마스터플랜(master plan)을 바다에서 올라온 짐승이 세우는 것입니다.

이러한 것은 모든 시대를 통해서 부분적으로 때때로 있었던 사실입니다. 예를 들면 가톨릭의 오만한 전성 시기에는 가톨릭의 교황권 자체가 인간 신화의 사실이었습니다. 로마 제국 이래로 인간을 신화하려고 하고 모든 사람을 탄압해 가지고 한 손에 쥐려고 하는 세력의 운동은 끊임없이 존재해 왔습니다. 로마 제국이 붕괴되자 그 대신에 소위 가톨릭적인 로마 제국이 건설되어서 강력하게 인간을 신화했습니다. 교황은 로마 시대에 황제를 신이라고 했던 것보다도 더 보편적인 신권을 가지고 예수 그리스도의 대리자로, 신적인 존재로 앉아서 그의 말에는 오류가 없다고까지 주장을 하게 되었습니다. 일찍이 이 가톨릭적인 인간 신화보다도 더 강력한 인간 신화의 독재권을 건설했던 시대는 없었습니다. 독일이 해 봤다고 하지만 가톨릭이 아주 난숙한 독재권을 발휘하던 시대만 못합니다. 신성 로마 제국의 황제였던 하인리히 4세(Heinrich IV, 1050-1106)가 파문을 취소받기 위해서 교황이 머물고 있던 카노사로 가서 맨발로 성문 앞에 가서 밤잠을 안 자고 찬 데에서 빌었던 일이 상징적으로 보여 주듯이 나중에 교황은 왕 중이 왕이 되어 독재권을 깊게 되있습니다.

그 이후에 프로테스탄트의 개혁이 일어나면서 여러 가지 잡다한 양상이 일어났다고 하더라도 인간 세상에는 부분부분 산발적으로 인간 신화적인 사실들이 늘 일어났습니다. 오늘날까지도 그런 사실이 일어나고 있습니다. 정치적인 세력의 집중은 궁극적으로 항상 종교적으로 변하는 것입니다. 소비에트 러시아 같은 무신론 국가는 무신론이 한 개의 종교입니다. '1. 이렇게 할 것 2. 이렇게 할 것 3. 이렇게 할 것' 해서 그 사람들이 가지고 있는 헤겔리안 막시즘(Hegelian Marxism)의 조목들이 하나의 정교적(政敎的)인 교조(敎條)가 되어 가지고 있습니다. 그리고 그 플랜(plan)에 따라서 자기네 혁명은 역사를 따라가면서 역사의 과정대로 반드시 된다는 것입니다. 왜냐하면 이것은 기계와 같은 것이니까 기계는 청사진대로 또는 먼저 했던 공식(formula)대로 사용하면 되고 혁명도 공식에 의해서 한다는 것입니다. 이것이 그 사람들이 가지고 있는 교조입니다. 사람을 하나의 기계로 보는 것도 하나의 종교적인 관점이고 하나의 인간관입니다. 그런 관점에서 마스터플랜(master plan)을 하면 그것이 하나의 교조가 됩니다.

이런 것은 인류 역사에 늘 있어 왔고 앞으로도 상당히 그대로 진전해 나갈 것을 우리가 예상할 수 있지 않습니까? 그래서 마지막에는 이런 것들이 그러한 무서운 사실로 전부 응축되고 집중되어서 발휘될 것입니다. 우리는 여기서 첫째로 그런 것을 보아야 합니다. 그리고 그것은 우리 주님이 재림하시기 전에 땅 위에 큰 환난을 빚어 일으킬 것입니다. 그리고 그 환난은 모든 인류에게 공동으로 임하는 것이지 교회는 공중으로 올라가 버리고 땅 위에 7년 대환난이 따로 일어나는 것은 아닙니다. 오늘은 이야기가 조금 어렵게 됐습니다만 원래 계시록이 어려운 책이니까 이렇게 어렵게 보아야지 그것을 다 '이것은 무엇이고 저것은 무엇이다' 하고 들이붙일 재주는 없습니다.

기도

거룩하신 아버지시여, 아버님의 크신 경륜이 땅 위에 인류 사회에 퍼져 나갈 때에 종국에는 이러한 가장 무서운 정치적, 종교적 현실이 나타나고 말 것을 보여 주셨사옵니다. 그리고 이것은 갑자기 나타나는 것이 아니라 인류 역사 가운데 이미 배태되어 있을뿐더러, 특별히 우리 주님께서 하늘에 오르사 왕권을 구체적으로 행사하시는 그때부터 그 나라의 세력에 어떻게 해서라도 대항하려고 하는 마귀의 준동이 이 땅 위에 심해져서 인류 역사와 더불어 항상 반신국적인 여러 양상이 간헐적으로 혹은 부분적으로 나타났고 이제 역사의 종국에 가까울수록 그것이 농밀하게 집약되어서 인류 역사에 암흑 시기를 확연하게 드러내게 될 것을 저희가 보고 있사옵니다. 이제 그러한 준비를 하는 시기에 저희들의 사명이 무엇인지를 깊이 깨닫고 이런 거대하고 황량한 세계 역사의 진전 앞에서 저희들의 교회가 능력 있고 찬란하고 힘 있는 거룩한 하나님 나라의 아름다운 양상을 드러내는 교회로서 명확히 서 나아가게 하옵소서.

예수님 이름으로 기도하옵나이다. 아멘.

1972년 2월 9일 수요 기도회

제14강

주님의 재림 전에
일어날 일들

요한계시록 14:1-20

Expositions on Revelation

요한계시록 14:1-20

¹또 내가 보니 보라 어린양이 시온 산에 섰고 그와 함께 십사만 사천이 섰는데 그 이마에 어린양의 이름과 그 아버지의 이름을 쓴 것이 있도다 ²내가 하늘에서 나는 소리를 들으니 많은 물소리도 같고 큰 뇌성도 같은데 내게 들리는 소리는 거문고 타는 자들의 그 거문고 타는 것 같더라 ³저희가 보좌와 네 생물과 장로들 앞에서 새 노래를 부르니 땅에서 구속함을 얻은 십사만 사천 인밖에는 능히 이 노래를 배울 자가 없더라 ⁴이 사람들은 여자로 더불어 더럽히지 아니하고 정절이 있는 자라 어린양이 어디로 인도하든지 따라가는 자며 사람 가운데서 구속을 받아 처음 익은 열매로 하나님과 어린양에게 속한 자들이니 ⁵그 입에 거짓말이 없고 흠이 없는 자들이더라 ⁶또 보니 다른 천사가 공중에 날아가는데 땅에 거하는 자들 곧 여러 나라와 족속과 방언과 백성에게 전할 영원한 복음을 가졌더라 ⁷그가 큰 음성으로 가로되 하나님을 두려워하며 그에게 영광을 돌리라 이는 그의 심판하실 시간이 이르렀음이니 하늘과 땅과 바다와 물들의 근원을 만드신 이를 경배하라 하더라 ⁸또 다른 천사 곧 둘째가 그 뒤를 따라 말하되 무너졌도다 무너졌도다 큰 성 바벨론이여 모든 나라를 그 음행으로 인하여 진노의 포도주로 먹이던 자로다 하더라 ⁹또 다른 천사 곧 셋째가 그 뒤를 따라 큰 음성으로 가로되 만일 누구든지 짐승과 그의 우상에게 경배하고 이마에나 손에 표를 받으면 ¹⁰그도 하나님의 진노의 포도주를 마시리니 그 진노의 잔에 섞인 것이 없이 부은 포도주라 거룩한 천사들 앞과 어린양 앞에서 불과 유황으로 고난을 받으리니 ¹¹그 고난의 연기가 세세토록 올라가리로다 짐승과 그의 우상에게 경배하고 그 이름의 표를 받는 자는 누구든지 밤낮 쉼을 얻지 못하리라 하더라 ¹²성도들의 인내가 여기 있나니 저희는 하나님의 계명과 예수 믿음을 지키는 자니라 ¹³또 내가 들으니 하늘에서 음성이 나서 가로되 기록하라 자금 이후로 주 안에서 죽는 자들은 복이 있도다 하시매 성신이 가라사대 그러하다 저희 수고를 그치고 쉬리니 이는 저희의 행한 일이 따름이라 하시더라 ¹⁴또 내가 보니 흰 구름이 있고 구름 위에 사람의 아들과 같은 이가 앉았는데 그 머리에는 금 면류관이 있고 그 손에는 이한 낫을 가졌더라 ¹⁵또 다른 천사가 성전으로부터 나와 구름 위에 앉은 이를 향하여 큰 음성으로 외쳐 가로되 네 낫을 휘둘러 거두라 거둘 때가 이르러 땅에 곡식이 다 익었음이로다 하니 ¹⁶구름 위에 앉으신 이가 낫을 땅에 휘두르매 곡식이 거두어지니라 ¹⁷또 다른 천사가 하늘에 있는 성전에서 나오는데 또한 이한 낫을 가졌더라 ¹⁸또 불을 다스리는 다른 천사가 제단으로부터 나와 이한 낫 가진 자를 향하여 큰 음성으로 불러 가로되 네 이한 낫을 휘둘러 땅의 포도송이를 거두라 그 포도가 익었느니라 하더라 ¹⁹천사가 낫을 땅에 휘둘러 땅의 포도를 거두어 하나님의 진노의 큰 포도주 틀에 던지매 ²⁰성 밖에서 그 틀이 밟히니 틀에서 피가 나서 말굴레까지 닿았고 일천육백 스다디온에 퍼졌더라

제14강
주님의 재림 전에 일어날 일들

역사의 현실 위에 나타나는 마귀의 요동

지난번에 살펴 본 계시록 13장에는 역사의 현실 위에 마귀의 요동이 나타날 때에 어떻게 나타날 것인가에 대해서 세세하게는 아니지만 가장 중요한 관점에 따라서 쓰여 있습니다. 계시록 11장부터 13장에서는 마귀가 요동하는 문제를 가르치고 있는데 11장에는 두 증인과 그 증인에 대한 핍박으로, 즉 하나님의 증거에 대한 핍박이라는 상태로 나타납니다. 하나님의 능력과 영광이 그 두 증인을 쓰셔서 세상 위에 꼭 나타내야 할 것이 있을 때에 아무것도 그것을 막을 수가 없이 나타내도록 하시고, 그 일이 끝난 다음에는 악의 세력이 또 한 번 창궐해서 하나님의 증거자라도 죽이고 증거의 사실을 완전히 봉쇄해 버리는 큰 흑암의 세력이 대두하고 창궐할 것이 나타납니다. 이와 같이 거룩한 증거자들을 죽이는 일은 '소돔'이라고도 하고 '애굽'이라고도 하는 세계에서 일어납니다. 그리고 두 증거자들을 죽이는 자는 무저갱에서 올라오는 짐승입니다. 그것이 11장에서 주로 이야기하는 내용입니다.

그 두 증거자는 예언자로서 특별히 그 시대에 자기네가 해야 할 사명, 즉 예언자의 정신과 기능과 의무를 다하고 나가는 자태를 상징합니다. 그리고 그것에 대해서 불가부득 전달되어야 할 것이 전달되기까지는 이 세계가 마음대로 하지 못하지만 그 증거하는 일이 끝날 때에 무저갱으로부터 올라오는 짐승이 저희로 더불어 전쟁을 일으켜서 저희를 이기고 저희를 죽인다는 것입니다. 요컨대 이것은 교회가 예언자로서의 성격을 가지고 자기의 일을 할 것을 가르치고, 그러나 교회가 예언자의 일을 끝마치는 어느 때엔가는 교회의 예언자의 성격이 점점 희미해지고 무저갱에서부터 올라오는 짐승의 승승장구하고 기세등등한 사실이 역사 위에 크게 대두될 것을 가르치고 있습니다.

이렇게 해서 예언자로서의 성격이 소실(消失)된 것과 같은 상태 가운데 있지만 "삼 일 반 후에 하나님께로부터 생기가 저희 속에 들어가매 저희가 발로 일어서니 구경하는 자들이 크게 두려워하더라. 하늘로부터 큰 음성이 있어 이리로 올라오라 함을 저희가 듣고 구름을 타고 하늘로 올라가니 저희 원수들도 구경하더라"(계 11:11-12). 삼 일 반이라는 시간이 지나면 이러한 일이 있을 것을 말씀하고 있습니다.

12장에 나타나는 큰 사실들은 여러분이 이미 아시는 바와 같이 교회의 영광의 자태가 이번에는 한 여인으로, 그 안에 예수 그리스도를 포함하고 있는 사실로 나타납니다. 예수 그리스도를 포함한 거룩한 하나님의 경륜의 내용, 즉 오이코노미아를 '교회'라는 말로 볼 때에는 구약의 교회와 신약의 교회를 일관해서 거룩한 교회라는 사실이 거기에 있습니다. 그 거룩한 교회가 하는 큰일의 하나는 거기서 장차 철장(鐵杖)으로 만국을 다스릴 아이를 해산하는 일입니다(계 12:5). 해산을 하게 될 때에 이번에는 하늘에 한 이적이 보입니다. 붉은 용이 있어 머리가 일곱이고 뿔이 열인데 그 여러 머리에 일곱 면류관을 다 썼는데 그 용의 꼬리가 하늘의 별 삼분의 일을 끌어다가 땅에 던진다고 했습니다. 하늘의 별들이 그 앞에 그만 굴복을 하게 될 만큼의 큰 권세를 가진 자, 큰 영향력을 가진 자라는 것입니다. 그 용이 여자가 아이를 낳으면 덜컥 삼키려고 했지만 그 아이가 하늘로 올려가니까 삼킬 수가 없게 되었습니다. 그래서 용과 그의 사자들이 하늘에서 전쟁을 하게 되는데 미가엘과 그의 사자들과 더불어 싸우지만 이기지 못해서 다시는 하늘에서 있을 곳을 얻지 못하고 쫓겨났다는 것입니다. 이렇게 해서 땅으로 쫓겨나니까 이번에는 땅 위에서 낭자(狼藉)한 일을 극(極)하게 행해서 여인의 뒤에서 입으로 물을 강같이 토해 가지고 여인을 물에 빠뜨리려고 하지만 땅이 입을 벌려서 여인을 건져 내니까 여인의 남은 자손들과 더불어 싸우려고 갔다는 것입니다. 그래서 바다 모래 위에 섰다는 것이 둘째로 중요한 장면입니다.

교회가 가진 두 가지 독특한 점

우리는 이상의 두 장면에서 거룩한 교회가 언제든지 원상으로 가지고 있는 큰 사명의 내용을 볼 수 있습니다. 교회는 거룩한 존재이고 보편성이 있으며 성육신(成肉身)하신 예수 그리스도를 머리로 삼고 한 몸을 이루고 있어야 합니다. 그런데 교회가 구약 시대부터 존재한다고 할 때에 기조적(基調的)으로 중요한 것은 한 하나님을 섬기고 그 하나님만을 나타낸다는 사실입니다. 그러니까 교회는 온 세상의 우상 숭배에 대해서 언제든지 맹렬하게 반대하고 대치해서 대적하고 서 있는 것입니다.

세상은 소돔이고 애굽입니다. 그러니까 소돔이나 애굽의 풍습에 좇아가지 않는 것입니다. 소돔과 애굽이 가지고 있는 멸망받을 성격에 대해서 타협하지 않고 의(義)를 지키고 나가는 점에서 교회의 자태가 무엇인가를 알 수 있게 하신 것입니다. 애굽에서 이스라엘 백성을 건져 내심과 같이 교회를 주께서 구속하시고 건져 내셔서 세상 속의 한 분자가 되지 않게 하신다는 점에서 애굽이라는 말의 의미를 알 수 있습니다. 구속해 내신다고 할 때에는 애굽이라는 경지에서 구속하시는 것이고 멸망받을 데에서 건져 내신다고 할 때에 그 멸망받을 곳은 소돔과 같은 곳입니다. 그래서 '소돔'과 '애굽'이라는 말을 쓰신 것입니다. 언제든지 그런 데에 있게 되고 그런 데에서 그들이 나온다고 할지라도 역사 위에 드러내야 할 현저한 성격은 예언자로서의 성격입니다.

  모세의 법대로 보면 두 개의 증거가 있어야 증거로서 성립되는 까닭에 여기서도 '두 증인'이라는 말을 쓴 것입니다. 어떤 사람은 그것이 신약과 구약이라고 이야기하기도 합니다만 어쨌든지 그 증거는 분명하고 확실하여서 한 사람의 독백이 아니라는 것입니다. 방증이 있고 객관성이 있다는 것을 표시하려고 한 것입니다. 이 두 사람이 다 증거자인데 선지자라고 했습니다. 예언자로서의 성격을 늘 가지고 있어야 한다는 것입니다. 교회에 예언자의 성격이 없으면 안 된다는 것이고 자기의 일을 다할 때까지는 끝까지 충실하게 하지만 교회가 선지자의 성격을 잃어버리는 때가 있다는 것입니다. 세계의 이 거대한 조류 앞에서 마침내 교회가 예언자의 성격을 잃어버리고 예언자가 아니라 시체같이 나둥그러질 때가 있습니다. 전 세계 사람들의 구경거리가 되는 날이 있다는 말입니다. 오늘날에도 거의 예언자로서의 성격은 없고 세계 사람들의 구경거리가 된 정도입니다. 이것이 오늘날 세계 교회의 현실입니다. 예언자의 성격이 거의 소실된 것 같을지라도, 하나님께로부터 생명이 교회의 예언자로서의 활동 위에 다시 임하기 위해서 하나님께서는 그 교회 안에 예언자들을 다시 보내셔서 시대의 말기에, 교회가 공중으로 휴거(攜擧)되어서 올라가기 전에 마지막에 큰 등명을 한번 비춰야 할 것입니다. 왜냐하면 흑암이 많은 세상인 까닭에 결국 등불을 비춰야 할 것입니다. 어쨌든지 거기서 볼 수 있는 중요한 문제는 예언자로서의 성격을 가진 교회입니다.

둘째로, 교회가 가지고 있는 독특성이 무엇인가 하면 그것은 예수 그리스도께서 교회 밖에 별달리 계시는 것이 아니고 교회 안에 계시면서 세계에 당신을 드러내신다는 것입니다. 그런고로 육신으로 말하면 한 민족을 단위로 해서 구약의 교회를 세웠던 이스라엘에서 예수께서 나셔서 이스라엘의 택하신 자들에게 먼저 거룩한 빛을 비추고 나가셨습니다. 자기 백성이니까 거기에 오신 것입니다. 그러나 오늘날에는 세계 보편으로 퍼져 있는 이 교회의 머리로 계신다는 점에서 예수 그리스도는 교회에서 나오시는 분입니다. 다른 말로 하면, 교회는 예수 그리스도가 오셔서 역사 위에 만세 전부터 내신 하나님의 큰 경륜을 실현시키기 위한 거룩한 그릇으로 땅 위에 두어두신 것입니다. 이것이 언제든지 중요한 사실입니다. 그러니까 교회가 이 세상 사람들이 사업을 하듯이 사업을 하기 전에, 예수 그리스도를 진정으로 머리로 모시고 있는 존재의 확실성과 존재의 통일성이라는 신성한 자태를 가지고 있으면 그것대로 벌써 하나의 위대한 교회의 사명을 해 나가고 있는 것입니다. 그것은 '그리스도께서 여기 계신다' 하는 것을 증명해 나가는 일입니다.

교회의 예언자적 성격

태초에 계신 말씀이 육신이 되어 이 땅에 내려오시기 전에는 말씀이 하나의 발언적인 형태로, 헬라어로는 흐레마타(ῥήματα), 영어로는 스피킹(speakings), 즉 말씀하시는 것으로 존재하셨습니다. 예언자에게 제일 중요한 것은 말을 한다는 것입니다. 그리고 그 말은 항상 교회 안에 보존되고 교회 안에서 바르게 수호되고 선양되어야 합니다. 이것이 '기록되어 있는 말씀'입니다. 예수 그리스도는 마침내 말씀 그 자체, 즉 영원하신 로고스가 성육신하신 것입니다. 그러니까 그것이 가장 명료하고 현저한 하나님의 말씀의 계시입니다.

하나님의 계시가 우리에게는 사람들의 부호인 언어를 통해서 왔습니다. 그러니까 언어를 부호로 잘 기록해서 보존하는 것이 교회가 가지고 있던 구체적이고 현실적인 사명이었습니다. 예언자로서 교회의 사명의 중요한 부분은 말씀을 잘 보관하고 선양해 나간다는 점에 있습니다. 동시에 그 말씀이라는 것은 이미 있는 어떤 부분만이 아니라 시대를 통해서 역사를 통해서 필요한 것을 주께서 계시하시는 대로 또 받아서 전하고 보관하는 것이 예언자의 사명입니다. 이것이 예수 그리스도께서 땅에 오셔서 거룩한 교회를 세운 초기까지 계속되었습니다. 그러나 그 이후에는 그런 의미에서의 계시는 끝났습니다. 하나님께서 사람에게 주시고자 하시는 거룩한 이치, 교리(dogma)의 발전은 그것으로 끝났고 그다음부터는 이미 베푸신 교리에 대한 해석의 활동이 계속되어야 합니다.

예수 그리스도께서 오셨다는 그 역사적인 정점에서 그동안 계속해서 더해지고 더해지던 신선한 새로운 계시의 사실은 그리스도 자신에게서 충만히 나타난 계시로 말미암아 완성된 것입니다. 신약에는 말씀으로서 육신을 입고 땅 위에 계신 그분에 대한 보고와 동시에 그분에 대한 보고의 중요한 부분을 해석한 것이 붙어 있습니다. 그분에 대한 목격자의 직접 보고와 적어도 그분의 가장 중심적인 사실들을 보고한 것이 복음서입니다. 그리고 나머지 책들은 전부 복음이라는 큰 내용을 해석하고 설명해 나간 책입니다. 이렇게 해서 신약이 성립되었습니다. 예수 그리스도께서 육신을 입고 땅에 오셨다는 것이 정점이 되어 가지고 그동안 누적되어 왔던 계시, 그러한 신선하고 창조적인 새로운 계시의 증가는 끝나고 그다음에는 이미 축적되어 있는 계시를 해석하는 역사가 시작된 것입니다. 교리의 발전이라는 면에서 보면 그동안 새로운 것을 깨닫도록 창조적인 거룩한 도리의 새 국면을 보여 주시던 일이 거기서 끝난 것입니다. 그리고 이미 충만하게 발전해 버린 교리의 내용, 말하자면 압착되어 가지고 진수(眞髓)만 모여 있는 것 그대로를 사람들이 섭취할 수도 없고 깨달을 수도 없는 까닭에 그것을 풀어서 그 부분부분을 세밀하게 꺼내 가지고 그것을 섭취해서 영양을 자꾸 취하도록 한 것입니다. 그것이 해석이라는 일입니다. 이것이 교회의 예언자적인 사명 수행의 일면입니다. 계시록 11장에서는 주로 그 면을 다루고 있습니다.

참된 교회를 부수려는 용의 책략

12장에 와서는 예수 그리스도가 나신 사실과 그리스도가 승천하신 다음에 땅 위에 일어나는 역사의 큰 사실들이 나옵니다. 여인을 핍박하다가 여인이 그대로 꿈쩍 안 하니까 용이 여인의 뒤에서 물을 강같이 토해서 여인을 빠뜨리려고 하는 장면입니다. 로마 제국의 많은 핍박이 있었어도 교회는 그대로 엄연히 존재하고 쇠퇴하지 않고 오히려 세력이 더 증가되어 가니까 이번에는 무서운 세속주의와 우상 숭배와 로마적인 이교주의와 헬라적인 철학이 다 같이 합력해 가지고 들어와서 기독교를 공격합니다. 첫째는 기독교를 국교로 삼아서 로마에 있는 모든 우상 숭배나 이교주의를 기독교적으로 윤색하려고 하였습니다. 둘째로 헬라적인 철학으로 기독교적인 내용을 해석해서 기독교를 철학화하려고 하는 운동이 이단 운동으로 나타났습니다. 이런 것은 마치 붉은 용이 입에서 물을 강같이 토한다는 것과 같습니다. 여인의 뒤에서 토한다는 것은 면전에서 직접 핍박이나 대전을 안 하고 뒤에서 가만히 끌어들여서 어느새 그냥 물이 벙벙해 가지고 물에 빠져 죽게 하려는 것입니다. 부지불식간에 교회가 다른 사조(思潮)와 이교주의(異敎主義)와 이단적인 주장을 교리로 취해서 그리로 빠져 들어가도록 하려는 책략입니다.

하나님께서 당신의 특별하신 섭리와 계획으로 그것을 막아내 주시지 않고 놓아두셨다면 교회에 있는 사람들만으로는 그것을 알 길이 없었을 것입니다. 그러나 하나님의 은혜로 이단은 이단인 꼬리를 드러내게 되고 이교주의는 이교주의라는 꼬리를 늘 드러내게 되었습니다. 그것이 기독교적인 색깔을 가졌을지라도 기독교가 아니라는 것이 확실하게 알려지도록 하신 것입니다. 하나님의 종들에 의해서 하나님께서 친히 손으로 운전하시는 역사의 현실 가운데 그러한 사실이 노현(露顯)되도록 하셨습니다. 하나님의 특별하신 간섭과 섭리에 의해서 땅이 입을 벌려서 용이 토해 낸 물을 다 받아들인 것과 같은 상태가 된 것입니다. 이것은 어느 때든지 다 있는 사실입니다. 다시는 이단이 발생하지 않는 것은 아니지만 제1세기나 2세기같이 이단의 큰 화로 말미암은 교회의 방황은 다시 발생할 수 없습니다. 교리가 확립되어 있고 역사를 통해서 전승(傳承)하는 것이 있기 때문입니다.

그러니까 이번에는 용이 여인의 남은 자손들과 더불어 싸우려고 합니다. 용의 무서운 책략 가운데 "그 여자의 남은 자손 곧 하나님의 계명을 지키며 예수의 증거를 가진 자들로 더불어 싸우려고 바다 모래 위에 섰더라"(계 12:17) 해서 말하자면 용의 책략이라는 것은 개인적인 싸움을 하자는 것입니다. 여인과 직접 싸움을 한다는 것보다 '여인의 남은 자손'이라고 했으니까 교회의 자녀들 각각을 붙들고 싸우려고 하는 것입니다. 눈에 보이지 않는 참된 교회를 핍박하려는 것입니다. 현실로 보이는 교회라는 기독교 사회단체를 상대로 해서 뚜드려 부수려고 하는 핍박이 아닙니다. 이러한 단계(stage)가 그다음에 온다는 것입니다. 교회라는 겉모습은 놓아두고 그 알맹이를, 말하자면 그 안에 무형으로 건설되어 있는 신령한 참된 교회를 부수고자 하는 것입니다.

그래서 쓰는 책략이 여러 가지 있는데 그 대표적이고 종말적인 상태, 그러므로 가장 치열한 상태가 두 개의 면에서 나타납니다. 어느 때든지 이것이 있지만 역사의 종국에 가장 현저하게 아주 치열하게 나타날 사실은 정치권력이 관여한다는 것과 거짓 선지자라는 종교적인 큰 사실이 거기에서 적극적인 활동을 한다는 것입니다. 정치권력의 관여라는 것은 개인을 국민으로 상대하는 것입니다. '너는 어떤 교(敎)의 교인이니까' 하는 교인의 자격으로 논하는 것이 아니라 '너는 마땅히 국민이니까 이것은 이렇게 해야 한다' 해서 자기의 권력하에 있는 가장 근거리에 있는 권계를 가지고 요구해서 자연적으로 자기의 종교를 포기하게 만든다는 그런 사실입니다. 이것이 현재도 있고 앞으로 어느 시대든지 때를 따라서 발생할 일입니다. 이것이 가장 치열하고 현저하게 발생할 때는 생각건대 지구에 대환난이 있는 그 시기일 것입니다. 이런 것이 대환난을 일으킬 것입니다.

예수님이 땅에 오시기 전에 나타날 징조들

예수님이 이 땅에 오시기 전에 일어날 여러 가지 확실한 징조가 있다고 성경이 가르쳤습니다. 그러나 '그 징조가 이것이다, 저것이다' 하고 우리가 들어 왔던 것을 함부로 준신(遵信)할 수 없습니다. 과거에 세대주의적인 관점에서 '이렇다 저렇다' 하는 이야기는 독단이고 함부로 그려낸 것들입니다. 예수께서 오실 증거에 대해서 개혁자들이 역사적으로 분명하게 믿고 확호하게 지지하고 나가던 것들이 몇 가지 있습니다. 첫째, 예수님은 복음이 온 세상에 다 전파된 후에 오신다는 것입니다. 모든 민족에게 다 전파된 후에 오신다고 하셨습니다(참조. 마 24:14). 이것은 어떤 한 민족이면 그 민족 전부가 다 예수 그리스도를 믿는다는 말이 아니라 어떤 민족에게든지 복음은 일단 다 들어갔다는 의미입니다. 복음을 믿는 수는 원래부터 정해진 것입니다. 한 민족에서 한 사람만 믿을 수도 있는 것입니다. 하나님의 그 신비한 작정 가운데 나오는 것이니까 어떻게 될지 알 수가 없습니다. 한 민족이 전체적으로 기독교화 된다는 것도 역시 기대할 수 없는 일입니다. 어쨌든지 '모든 민족에게 복음은 들어간다. 복음이 땅 끝까지 이르러서 모든 백성에게 전파된 후에야 끝이 이를 것이다.' 이것이 한 가지입니다. 이것을 하나씩 전부 다 설명할 수 없으니까 우선 그 중요한 조목만 알아두시기 바랍니다.

그다음에는 이스라엘 사람의 남은 자가 있어서 하나님께서 구원하시고자 하는 사람들이 다 구원을 받은 다음에 완전한 종결이 온다는 것입니다(참조. 롬 9:27-28). 이스라엘 사람이 완전히 제거되는 것은 아니라는 말씀입니다. 그러나 이스라엘 사람들이 전부 회개하고 나온다는 것은 절대로 없는 이야기입니다. 이미 회개하지 않고 죽은 수가 원체 많은데 마지막에 예수님이 오실 때에 있는 사람만 전부 회개한다고 해서 무슨 의미가 있습니까? 특별히 의미가 없습니다. 그러나 이스라엘 사람의 정한 수가 있어서, 그 만수(滿數)는 언제든지 채워지는 것입니다. 그런 의미에서 이방에도 만수($\pi\lambda\acute{\eta}\rho\omega\mu\alpha$, 플레로마)가 있습니다(참조. 롬 11:25). 구원할 자를 놓치시는 일이 없이, 하나도 탈락시키시는 일이 없이 다 구원하신다는 것입니다. 이것은 이스라엘이

나 이방이나 마찬가지입니다. 지금은 이스라엘이 완매(頑昧)한 가운데 있어서 복음이 이방에게 자꾸 뻗어 나가지만 결국은 이스라엘도 복음을 받아들여서 구원받을 자의 수가 확호하게 확보된다는 것입니다. 셋째로 땅 위에 거대한 배교(背敎)가 있어서 교회가 자기의 속성과 사명을 다른 것으로 다 바꿔 가지고 교회라는 이름을 가지고 딴 짓을 하게 되고 그리스도를 배반하는 일을 한다는 것입니다. 그런 일이 땅 위에 있을 것입니다. 여러분이 잘 아시는 바와 같이 지금 이 시대에 이것이 아주 현저하게 나타나고 있습니다.

지금 복음이 이 세상 모든 민족에게 안 들어간 민족이 없이 다 들어갔다고 말을 하려면 어떤 통계를 보든지 보아야 하겠지만 적어도 알려져 있는 민족 속에 복음이 안 들어간 민족이 있다는 이야기는 별로 없습니다. 선교사들이나 혹은 책자라도 다 들어갔습니다. 제일 캄캄해서 복음을 알지 못하는 데가 아프리카 대륙이었는데 오늘날에는 현저하게 다 드러나서 사방에 여러 나라가 서면서 기독교가 어디든지 들어갔습니다. 과거에 아프리카는 신비한 땅이고 암흑의 대륙이라고 했는데 이제는 암흑도 아무것도 아닙니다. 다 독립을 하고 주권을 찾으려고 외치고 서양에 나와서 교섭을 해서 우리나라보다 먼저 유엔 회원국이 되기도 하고 유엔에서 제3의 세력을 형성하는 주축이 되어 가지고 있습니다. 남은 곳이 또 어디에 있겠습니까? 에스키모가 사는 곳에도 진즉에 교회가 다 들어갔습니다. 그전에 미국에 있을 때 친구 한 사람이 여름 방학 동안 알래스카에 가서 에스키모한테 전도를 하고 왔다는 보고를 했습니다. 그런데 거기에 이미 교회가 있었다고 이야기를 했습니다. 북극 가까이에 있어 눈이 항상 쌓여 있는 아이슬란드고 어디고 간에 교회가 안 들어간 데가 없습니다. 시베리아에도 교회가 있습니다. 그러면 저 남방에 있는 어느 섬이겠습니까? 거기도 마찬가지입니다. 현재 이 세계에서 알고 있는 데에는 다 복음을 가진 사람들이 자꾸 들어갔습니다. 그렇지 않으면 오늘날의 발달한 통신망으로, 라디오라든지 텔레비전을 통해서 복음은 어쨌든지 퍼졌습니다. 그런고로 복음이 퍼져 나간 사실과 배교하는 사실은 우리의 눈앞에 현저한 사실로 나타나 있습니다.

그리고 이스라엘의 그 일정한 수는 얼마나 되는지 우리가 알 수 없으나 이스라엘 사람은 하나도 예수를 안 믿느냐 하면, 오늘날 이스라엘에 가면 그 사람들로만 형성한 교회가 있다는 말을 아직까지 못 들었지만 그 사람들 가운데에도 기독교인이 있습니다. 유럽 사람이 하는 교회에 한두 사람이 나옵니다. 저도 텔아비브에서 설교를 청탁받고 영국 성공회에 가서 설교를 한 일이 있습니다. 아침에 설교를 했는데 주로 영국 대사관 직원으로 있는 고급 관리들과 그 식구들이 왔습니다. 그날 저녁에는 영국 사람들이 사방으로 사람들을 초대해서 왔는데 주로 독일어만을 하는 유대 사람들이었습니다. 그 사람들을 가득 모아 놓고서 저는 영어로 하고 한 분이 독일말로 통역해서 전도를 했습니다. 그러니까 좌우간 믿고 안 믿는 것은 그 사람들의 문제고, 그렇게 자꾸 전도를 하니까 복음은 들어가는 것입니다. 저 자신도 이스라엘 사람들에게 전도를 한 일이 여러 번 있습니다. 꼭 유대 사람만 골라서 한 것은 아닌데 어떻게 해서 유대 사람과 그렇게 마주친 일이 있습니다. 그리고 텔아비브에서는 아주 공개적으로 주일 저녁에 장시간 그렇게 복음을 전파했습니다.

아메리카에는 유대 사람들로 조직된 선교 단체도 있습니다. 자기네 동족에게 선교를 해야겠다는 것입니다. 선교 팸플릿(pamphlet)도 많이 있습니다. 또한 아메리카 사람들로 조직된 유대인들을 위한 선교 단체가 여러 군데 있어서 유대인들에게 적극적으로 전도를 합니다. 신약을 히브리어로 번역해서 이스라엘에 들여보내고 예루살렘에서 유대인에게 전도하기 위해서 책을 놓고 팔기도 합니다. 신약과 어떤 책들에 대해서는 '원하시면 가져가십시오. 돈은 안 받습니다' 하고 오는 사람들마다 설명을 합니다. 제가 개인적으로 잘 아는 이가 책을 파는 선교사였습니다. 그는 미국 사람이고 부인은 캐나다 사람인데 예루살렘에 있을 때 여러 번 그의 초대를 받기도 했습니다. 그가 아직 신학을 공부하는 사람이었는데 감사하게도 간절히 배우려고 하는 태도가 있어서 며칠을 계속해서 밤늦게까지 여러 가지 것에 대해서, 가령 하나님의 말씀을 어떻게 생각하고 어떻게 배워야 한다는 것에 대해 이야기한 적이 있습니다. 그가 낮에는 나가서 이스라엘 사람들에게 전도를 하고 또 큰 서점에 앉아서 책을 팔았습니다.

이스라엘 사람도 구원을 받을 수 있어서 당대에 구원받아야 할 사람이면 마지막 때까지 기다릴 것이 없이 그 사람 당대에 죽기 전에 구원받아야 하니까 하나님께서 불러내시는 것입니다. 어느 시대든지 그 사람이 그 당대에 구원받을 사람이라면 그 사람의 수한(壽限)이 있는 동안에 불러내시는 것이니까 그 사람이 말세에 처해 있는 사람이 아니라면 구원받는 사람들이 한 개의 교회를 형성할 것입니다. 이스라엘 사람들만 모여 있는 교회가 어디에 있는지는 모르겠습니다만 그 사람들 상당수가 가서 있는 교회는 있습니다. 그런 사람들도 만나 보았습니다.

이 충만 수가 다 차면 그때는 주님이 오신다는 이야기입니다. 그러면 앞으로 또 남아 있는 것이 무엇입니까? 배교라는 사실은 앞으로 더 짙어질 것이고 전도는 계속될 것입니다. 그러면 결국 충만 수는 차고 말 것이고 예수님이 오시는 그 순간까지는 그 충만 수가 찰 것이니까, 다른 말로 하면 여기서 복음을 전해 나가는 이 사역은 그대로 계속되어서 최후에 남아 있는 사람, 하나님의 거룩하신 은혜에 최후로 남아 있는 그 사람에게까지 복음이 전파되고, 그 사람이 확실히 주를 믿기로 작정한 다음에는 그 사람 생전에 더 이상 구원받을 사람이 없으면 그다음에는 주님이 오신다는 이야기입니다. 최후에 남아 있는 사람이 '복음을 믿겠습니다' 하고 작정하자마자 갑자기 나팔소리가 나고 주님이 오신다고 생각할 것은 아니라도 좌우간 그것이 끝이라는 이야기입니다. 교회는 이제 더 배교할 것이고 그러니까 앞으로 어떠한 여러 가지 다른 징조가 있을지라도 그 안에서 그 일은 계속될 것입니다.

그런데 아직까지 역사상 한 번도 안 일어난 큰 사실들이 있습니다. 그것은 대환난입니다. 교회가 있어온 이래로 여러 번 환난이 있었지만 마지막에 가서 큰 환난이 있다는 것입니다. 교회만 쏙 빠져 나오는 그런 환난이 아니라 교회도 땅 위에서 대환난을 만난다는 이야기입니다. 그리고 그것이 대환난인 이유는 계시록 13장에 나타난 이 두 짐승이 거기서 야단을 내기 때문입니다. 이 두 짐승은 그 속성과 행동으로 보아서는 그것이 대표적이니까 그와 같은 일은 과거에도 있었고 꼭 어느 때 한 사람만을 가리키는 이야기는 아닙니다. 그러나 그것이 가장 응취(凝聚)되고 응집(凝集)되어서 권화(權化)가 되어서 사탄의 화신으로 나타날 가장 강렬하고 치열한 자, 아주 대표적인 자는 이때 온다는 말씀입니다. 그것이 적그리스도입니다.

제1세기에 사도 요한이 "적그리스도가 이르겠다 함을 너희가 들은 것과 같이 지금도 많은 적그리스도가 일어났으니"(요일 2:18) 하고 이야기했습니다. 그러니까 '너희가 들은 바 장차 온다고 하던 그가 이미 있다' 했지만, 그러나 한 인물로 최후에 나타날 가장 현저하고 대표적인 적그리스도, 그러니까 '그 적그리스도'(the antichrist)라고 하는 자는 앞으로 올 것이라는 말입니다. 그 적그리스도의 낭자한 행동이 여기 계시록 13장에 표시되어 있습니다. 그와 더불어 적그리스도의 대언자, 그를 대신해서 그의 말을 받아 가지고 할 자 또는 그의 정신을 받아 가지고 퍼뜨릴 자가 11절부터 땅에서 올라오는 짐승으로 나타나 있습니다. 땅에서 올라오는 짐승은 이때 한 번만 나타나고 전에는 도무지 그런 자취도 없었다는 것은 아니지만 이때가 가장 본격적인 등장이라고 해야 할 것입니다. 그러니까 환난과 무서운 적그리스도의 나타남이 있습니다. 그리고 이 환난은 단순히 사회나 정치 경제상의 가공(可恐)할 만한 혼란과 괴변만이 아니라 자연계에도 그 징조가 나타난다는 것입니다. 인간들의 죄악의 큰 준동(蠢動)과 인류 사회의 배후에 있는 마귀가 이제 자기의 때가 다 된 줄 알고서 최후의 발악을 하는 동안에 자연계도 그 진통을 참을 수 없어서 이변을 일으킬 수 있는 것입니다.

자연계의 탄식과 고통

로마서 8:18부터 읽겠습니다. "생각건대 현재의 고난은 장차 우리에게 나타날 영광과 족히 비교할 수 없도다. 피조물의 고대하는 바는 하나님의 아들들의 나타나는 것이니 피조물이 허무한 데 굴복하는 것은 자기 뜻이 아니요 오직 굴복케 하시는 이로 말미암음이라. 그 바라는 것은 피조물도 썩어짐의 종노릇한 데서 해방되어 하나님의 자녀들의 영광의 자유에 이르는 것이니라. 피조물이 다 이제까지 함께 탄식하며 함께 고통 하는 것을 우리가 아나니 이뿐 아니라 또한 우리 곧 성신의 처음 익은 열매를 받은 우리까지도 속으로 탄식하여 양자 될 것 곧 우리 몸의 구속을 기다리느니라"(롬 8:18-23). 투철하게 자연을 투시한 사도 바울 선생이 성신님의 거룩한 빛으로 볼 때 일월성신(日月星辰)이나 바람이나 비나 나무나 동물이 모두 소리를 가지고 있다는 것입니다.

음악에서는 소리를 중요하게 생각합니다. 어떤 소리가 얼마만큼 뜻을 가졌는가 하는 것을 생각하는 것인데 소리에 대한 뜻을 생각지 못할 때에는 음악을 할 수가 없는 것입니다. 상대적인 뜻만을 생각하고 있을 때에는 그 깊은 것을 찾기가 어렵습니다. 많은 이들은 음악을 할 때에 소리의 상대적인 뜻만을 찾습니다. 어떤 소리가 땅 하고 나면 악음(樂音)이냐 소음(騷音)이냐 그것만 생각하고 거기에 다른 소리가 순차적으로 나든지 혹은 동시적으로 날 때 비로소 '그 소리의 의미가 무엇이다' 하는 생각을 하기가 쉽습니다. 화성적(harmonic)으로 나오든지 선율적(melodic)으로 나오든지 거기에 강약이 붙고 리듬이 붙어 가지고 나올 때에 그 소리의 의미가 무엇이다 하고 생각하기가 쉽다는 말입니다. 그러니까 그 소리 하나하나의 의미보다는 소리군의 의미 가운데서 한 소리의 의미를 찾는 것입니다.

그런데 좀 더 깊이 들어가서, 이제 사도 바울 선생이 우주의 만상을 자기의 생각이 미치는 데까지 생각해 보고, 자기의 눈에 자기의 감각에 비치는 만큼의 자연계의 모든 현상들을 바라보았을 때에 그의 감각에 호소하는 자연계의 현상, 가령 어떤 소리가 들려왔습니다. 그러면 '저것이 무엇을 의미하는가' 하고 생각하는 것입니다. 예를 들면, 오순절 때 다락방에 크고 급한 바람 같은 소리가 났다고 했습니다. '굉장히 큰 태풍 소리 같은 소리가 났다. 그건 바람 소리다' 그런 정도의 뜻이었습니까? 그것이 아니라 더 큰 뜻을 가지고 있었습니다. '장차 성신님께서 이렇게 이렇게 하신다' 하는 전초적인 선전자(herald)로서의 의미도 가지고 있습니다. 뿐만 아니라 그 소리 때문에 예루살렘 사람들이 거기에 소리의 근원이 있는 것을 알고 그리로 모여 왔습니다. 와서 보니까 이번에는 시각에 호소하는 불의 혀같이 갈라진 것이 각 사람 위에 임하고 있었습니다. 그러므로 그 소리는 예루살렘 사람을 모으기 위한 소리입니다. 그런 구실이 제일 중요합니다.

성신님이 오신다고 나팔을 부는 것에 비교할 만한 소리를 아무리 내어 보아도 그것은 상징적인 것이고, 상징적인 것은 의미가 통하지 않으면 결국 아무것도 안 되는 것입니다. 그러나 그때의 큰 태풍 소리와 같은 소리는 의미를 해석하려고 하지 않는 사람들에게라도, 첫째로 예루살렘에 있던 각 사람의 마음 가운데에 '그냥 그런가 보다' 하고 만 것이 아니라 두렵고 희한한 생각이 나고 견딜 수가 없어서 '대체 이것이 무엇이냐? 가 보자' 하고서 그 사람들의 호기심을 극도로 환기시키고 유발시켜서 거기까지 오도록 하는 결과를 냈습니다. 오지 않고 '이게 무슨 소리냐?' 하고 조금 의심하다 말았으면 소용이 없었을 것입니다. 그런데 오기까지 했습니다. 세상에 있는 어떤 소리라도, 우리가 전혀 안 듣던 소리를 듣고서 자기가 하던 일을 제폐(除廢)하고 가 보아야겠다고 하지는 않을 것입니다. 그런 것을 보면 비상한 의미를 가지고 있었습니다. 이런 것이 소리의 의미입니다.

사도 바울 선생은 "세상의 소리가 여러 가지라도 뜻이 없는 소리는 없나니"(고전 14:10) 하고 말했습니다. 그런 그가 바람 소리를 들을 때, 빗소리를 들을 때 그저 보통 시인들이 빗소리를 듣고서 그 소리에 응해서 시나 짓는 정도의 그런 의미를 생각했겠습니까? 그것은 그 자체의 의미라기보다 자기 자신의 감상일 뿐입니다. 바울 선생은 그런 주관적인 의미가 아니라 객관적으로 자체가 구유하고 있는 의미를 볼 수 있었습니다. 바람 소리도 주관적으로 의미를 못 느끼는 사람에게는 의미가 없는 것입니다. 하고많은 바람에 '에이, 바람이 심하다. 춥겠다' 하는 정도로 생각할 것입니다. 그러나 사도 바울 선생은 소리의 객관적인 의미, 즉 소리 자체가 가지고 있는 의미가 무엇인가를 보았습니다. 빗소리를 듣고 혹은 금풍(金風) 소리를 듣고 시를 쓴다면 그것뿐입니다. 그렇게 울리는 사람도 있지만 안 울리는 사람에게는 사실 소용이 없습니다. 빗소리를 듣고 시정(詩情)을 느끼는 사람보다도 걱정이 생기는 사람도 있을 것입니다. 예를 들어 잔뜩 벽돌을 만들어 놓고 말리다가 빗소리가 나면 '큰일났구나' 하는 것이 그런 예입니다. 그러나 '들을 귀가 있는 사람에게 그것 자체는 이런 의미를 가지고 있다' 하고 통틀어서 하신 말씀이 로마서 8:22입니다. 피조물들이 함께 탄식하며 함께 고생한다는 이야기입니다. 바울 선생은 피조물의 탄식 소리를 알아들을 수 있었던 것입니다. '아이고' 하고 고통하며 신음을 한다는 것입니다. 결코 시적으로 아름답게만 보지 않았습니다. '자연계는 무한히 아름답다' 하고 자연계의 아름다움을 볼 줄 알면 그것도 볼 줄 모르는 사람보다 좀 낫습니다. 시인은 그렇게라도 보는 것입니다. 그러나 바울 선생은 그 속에 있는 고통과 탄식을 볼 줄 알았던 것입니다.

마귀의 가장 치열하고 괴악한 불의와 흑암에 젖어 있는 인류의 죄악 때문에 피조물이 탄식하고 고통을 받는데 우리 주께서 오시기 전에 이 땅 위에 극한 발악과 포악과 불의가 있어서 그 고통이 더욱 심하여질 것이라는 말씀입니다. 그런 죄악적인 인간에게 주께서 땅 위에 임하시기 전에 경고를 하시는 것입니다. 자연 현상을 통재하시는 주님은 어떠한 자연으로 저들에게 임할 것인가를 가르치고 보여 주시기 위해서, 당신의 영광과 의의 거룩한 빛을 말하자면 반주(伴奏)하고 동반(同伴)하기 위해서 하늘에서 큰 징조가 보이고 이변이 나타날 것을 말씀하신 것입니다. 이것을 단순히 상징적인 용이로만 해석할 것이 아닙니다. 그런 사실이 있을 것입니다.

우리 주님께서 임재하실 때에는 그냥 몸으로 훤히 내려오는 것이 아니라 구름을 타고 오신다고 그랬습니다. 영광의 구름, 쉐키나(שְׁכִינָה) 구름을 타고 오십니다. 그날 일월성신에 다 징조가 있고 이변이 생긴다고 했습니다. 주님의 의의 거룩한 속성이 침침칠야(沈沈漆夜)와 같은 이 흑암의 세계에 있는 극단의 악에 대해서 어떻게 진노하시는가, 그것을 사갈(蛇蝎)같이 미워하고 싫어하시는가를 지금까지 함께 고민하며 탄식하는 소리를 내는 피조물들도 장차 한번 보게 된다는 것입니다. 이런 일이 장차 온다는 이야기입니다. 이것은 주님이 오시기 전에 일어날 일들입니다.

주님이 오실 때에는 그 징조로 일월성신의 이변도 있지만 "주께서 호령과 천사장의 소리와 하나님의 나팔로 친히 하늘로 좇아 강림하시리니"(살전 4:16) 하는 말씀에서 보듯이 큰 호령 소리가 천하에 있는 모든 사람에게 들리고 천사장의 소리와 하나님의 나팔로 하늘로 좇아 친히 강림하신다고 했습니다. 이것은 땅에 있으면서 그리스도를 믿고 기대하던 모든 사람들이 가장 큰 기쁨 가운데 들어가기 직전에 일어날 가장 숭엄하고 무서운 현실입니다. 그런 후에 고린도전서 15장에서 "보라, 내가 너희에게 비밀을 말하노니 우리가 다 잠잘 것이 아니요 마지막 나팔에 순식간에 홀연히 다 변화하리니 나팔 소리가 나매 죽은 자들이 썩지 아니할 것으로 다시 살고 우리도 변화하리라"(고전 15:51-52) 하는 말씀을 보면, 먼저 땅에 자던 성도가 일어나서 순식간에 변화한다고 했습니다. 엔 아토모(ἐν ἀτόμῳ)라는 말은 '원자 사이의 시간에'(in an atom)라는 말입니다. 우리말로는 '순식간'이라는 말로 번역했습니다. 순식간에 영광의 몸을 입고 자던 성도가 먼저 휙 변화해 가지고 올라가고, 그러고서 땅 위에 살아남아 있던 자들, 육신과 영혼이 떠나지 않고 있던 사람들도 동시에 순식간에 변화해서 이 땅에서가 아니라 공중에서, 중간에서 우리 주님을 만난다는 것입니다.

이것은 상징이 아니고 사실 그대로입니다. 이것을 우리는 믿습니다.

그러한 일이 있기 전에 땅 위에 있는 큰 징조 가운데 이 대환난, 대흑암의 주동적인 자들이 누구냐 하면 13장에 있는 두 짐승입니다. 그리고 그것들에 대해서 주의하고 끝까지 견디고 정조를 지켜야 할 것을 14장에서 가르칩니다. 이것들이 요동하는 세계를 가리켜서 여기서는 '바벨론'이라고 표시했습니다. "큰 성 바벨론이여, 모든 나라를 그 음행으로 인하여 진노의 포도주로 먹이던 자로다"(계 14:8). 바벨론은 이 혼란한 세계를 의미하고 어느 때는 혼란한 교회가 거대하게 자신을 한 개의 위대한 세계적인 단체로 구성해 놓은 것을 표시할 때에도 '영적인 바벨론'이라는 의미로 이 말을 씁니다. 하지만 '바벨론'이라고 할 때는 먼저 세상(cosmos)에 대한 이야기입니다.

그런고로 "만일 누구든지 짐승과 그의 우상에게 경배하고 이마에나 손에 표를 받으면 그도 하나님의 진노의 포도주를 마시리니 진노의 잔에 섞인 것이 없이 부은 포도주라." 세상에서 그냥 그 체제하에서 순종하고 유유복종(唯唯服從)하고 살아가려고 했다면 용서하는 것 없이 맹렬하게 내릴 포도주를 마실 것이라는 말씀입니다. "거룩한 천사들 앞과 어린양 앞에서 불과 유황으로 고난을 받으리니 그 고난의 연기가 세세토록 올라가리로다. 짐승과 그의 우상에게 경배하고 그 이름의 표를 받는 자는 누구든지 밤낮 쉼을 얻지 못하리라. 성도들의 인내가 여기 있나니 저희는 하나님의 계명과 예수 믿음을 지키는 자니라"(계 14:9-12). 그리고 여기서 수많은 성도들이 주 안에서 순교를 한다는 이야기가 13절에 나오고 14절부터는 최후의 심판이 낫을 가지고 거두는 것과 같이 임한다는 말씀입니다.

이것이 11-13장의 이야기입니다. 13장의 둘째 짐승 이야기를 일일이 해석할 시간은 없지만 그것은 앞으로 올 중요한 사실인 까닭에 조금 잘 알고 있어야 합니다. 특별히 그것은 종교적인 인물이고 특별히 영적인 바벨론을 만들어 내는 인물입니다. 그러니까 혼탁한 배교의 가장 강렬한 세력이 될 것입니다. 이것은 우리가 특별히 주의해야 할 문제입니다. 다음 시간에는 그런 것을 조금 더 생각해 보겠습니다.

기도

거룩하신 아버지시여, 이 세대에 여러 가지의 시대적인 징조와 그 전진의 여러 가지 양태를 볼 때 저희는 마땅히 무엇을 해야 할 것인가, 어떻게 생각하고 어떻게 주님의 영광을 드러내야 할 것인가를 깊이 생각하지 아니할 수가 없사옵니다. 주께서 가까이 오시게 되면 그만큼 더 주님께서 오시는 날이 이제 임박했다고 하는 말만 하고 있을 것이 아니라, 우리 자신의 준비와 우리 자신이 분부를 받은 대로 해야 할 것들을 얼마만큼 했는가를 돌아보지 아니할 수가 없나이다. 주여, 이제 저희들 마음 가운데 거룩한 빛으로 비추어 주셔서 저희가 주님의 거룩하신 부르심을 받아서 교회로 시시 마땅히 해야 할 것이 무엇인지에 대해서 더 명철히 투철히 깊이 느낄 수 있게 하여 주시고 시대의 종말에 발생할 크고 두려운 여러 가지 사실들에 대해서 깊이 바르게 깨달아 알게 하여 주옵소서.

예수님 이름으로 기도하옵나이다. 아멘.

1972년 2월 16일 수요 기도회

제15강

배교의 시대에 우리는 어떻게 해야 하는가

요한계시록 15:1-8

Expositions on Revelation

요한계시록 15:1-8

¹또 하늘에 크고 이상한 다른 이적을 보매 일곱 천사가 일곱 재앙을 가졌으니 곧 마지막 재앙이라 하나님의 진노가 이것으로 마치리로다 ²또 내가 보니 불이 섞인 유리 바다 같은 것이 있고 짐승과 그의 우상과 그의 이름의 수를 이기고 벗어난 자들이 유리 바다 가에 서서 하나님의 거문고를 가지고 ³하나님의 종 모세의 노래, 어린양의 노래를 불러 가로되 주 하나님 곧 전능하신 이시여 하시는 일이 크고 기이하시도다 만국의 왕이시여 주의 길이 의롭고 참되시도다 ⁴주여 누가 주의 이름을 두려워하지 아니하며 영화롭게 하지 아니하오리이까 오직 주만 거룩하시니이다 주의 의로우신 일이 나타났으매 만국이 와서 주께 경배하리이다 하더라 ⁵또 이 일 후에 내가 보니 하늘에 증거 장막의 성전이 열리며 ⁶일곱 재앙을 가진 일곱 천사가 성전으로부터 나와 맑고 빛난 세마포 옷을 입고 가슴에 금띠를 띠고 ⁷네 생물 중에 하나가 세세에 계신 하나님의 진노를 가득히 담은 금 대접 일곱을 그 일곱 천사에게 주니 ⁸하나님의 영광과 능력을 인하여 성전에 연기가 차게 되매 일곱 천사의 일곱 재앙이 마치기까지는 성전에 능히 들어갈 자가 없더라

제15강

배교의 시대에 우리는 어떻게 해야 하는가

오늘 읽은 계시록 15장은 '일곱 재앙이 내리리라' 하는 예고입니다. 그리고 하늘에서는 크고 능력 있는 찬송 소리가 들리고 있습니다. 먼저 14장을 보면, 어린양이 시온 산에 섰고 그와 함께 십사만 사천 명이 서 있고 그들에 대한 증거가 거기에 있습니다. 땅에 대해서는 하나님의 거룩한 복음을 전파하는 일의 마지막, 말하자면 이삭을 줍는 것과 같이 최후로 다 전파하는 것에 대하여 말씀하고 있습니다. 하나님께서 심판하실 시간이 이르렀다는 이야기입니다. 그다음은 '큰 성 바벨론이 무너졌다' 하는 것과 '우상과 짐승에게 경배하고 이마에나 손에 표를 받으면 하나님의 진노를 겸해서 받을 것이요 또 불과 유황의 고난을 받을 것이다. 그리고 세세토록 그 고난은 그침이 없다' 하는 말씀이 나옵니다. 그러고서 하늘에서 음성이 나와서 '지금 이후로 주 안에서 죽는 자들은 다 복이 있다' 하는 이야기가 있고, 그다음에는 구름 위에 인자와 같은 이가 앉았는데 인자와 같은 이의 큰 형상이 나타나서 구름 위에 앉은 이를 향하여 큰 음성으로 '낫을 가지고 때가 이르렀으니 땅의 곡식을 거두라' 하는 말씀, 즉 추수를 하라는 것입니다. 이제는 거두는 시간입니다. 그 후에 성전에서 천사가 나오는데 그에게 "이한 낫을 휘둘러 땅의 포도송이를 거두라. 그 포도가 익었느니라" 하니까 천사가 낫을 휘둘러 포도를 거두어서 성 밖에서 하나님의 진노의 포도주 틀에 던지니까 틀이 밟히고 틀에서 피가 나서 말굴레까지 닿았고 일천육백 스다디온에 퍼져 나갔다 하는 것이 14장 내용입니다.

　그러니까 13장에서 일어난 일에 대한 하나님의 심판과 뒤처리가 거기 있고, 그다음에는 연속해서 큰 재앙이 마지막으로 일곱 천사에게서 쏟아져 나올 것을 예고하고, 승리자들에 대한 천계(天界)의 보상이 있어서, 천계에서는 모든 짐승과 우상과 그 이름의 수를 이기고 벗어난 자들이 다 유리 바다에 서서 하나님의 거문고를 가지고 하나님의 종 모세의 노래, 어린양의 노래를 부른다는 것입니다. '바다'는 백성과 방언과 족속, 나라들을 의미하는데 '유리 바다'라는 것은 그것이 불안정해 가지고 엎치락뒤치락하는 것이 아니고 완전히 고정되고 안정되어서 도무지 다시 동요가 없다는 것을 표시합니다. 바다는 바다인데 유리 바다입니다. 물로 가득 찬 바다의 동요와 큰소리와는 아주 다른 상태, 완전한 정적과 평안을 표시합니다.

　11-13장에 걸쳐서 나오는 땅에 있는 문제를 하늘에서는 어떻게 평가하고 어떻게 다루시는가를 14-15장에 쓴 것입니다. 11장부터 하나의 역사의 사실이 그냥 계속해서 진행되고 그 정점이 땅에서의 짐승의 일입니다. 짐승의 일은 사람을 갈라놓는 것입니다. 짐승에게 경배하고 그 우상에게 절하고 그 짐승의 보장을 어느 정도만큼 받아서 땅에서 자기의 생활을 유지하고 번영을 누릴 것인가, 아니면 그 모든

것을 내던지고라도 끝까지 신앙의 절조를 지키고 혹은 순교하고 혹은 유리(遊離)하고 고통을 받을 것인가 하는 문제는 기독교가 있어온 이래 지금까지 아주 전통적인(classic) 문제입니다. 신앙의 절조를 지키면서 세상에서 고생하고 사느냐, 그것을 훼절할지라도 세상과 타협해서 세상에서 번영을 누리거나 적어도 소강(小康)을 얻고 이 세상에서 살아가느냐 하는 문제입니다. 이런 교훈은 우리에게 성경이 강조하는 사실이 무엇인가를 강하게 가르쳐 줍니다.

여기서 또 한 가지 중요한 문제는 이 세상의 구조와 그 성격의 진행에 따라서 하나님 앞에서 정절을 지키고 순결히 살려고 하는 사람은 갈수록 살기가 어려워지게 된다는 것입니다. 그런 사람들이 갈수록 살기가 평안하게 된다고 가르치지 않습니다. 이것은 어느 한 시대에 관한 이야기가 아닙니다. 어떤 시대는 전 시대보다 주를 믿고 의지하고 살기가 조금 순화(順和)한 때가 있고, 또 어떤 지방은 다른 지방보다 더 그럴 수도 있지만 역사 전부를 훑어 놓고 역사의 진행 과정을 보면 하나님의 백성으로 하나님 앞에 충실하게 살고자 하는 사람은 어느 시대가 되었든지 그 형태는 다르더라도 핍박을 받게 되어 있습니다. 그래서 성경은 그 말을 한마디로 "무릇 그리스도 예수 안에서 경건하게 살고자 하는 자는 핍박을 받으리라"(딤후 3:12) 하고 선언했습니다. '민주주의 국가이고 기독교 국가이고 자유로운 세계니까 주님 앞에 경건히 살고자 할지라도 핍박을 받지 않는다' 하는 것은 당찮은 말입니다.

경건히 살고자 하는 자가 핍박을 받는 이유가 있습니다. 이 세상은 주를 믿고 참으로 순실(純實)하게 충실하게 주를 따라가는 사람을 원수시해서 항상 미워하는 것이라고 주께서 그 제자들에게 가르치셨습니다. "세상이 너희를 미워하면 너희보다 먼저 나를 미워한 줄을 알

라. 너희가 세상에 속하였으면 세상이 자기의 것을 사랑할 터이나 너희는 세상에 속한 자가 아니요 도리어 세상에서 나의 택함을 입은 자인 고로 세상이 너희를 미워하느니라"(요 15:19).

민주주의 체제와 기독교의 진리

여기서 조금 해명하고 나가야 할 문제가 하나 있습니다. 기독교 국가라고 할 수 있는 미국이나 서구라파 사회, 즉 민주주의 체제를 가지고 있고 개인의 자유와 권리를 아주 잘 존중하는 사회에서야 경건히 살고자 하는 자에게 무슨 핍박이 있겠느냐 하는 문제입니다. 그러나 그런 사람들에게도 핍박이 있다는 사실을 성경은 상징적으로 보여주고 있습니다. 가령 용이 입으로 물을 강같이 토하는 현상으로도 나타나고 용이 아이를 낳은 여인을 핍박하는 것으로도 나타납니다. 그리고 여인은 독수리 날개와 같은 날개를 받아서 광야 자기 곳으로 가서 거기서 한 때와 두 때와 반 때, 즉 1260일인가를 지내는 것으로도 나타났습니다. 결국에 용은 여인의 남은 자손들, 곧 하나님의 말씀을 지키고 신앙의 절조를 지키는 자들과 싸우려고 바다 모래 위에 섰고 자기의 권능을 가장 기묘하게 행사해 가지고 사탄의 화신인 두 개의 짐승으로 나타났습니다. 하나는 바다에서 올라오는 짐승이고 하나는 땅에서 올라오는 짐승으로 나타났습니다. 전 역사의 기간을 통해서, 특별히 역사의 종국에 이르러서 참된 순실한 교회는 늘 핍박을 받고 있다는 것, 늘 공격을 받고 도전을 받고 있다는 것을 여기서 이런 것들로 가르치고 있습니다.

민주주의적인 체제를 가지고 있고 개인의 자유를 보장하고 기독교적인 색채와 주장을 가지고 건설된 사회에 어떻게 핍박이 있을 수 있느냐 하겠지만, 민주주의 체제를 구성하면 민주주의이기 때문에 필연적으로 진리와 비진리를 동시에 용인해야 하는 것입니다. 참된 신앙과 종교와 함께 가장 참된 듯이 보이지만 사이비적인 진리, 사이비적인 종교와 신앙, 그러한 모든 세력을 공평한 관점으로 용인해야 하는 것입니다. 이렇게 해서 자연히 세상에서는 진리보다 사이비 진리가 훨씬 세력을 얻게 될 것입니다. 그것은 굳이 설명하지 않더라도 알 수 있는 것입니다. 왜냐하면 세상은 믿는 사람보다 안 믿는 사람이 많고 또 믿는다고 하여도 진리를 따라가는 사람보다는 허위를 따라가는 사람이 많기 때문입니다. 이 말은 진리나 허위나 간에 그 문제에 대해서 무관심한 사람이 없다는 것은 아닙니다. 다른 말로 하면 예수 그리스도의 도리를 전파할 때에 사이비적인 것을 전파하면 진리를 듣고 따라가는 수보다도 사이비적인 것을 따라가는 수가 월등히 많다는 것입니다. 물론 예수의 도리에 대해서 전혀 무관심한 사람도 많이 있습니다. 그러나 관심을 가진 사람 가운데에도 진리보다는 비진리적이지만 사이비적인 것, 즉 비진리이지만 진리와 비슷한 것, 가라지 같은 것을 추종하는 수가 세력을 형성하는 데에 언제든지 빠르고 많다는 것입니다. 처음부터 그런 것은 아니지만 지방적으로, 부분적으로 따져 볼 때에 어떤 지방에서는 진리를 좇는 사람이 많이 모일 수 있는 것입니다. 그렇지만 전 세계를 놓고, 전 인류의 인구를 놓고 볼 때에는 그렇다는 말입니다.

이것은 반드시 이단 사설이 정통 교회보다도 커진다는 의미는 아닙니다. 그러나 비진리를 따르는 수가 많다는 것은, 그것이 이단 사설이라는 극단의 정도에까지 이르지 아니했을지라도 여러 가지 형식으로 진리 자체를 은폐하는 형태 가운데로 좇아 들어가는 사람이 많다는 것입니다. 이단 사설이라고 할 때는 신학적인 문제입니다. 물론 꼭 신학적으로만 비진리를 가려내는 것은 아닙니다. 예를 들면 '사람이 율

법을 의지해서 사는 것은 하나님의 은혜를 흩어 버리는 것이다' 이것이 기독교의 진리입니다. 그렇지만 무슨 주장을 하는 것은 아니라도 자기의 종교 감정이나 종교 정열이나 종교적인 요구에 의해서 자기를 규제하고 근엄한 생활을 하고 기독교를 축조해 나가는 수가 성신만을 의지해서 신령하게 자연스럽게 장성하는 수보다 월등히 많습니다. 자기의 힘을 가지고 종교를 건설해 나가서 경건하려고 하고 또 자기가 기독교적인 무엇이 되어야겠다고 애를 쓰면서 노력하는 수가 많은 것입니다. 이것은 이단 사설이라는 인식론적인 문제가 아닙니다. 신학상 문제가 되지 않습니다. 그 사람들이 다 같은 이론을 배우지만 그 이론을 자기에게 적용할 때 그렇게 비뚤어지게 적용하는 것입니다.

진리라 할 때에는 단순히 인식론적인 진리만이 아니라 응용의 진리(applied truth)라는 것이 있습니다. 무슨 형식이든지 그 형식이라는 것은 순수한 이론상의 법식(法式)이 있고 그다음에는 응용하는 법식이 있지 않습니까? 이것은 응용에 있어서의 문제입니다. 하나님의 법인데 순수 이론으로는 그것이 옳습니다. 예를 들어 전 세계에 있는 예수님의 이름으로 기도를 하는 사람의 수를 따져 놓고 생각해 보면 굉장한 수입니다. 적어도 8억이나 9억이나 될 것입니다. 그런데 예수님의 이름으로 기도를 하는 사람 가운데 완전히 예수님의 거룩한 기도를 체(體) 받아서 자기가 대신하는 것으로 예수님만을 온전히 의지하고 예수님의 공로만을 온전히 전적으로 의지해 버리고 조금도 자기 자신의 긴 기도나 자기 자신의 간절한 것이나 자기 자신의 어떠한 것을 일체로 부인해 버리고서 예수님만을 의지하고 예수님의 이름을 쓰는 사람의 수와 그러지 않고 거기에 다소간 자기의 종교도 끼워 넣고 자기의 정열이나 자기의 노력도 끼워 넣고 그런 것들이 잠재의식으로 자기 속에 있는 사람의 수 중에 어떤 쪽이 많으냐 하면 후자가 많은 것입니다.

그런 까닭에 교회 안에서 진리를 이야기해도 그것이 그대로 응용되고 실행되느냐 하면 그렇지 않은 것입니다. 그러므로 또 이야기하고 스스로를 반성해 보고 또 검토하고 그래서 그러한 차원에서 벗어나야 하는 것입니다. 예수 그리스도와 함께 십자가에 못 박혀서 죽었다 하는 도리를 모르는 것은 아니지만 그 도리가 자기에게 확실히 적용되어서 그 도리가 가르치는 역사상, 현실상의 효과를 확실히 받은 사람의 수와 그렇지 않고 도리를 도리로서 인식만 하고 있는 사람의 수를 비교하면 후자가 언제든지 많은 것입니다. 참으로 자기에게 그 도리가 응용되어서 그리스도와 함께 십자가에 죽었다는 무아상(無我相)의 경지에 서 있는 사람의 수는 아무리 정통이라고 하더라도 전체 교회를 통틀어서 보더라도 그 수가 적습니다. 이런 의미에서 언제든지 사이비적인 것이 진실된 것보다 우세합니다. 따라서 어떤 사회가 민주주의를 취하고 있다고 할지라도 '민주주의인 까닭에 진리가 더 우세하다' 하는 이론이 설 수 없습니다. 결국 언제든지 사이비가 우세합니다. 민주주의는 사이비와 진리 양방(兩方)을 다 풀어 줍니다. 그래서 각각 자기 재주껏 세상에서 활개를 치고 힘을 한번 부려 보라는 것인데 압도적인 큰 세력을 형성하는 것은 진리보다는 비진리입니다.

하나님의 나라의 능력과 성신의 역사(役事)

그러므로 기독교가 한 개의 사회의 세력으로서 자기의 주장을 해 나가려고 하면 타락하게 되는 것입니다. 기독교가 사회 개량 운동을 하려고 나서면 교회 자체는 타락하고 맙니다. 사회 개량 운동은 기독교 사상에 영향을 받은 세상 사람들이 하는 것입니다. 전에도 늘 말씀드렸지만 성경 자체가 노예 제도를 철폐해야 할 것이라고 교회에 지상(至上) 명령으로 내린 일이 없습니다. 로마 시대에 많은 노예들이 예수를 믿고 교회 안에 들어왔을 때에 그들에게 '너희들은 다 노예의 기반(羈絆)을 벗어나고 주인한테 반란을 일으켜 가지고 한 인간으로서 세계를 건설해라. 그러면 결국 그 세력에 두려움을 느끼고 주인들도 너희들을 완전히 해방해 줄 것이다' 그렇게 가르친 적 있습니까? 결코 그런 일이 없습니다. 예수 믿고 난 다음에는 노예를 다시 주인에게 돌려보내서 "종들아, 두려워하고 떨며 성실한 마음으로 육체의 상전에게 순종하기를 그리스도께 하듯 하여 눈가림만 하여 사람을 기쁘게 하는 자처럼 하지 말고 그리스도의 종들처럼 마음으로 하나님의 뜻을 행하여 단 마음으로 섬기기를 주께 하듯 하고 사람들에게 하듯 하지 말라"(엡 6:5-7) 하고 가르쳤습니다. 그래서 니체 같은 사람들은 기독교를 노예의 종교라고 공격을 했습니다.

그러나 노예 해방은 결국 사상적으로 보면 기독교에서 나온 것입니다. 노예가 해방되기 위해서는 어떤 사회에 노예 해방의 필요성과 정당성에 대한 일반적인 인식이 발생해야 합니다. 사회에 그런 인식이 발생하려면 신자 몇 사람으로 되는 것이 아닙니다. 소수의 신자로 되는 것이 아니지만 그들이 품고 있는 사상과 생활이 사회에 하나의 강력한 예시(例示)가 되는 것입니다. 강단에 서서 노예 제도는 죄악이라고 부르짖은 목사의 설교 때문이 아니라, 그리스도의 사랑을 가지고 사람을 차별하지 않고 형제로서 서로 돕고 하나의 거룩한 식구로서 형성하는 것이 거룩한 교회라고 가르쳐만 주면, 노예 제도를 철폐하라고 부르짖지 않더라도 교인들이 그로 말미암아서 더 좋은 세계를 사모하고 그러한 생활을 하게 되고, 그러면 그것이 강력한 영향을 끼치는 것입니다.

믿지 않는 사람에게 설교를 해 보아야 소용이 없습니다. 믿지 않는 사람에게는 설교가 통하지 않습니다. 설교(κήρυγμα, 케뤼그마)는 하나님의 말씀을 들을 만한 사람에게 성신님께서 들려주시고 역사하시는 것입니다. 예수님께서 비유로 가르치실 때에 "귀 있는 자는 들을지어다"(마 11:15) 하고 말씀하신 것과 마찬가지입니다. 설교는 믿지 않는 사람을 향한 사회 개량의 도덕적인 외침이 아닙니다. 믿지 않는 사람에게는 기독교가 가지고 있는 특이한 성격이 강력한 감화력을 끼치는 것입니다. 그래서 사도 바울 선생도 "하나님의 나라는 말에 있지 아니하고 오직 능력에 있음이라"(고전 4:20) 하고 말했습니다. 권능이 그렇게 작용하는 것입니다.

신자들이 생활하고 있는 것을 보고서 자연스럽게 그것이 사회 세력으로 발전하느냐 하면 그것이 아니고 하나님의 거룩하신 섭리로 하나님의 성신의 역사가 일반 사회 위에 작용되어야 합니다. 사회 위에 하나님의 성신의 역사가 작용되면 사람의 정신이 자연적으로 물이 흘러가듯이 어느 쪽으로 흘러가는 것입니다. 이 세계의 암담한 현실 가운데서라도 교회가 자기의 본분을 충실히 지키고 그 시대에 교회에게 주신 계시와 교회가 민감하게 터득한 진리를 확실히 파악한 다음에 하나님께서 계시하신 내용을 충실히 지키는 사명에 충실하면 성신께서 이 사회에 역사하셔서 사람들의 마음을 한 방향으로 물밀듯이 몰아 주시는 것입니다. 이러한 일은 자연지세(自然之勢)로 되는 것이 아닙니다. 사람들이 어떻게 해서 노예 제도가 죄악이라고 생각하고 그것을 파괴하려는 마음이 생겼겠습니까? 이것이 저절로 생겼다든지 혹은 역사적인 확실한 원인이 있어서 그렇게 생기지 않을 수 없었다는 것을 아무리 역사를 연구해서 설명해 보려고 해도 안 됩니다.

토인비(Arnold J. Toynbee, 1889-1975) 같은 사람은 '문화 발달의 요인이 되는 것은 선지자다' 그렇게 말했습니다. 어떤 예언자가 일어나서 예언을 해서 사람들은 그것을 받고, 받은 그 예언의 세력이 사회에 뻗어 나가면 어떤 형태의 문화를 건설하는 것이라고 설명했습니다. 과거에 있던 여러 사람들의 사관과는 달리 종교야말로 문화 발전의 중요한 요인이라고 보았습니다. 이것은 근 40개의 고대의 여러 문화를 발생시킨 부족들을 연구해서 문화 발전의 족적을 찾는 과학적인 연구를 한 끝에 그가 내린 결론입니다. 그는 현대인으로서 일가견을 가지고 역사의 중요한 일면을 본 사람입니다. 슈펭글러(Oswald Spengler, 1880-1936)는 식물적인 사관을 주장했고 헬라 사람들은 전회(轉回), 반복하는 사관을 주장했지만 토인비는 과학 사관(scientific historical view)과 비슷합니다. 그러나 토인비는 단순한 과학 사관, 즉 '우리는 어떤 역사의 사관을 수립한다는 것보다는 현실을 조사하는 데에 그친다' 하는 수준으로 끝내지 않고 '결국 종교다, 예언자다' 하는 결론을 냈습니다. 토인비는 교회 이야기를 한 것이 아니라 '인류의 문화는 무엇인가'를 이야기하고 있는 것입니다. 그런 점을 볼지라도 결국 예언자의 예언이 어떻게 해서 예언과 상관없는, 종교와 상관없는 일반 사람에게 강한 세력으로 들어가게 되느냐 하면 거기에 하나님의 성신께서 일반 은총이라는 형식으로 또는 일반적인 섭리로 사역을 하실 때 그렇게 되는 것입니다.

성신님의 사역이 이 세상에 작용하는 예가 간단한 선언으로 성경에 나와 있습니다. "그가 와서 죄에 대하여, 의에 대하여, 심판에 대하여 세상을 책망하시리라"(요 16:8) 하는 말씀입니다. 보혜사 성신께서 오시면 죄와 의와 심판으로써 이 세상을 책망하신다는 것을 예수님께서 말씀하셨습니다. '이것은 죄다' 하는 것을 명확하게 인식하게 하는 것도 성신의 작용이고 '이것이 정당한 것이다' 하고 느끼게 하는 것도 성신께서 역사하신 것입니다. '결국 이것이 이대로 끝까지 가지 못한다. 언제고 한번은 대단원이 오고 심판이 온다' 하는 심판에 대한 두려움을 가지게 하는 것도 성신의 작용입니다.

그러므로 성신님의 작용을 어떤 한정된 종교 안에서 일어나는 이상한 입신 상태와 같은 것으로 생각하는 그릇된 생각이 없어져야 합니다. 하나님의 신이 사람들의 정신세계에서 정신들을 인도하시는 큰 사역이 성삼위 하나님의 한 위이신 성신 하나님의 인격적인 활동입니다. 이 세상 사람에게 하나님의 모든 은혜와 하나님의 주장(主掌)하심과 경륜을 적용하고 운용하시는 분이 성신이십니다. 그렇게 작용을 하시고 그런 일로 인하여 비로소 되는 것입니다. 그러므로 교회는 항상 자기 일에 충실해야 합니다. 그런데도 자기 일은 제쳐 두고 그것이 교회가 해야 할 일인 것같이 생각하고 거기다가 주력하고 자꾸 떠듭니다. 요컨대 사회 개량 문제라든지 경제적인 문제라든지 인류 전체의 이해(利害)의 문제에 대한 것을 자꾸 교회가 떠들고 이야기합니다.

음험한 핍박과 최후에 나타날 강력한 핍박

이 세상에는 비진리가 훨씬 많이 돌아다니는 것입니다. 이렇게 해서 사이비라는 것은 언제든지 이 세계에서 참된 진실의 수보다 세력도 크고 잘 영합하는 것입니다. 그래서 진실을 가지고 사이비를 공격하면 어떤 국가의 권력자가 핍박을 하지 않더라도 사회가 배척(ostracism)하고 쫓아내 버립니다. 사이비는 진실을 용인하지 않고 있는 소리 없는 소리를 만들어 가지고 몰락을 시키고 자빠뜨리려고 하는 것입니다. 이것은 음험한 핍박입니다. 차라리 무력을 가지고, 병권(兵權)이나 경찰권을 가지고 권력자가 독재를 하면서 위에서 내리누르는 핍박보다 훨씬 음흉하고 훨씬 교묘한데다가 악질적입니다.

민주주의에는 그런 것들이 잘 자랄 수 있는 거름 터가 있습니다. 민주주의인 까닭에 더 잘 자라고 재주껏 세력을 규합해서 선전도 하고 공격도 할 수 있게 되어 있습니다. 기독교 국가라고 할 때에는 그 국가의 다대수가 기독교인이라는 점 때문에 기독교 국가라고 하는데 다대수가 기독교를 가졌다면 그런 기독교는 예수 그리스도께서 세상에서 불러낸 소수의 사람으로 형성된 기독교는 아닙니다. 그것은 다수의 혼잡을 그 속에 포용한 기독교입니다. 그러한 기독교 혹은 기독교 국가에서는 사이비적인 것을 진리와 같이 도장(塗裝)해서 간판을 내걸고 사회를 그것으로써 율(律)하고 성격화하면서 거기에 참된 하나님의 사자, 즉 진리를 바르게 예리하게 냉철하게 투철하게 말하는 사람들이 있을 때에는 마귀가 그러한 사회와 사이비적인 사람들, 즉 광명한 천사인 체하면서 속으로는 마귀의 사주(使嗾)와 이용이 얼마든지 가능한 그러한 사람들을 써서 핍박을 하는 것입니다.

로마 제국은 제국의 주권을 가지고 핍박을 했지만, 로마 제국이 기독교를 용인한 이후로는 로마 제국 안에 있는 모든 우상 종교가 기독교의 이름을 가지고 탈을 쓰고 기독교 안으로 기어 들어와서 기독교를 우상 종교화하는 데 아주 힘을 썼습니다. 그것도 부패입니다. 거기서 그러한 일을 공격했다면 그 사람은 오히려 핍박을 받는 것입니다. 역사상 가장 강한 핍박은 중세기 암흑 시기의 종교 재판 형식으로 일어났습니다. 역사상 눈앞에 현저하게 보이듯이 무섭게 싸움이 일어난 것은 종교개혁의 역사입니다. 가톨릭은 진리를 말하는 사람들에 대해서 강하게 반발하면서 가지고 있는 모든 능력을 다 동원하였습니다. 국가 세력까지라도 동원해서 잡아 죽이고 학살했습니다. 왈도 파(Waldenses)를 학살한 것이나 성 바르톨로뮤 축일의 대학살 사건이라든지 여기서 저기서 일어난 사건은 무서운 이야기 아닙니까?

이렇게 핍박이 계속해서 있는 세계 속에서 최후에는 이 민주주의 사회에서 일어나는 이 음험한 핍박이 양성화해서 강한 핍박의 형태가 나타나게 될 것입니다. 결국 추종하는 사람과 추종하지 않는 사람을 갈라놓자는 것입니다. 음성적으로 핍박하는 시기에도 갈라놓는 것이 분명하지만 양성화할 때에는 사회 전체의 제도로, 표면에 나타나는 명료한 사회 현상으로 갈라놓아 보자는 것입니다. 이것은 계시록 13:11 이하에 있는 둘째 짐승이 첫째 짐승의 선지자가 되어 가지고, 즉 종교적인 지도자, 종교를 통할(統轄)하는 큰 권력을 가진 자로서 하는 일입니다(참조. 계 13:11-18).

핍박이 양성화할 때에는 자기네 진용의 영광을 더 증가시키기 위한 노력이 있고 또 진리를 끝까지 고지(固持)하고 나가는 편, 즉 자기에게 적이 되는 편을 괴멸시키려는 노력이 있습니다. 그러니까 적극적인 노력과 소극적인 노력이 있습니다. 적극적으로는 자기네 진용의 영광을 증진시켜서 자기네 진용의 성격을 명료하게 하는 운동입니다. 짐승의 우상을 만들고 우상으로 하여금 말을 하게 한 다음에 그 우상 앞에 전부 절하게 합니다. '우리 편은 다 이것을 하라' 하는 것입니다. 적측을 공격하려고 하는 것은, 절하지 않는 사람은 누구든지 용서 없이 죽이고 그것만이 아니라 자기네 편에게는 특별한 표지를 주어서 먹고 입고 사는 생활권(生活權)을 보장해 줍니다. 그리고 적에 대해서는 먹을 수 없고 입을 수 없고 살 수 없게 만든다는 것입니다. "저가 모든 자 곧 작은 자나 큰 자나, 부자나 빈궁한 자나, 자유한 자나 종들로 그 오른손이나 이마에 표를 받게 하고 누구든지 이 표를 가진 자 외에는 매매를 못하게 하니 이 표는 곧 짐승의 이름이나 그 이름의 수라"(계 13:16-17). 어떻게 되었든지 표를 해서 갈라놓았습니다.

최후의 큰 유혹에 빠져들지 않으려면

"땅과 땅에 거하는 자들로 처음 짐승에게 경배하게 하니 곧 죽게 되었던 상처가 나은 자라. 큰 이적을 행하되 심지어 사람들 앞에서 불이 하늘로부터 땅에 내려오게도 하고 짐승 앞에서 받은 바 이적을 행함으로 땅에 거하는 자들을 미혹하며 땅에 거하는 자들에게 이르기를 칼에 상하였다가 살아난 짐승을 위하여 우상을 만들라 하더라"(계 13:12-14). 땅에 거하는 자들을 강제로 동원만 하는 것이 아니라 미혹했습니다. '이게 무엇이냐? 굉장하구나!' 하고 따라가게 합니다. 원래 처음에 나온 짐승도 그러했습니다. "용이 짐승에게 권세를 주므로 용에게 경배하며 짐승에게 경배하여 가로되 누가 이 짐승과 같으뇨 누가 능히 이로 더불어 싸우리오 하더라"(계 13:4). 이렇게 굉장히 찬양하고 경배를 합니다. 강제로 눌려서 하는 것이 아닙니다. 그 위세와 권능과 굉장히 훌륭한 것에 그만 눈이 번하고 압도당해서 하는 것입니다. 그렇게 이 세상에 속한 사람들을 매료하고 미혹하고 압도해서 그 마음을 잡아 흔들고 그 정신을 빼 놓을 만큼 위대하다는 것입니다. 그것도 위대한 세력입니다. 그러므로 사이비의 세력을 용이(容易)하게, 미미하게 보지 않아야 합니다.

그렇게 굉장한 세력이지만 끝까지 '저것은 마귀의 세력이다' 하고 간파할 수 있는 지혜는 하나님께 속해서 빛 가운데 있는 사람에게만 있고, 간파할 뿐만 아니라 '거기에 절대로 굴복을 않겠다' 하는 강한 신앙의 능력도 하나님의 성신으로만 가능한 것입니다. 그러므로 이 말씀을 듣는 우리에게 요구되는 것은, 온 세상이 '누가 감히 저런 큰 세력과 대적할 수 있겠느냐? 참, 훌륭하고 굉장하다. 살길이 나섰다' 하고 따라갈 만한 그런 굉장하고 매력 있고 압도적인 세력을 가진 자를 '그것은 결코 따라갈 자가 아니고 마귀에게 속한 자다' 하고 간파할 수 있는 위대한 지혜입니다.

'그런 짐승이 나타나면 우리가 곧 알아볼 수 있겠지' 하고 용이하게 생각하면 안 됩니다. 예수님께서도 "거짓 그리스도들과 거짓 선지자들이 일어나 큰 표적과 기사를 보이어 할 수만 있으면 택하신 자들도 미혹하게 하리라"(마 24:24) 하고 말씀하셨습니다. 암만 택함을 받았다 하더라도 때때로 유혹을 당하는 것입니다. '그거야말로 훌륭하구나!' 하고 따라가게 만들었습니다. 사탄이 어느 때 가장 위험하냐 하면 사탄으로 나오는 때가 아니고 광명한 천사인 체할 때입니다. 여기서야말로 '내가 하나님이 아니냐? 자, 봐라. 하나님인 여러 가지 증거가 있지 않으냐' 광명한 천사인 체하고 하나님의 성전에 앉아서 자기를 보여 하나님이라고 한다는 것입니다. 어떤 미친놈 하나가 그런다고 할 것 같으면 그거야 말할 것도 없지만 그것이 아니라 온 땅에 거하는 사람이 모두 따라갈 만큼 초연(超然)한 신다운 기이한 능력과 영광을 나타낸다는 것입니다.

데살로니가후서에도 "먼저 배도하는 일이 있은 다음에 저 불법의 사람, 곧 멸망의 아들이 나타나기 전에는 끝이 이르지 아니한다. 저는 대적하는 자라. 범사에 일컫는 하나님이나 숭배함을 받는 자 위에 뛰어나 자존하여 하나님 성전에 앉아 자기를 보여 하나님이라 하리라"(살후 2:3-4) 하는 말씀이 있습니다. "불법의 비밀이 이미 활동하였으나", '불법의 비밀'이라는 말은 불법도 신비라는 것입니다. 그자의 신비력이 이미 활동을 했으나 "지금 막는 자가 있어 그중에서 옮길 때까지 하리라. 그때에 불법한 자가 나타나리니 주 예수께서 그 입의 기운으로 저를 죽이시고 강림하여 나타나심으로 폐하시리라. 악한 자의 임함은 사탄의 역사를 따라서 모든 능력과 표적과 거짓 기적과", 거짓 기적도 기적이고 희한한 일입니다. 단지 그 성격이 거짓이라는 것입니다. "모든 능력과 표적과 거짓 기적과 불의의 모든 속임으로 멸망하는 자들에게 임하리니……이러므로 하나님이 유혹을 저의 가운데 역사하게 하사 거짓 것을 믿게 하심은 진리를 믿지 않고 불의를 좋아하는 모든 자로 심판받게 하려 하심이라"(살후 2:7-12).

거짓 것을 믿는다고 그랬습니다. 그냥 강제로 눌러서 끌려 다니는 것이 아닙니다. 그것을 믿을 만하게 됐다는 말입니다. 하나님께서 유혹을 그냥 역사하게 내버려 두셨다는 말입니다. 그런 만큼 사람은 자연 상태만으로는 무섭게 나타나는 적그리스도, 불법한 자의 기적과 모든 능력과 표적과 불의의 모든 속임에 넘어가고 유혹당하고 끌려가는 것입니다. 이것이 여기 지금 나타나 있는 큰 이야기입니다. 그러니까 사람들이 굉장하다고 생각하고 따라갈 만큼 유혹력도 강하고 그만큼 훌륭하고 초연한 인물입니다. 이것에 대해 확실히 반대하려면 먼저 식별할 줄 알아야 합니다. 그런데 그것이 누구나 보면 나쁘다고 말할 수 있을 만큼 간단하지도 않고, 귀신 들린 사람이 돌아다니면서 야단을 하는 그런 정도로 그렇게 시시하고 우스운 것이 아닙니다. 온 세상 사람이 따라갈 만큼, 큰 자나 작은 자나 식자나 무식자나 모두 따라갈 만큼 훌륭하다는 말입니다.

그러므로 이러한 말세에 고통 하는 때에(딤후 3:1), 역사상 환난은 여러 번 있어 왔습니다마는 특별히 이 종국(終局)의 대환난이 있을 때에 그 속에서 이런 큰 유혹 가운데 빠져들지 않으려면 첫째는 이것이 절대로 하나님의 자태도 아니고 천사도 아니며 마귀가 천사의 모양을 하고 나타난 것임을 간파하고 꿰뚫어 볼 수 있는 지혜가 있어야 한다는 것입니다. 그리고 둘째로는 확신이 있어야 합니다. 아닌 것을 기라고 하고 긴 것을 아니라고 하면 안 됩니다. 누가 일러 준다고 해서 그 사람 말만 들어서는 자기 확신이 안 생기는 것입니다. 자기가 '이것은 빈틈없이 가짜다' 하는 것을 알 수 있고 확신이 있어야 합니다. 그뿐 아니라 거기에 대해서 끝까지 저항하는 능력 있는 신앙을 가지고 있어야 합니다. 어느 시대든지 이런 것이 나타나서 큰 유혹이 역사할 때에는 이와 같은 신앙이 필요한 것입니다.

고등 비평 운동과 신학의 변질

'용이 입에서 물을 강같이 토한다' 하는 것에서 제일 강하게 생각나는 것은 거짓된 이론, 지적인 미망(迷妄), 혹은 지적인 유혹입니다. 거짓 이론에 의해서 홍수를 내서 천하를 물바다로 만들면 그리로 그냥 빠져 들어가는 것입니다. 용의 입에서 토한 큰 강물의 줄기가 죽 퍼져 나가는 사실을 우리가 보지 않습니까? 18세기부터 시작해서 루이 14세 때 찬란한 불란서 제국의 그 영화를 극(極)하던 때를 정점으로 해서 그런 찬란한 문화를 건설하는 동시에 그 속에서부터 강하게 나와 가지고 독일로 들어가서 독일 백성이 가지고 있는 교묘한 상상력과 예술적인 창작력이 너해졌습니다. 그 시대에 독일에는 제제다사(濟濟多士), 훌륭한 예술가들이 많이 났고 독일의 정신세계에서 그러한 아주 교묘하고 예술적인 하나의 축조와 정신적인 건설이 발생했습니다. 그것이 무엇인지 아시지요? 불란서 사람의 그 천재적이고 찬란한 문화 위에 서서 턱 던져진 사상이 독일로 건너가서 찬란히 발전해 가지고 독일의 문학과 음악 이런 것들이 찬란하게 발전한 것과 보조를 같이 하면서 그것도 발전해 나아간 것입니다. 그래서 천하에 많은 그 후대의 지식인들과 신자들을 유혹했습니다. 많은 지식인이 다소간에 그 영향을 입었고 그 후 시대가 영향을 입었습니다. 그 시대의 강한 영향을 거슬러 헤엄치면서 역류해 나간 사람들은 그 후부터 20세기에 걸쳐서 하나님 말씀을 사랑하고 믿음을 지키는 것이야말로 순실한 신자로서의 당연히 걸어야 할 길이라는 것을 인식하게 되었습니다.

그것이 무엇인가 하면 성경의 고등 비평 운동입니다. 불란서의 장 아스트뤼크(Jean Astruc, 1684-1766)라는 사람이 루이 14세의 시의(侍醫)로 파리 대학의 의과 대학 교수였는데, 모세의 글에 대해 '모세가 하나님의 이름을 엘로힘으로만 쓴 것이 아니고 여호와라는 이름도 쓴 것을 보니까 아무래도 어디에 원문서가 있지 않았겠는가? 엘로힘이라는 이름만을 가지고 이야기한 것이 있어서 그것을 죽 읽고 거기서 따고, 야훼라는 이름만 있는 글이 있어서 거기서 따고, 그래서 그것을 합쳐 가지고 창세기를 쓴 것이 아니겠는가' 하고 추리(conjecture)를 하였습니다. 창세기 연구에서 그런 교묘한 생각을 하기 시작했는데 그렇게 해서 만들어낸 이론을 발표하려고 했을 때에 그의 친구들은 '그런 소리를 해 보아야 소용없고 교회에 큰 충격(shock)을 줄 것이다. 괜히 위험 가운데 빠져 들어갈 것이 없다. 그것 때문에 네가 얼마나 혼나고 질책을 받을 줄 아느냐?' 하고 말렸지만 '여러 가지로 생각한 결과 나는 결국은 이것을 발표하는 것이 발표 않는 것보다 좋을 줄 알고 하기로 했다' 하고 세상에 내놓았습니다. 그가 루이 14세의 궁정 의사였습니다. 루이 14세는 가장 영화를 누렸고 베르사이유 궁전을 짓고 '짐은 국가다' 할 만큼 왕권신수설(王權神授說)을 주장하던 그런 거대한 제왕입니다. 절대주의 국가를 건설하려던 사람입니다. '내 왕권은 하나님께서 내게 주신 까닭에 아무도 이에 대해서 반대하지 못한다' 하고서 신권을 가지고 자기 왕권을 행사하려고 했습니다. 그의 시의로 있으면서 이런 것을 내놓았는데, 그것으로 끝났으면 문제가 없는데 그 후에 독일로 넘어가서 독일 학자들이 그것을 읽었습니다. 그중에 특별히 아이크혼(Johann Gottfried Eichhorn, 1752-1827)이라는 사람이 읽고서 그 사람이 교묘하게 여러 가지 상상을 더하고 발전시켜서 그러한 생각을 단순히 창세기에 한정하지 않고 모세 오경에 적용해서 오경 전체에서 원문서설(原文書說)을 교묘하게 캐내기 시작했습니다. 결국 아스트뤼크부터 시작해서 그 후에 아이크혼과 다른 사람들이 하늘의 별과 같이 막 나오기 시작했습니다.

계시록에 보면 용이 꼬리를 가지고 하늘의 별 삼분의 이를 땅에 떨어뜨린다 하는 말이 있습니다. 특별히 이 별이라는 말은 굉장한 종교가들을 의미합니다. 다른 사람에게 별과 같이 빛나는 명예를 나타내서 하나의 증거가 될 수 있는 사람들이 용의 꼬리와 함께 하늘에서 땅으로 떨어진다는 말입니다. 이런 것이 또 한 가지 중요한 사실입니다. 별과 같은 사람들이 땅에 떨어진 것입니다. 그러면 아스트뤼크 이후에 아이크혼에게 넘어갔던 그것이 그다음에는 수많은 독일 학자들로 말미암아서 막 발전해 나갔습니다. 그 시대에 독일은 바하 이후로 훌륭한 음악가들이 나오고 또 훌륭한 소설가들이 쏟아져 나와서 게르만 민족이 가지고 있는 정신문화의 찬란한 것을 세계에 끼치던 때입니다. 그러니까 그런 것과 더불어 독일이 찬란하게 아름답게 보이던 때입니다. 독일이 가지고 있는 얼굴 속에 그러한 것이 들어 있었던 것입니다.

그러면 그때 독일에 기독교의 참되고 순실하고 거룩한 하나님 나라의 자태와 복음의 내용과 성경의 심오한 진리를 전하는 사람들이 그만큼 많이 있었느냐 하면 아주 희소했습니다. 생각건대 아마 독일 베를린 대학에서 가르쳤던 헹스턴베르크(E. W. Hengstenberg, 1802-1869) 같은 이가 아마 가장 그래도 진리를 끝까지 사수하면서 밀고 나간 인물로는 위대했을 것입니다. 그다음에는 카일(C. F. Keil, 1807-1888), 델리취(F. Delitzsch, 1813-1890) 등이 있습니다. 델리취는 훌륭한 성경 학자였지만 나중에는 거기에 물들고 말았습니다. 이렇게 해서 그때는 독일이 학문, 과학, 예술, 신학의 중심이 되기 시작했지만 결국 나중에는 모세가 성경을 썼다는 것까지 부인했습니다. 모세의 이름을 빌려서 썼을 뿐이고 모세 시대가 아니라 훨씬 후대에 아무리 이르게 보아도 B. C. 800년경이나 그 이후에 썼을 것이라는 주장을 했습니다. 어떤 것은 더 내려와서 마카비 시대나 적어도 헬라가 점령한 때쯤에 써낸 것이라고 하고 특별히 다니엘서에는 헬라까지 등장해서 활동하는 무대가 설정되어 나타나 있으니까 그것이 역사상 다 이루어진 이후에 쓴 것이라고 했습니다. 이렇게 무서운 학설이 등장한 것입니다.

그러한 학설이 거기서만 떠들고 만 것이 아닙니다. 우리나라는 그때 아직 프로테스탄트의 전도도 받지 못한 때니까 무엇이 무엇인지 모르고 있었고 19세기 말인 1885년 비로소 프로테스탄트 전도가 시작되었는데 다행히 처음에 들어온 선교사들은 그것을 묻혀 가지고 오지 않았습니다. 하지만 그 대신에 많은 사람들이 세대주의(dispensationalism)라는 것을 끌고 들어왔습니다. 성경을 빈틈없이 하나님 말씀이라고 믿기는 믿는데 그것을 교묘하게 개조해 가지고 하나님의 말씀이 증거하거나 보증하지 않는 것을 하나님의 말씀의 계시라고 해서 '이것이 하나님 말씀이요 저것이 하나님 말씀이다' 하고 야단을 내는 통에 굉장한 손상을 보았습니다. 아마도 학문적으로 문헌적인 것이나 문학적인 것을 그렇게 깊이 연구할 만한 아무런 준비가 없는 사회니까 그런 것이 들어온 것 같습니다.

그러한 학설을 주장한 학자들은 다 히브리어와 헬라어의 대가들입니다. 그 말을 잘 알아서 원문을 죽죽 읽은 다음에 '이렇다, 이렇다' 하고 이야기를 시작한 것인데 한국은 아직 그것을 비평하거나 알아듣지 못하는 시대니까 그 대신에 일반 서민이 알아듣기 아주 편한 그릇된 이론이 정통이라는 이름 아래 함께 붙어서 온 것입니다. 이것이 아주 교묘한 사실입니다. 그러나 그런 것을 잘 아는 학자들이 많이 있는 곳, 즉 기독교적인 전통과 역사가 깊은 서구라파 사회나 아메리카 사회에는 그것이 강렬한 세력으로 들어가기 시작해서 신학을 구성하는 데에 강하게 작용했습니다. 신학은 성경을 죽 공부하고 성경의 해석과 이론 위에서 건설하는 것이니까 신학을 건설하는 데에 그것이 작용하기 시작한 것입니다. 그래서 신학상 자유주의, 혹은 현대주의라는 것이 발생했습니다. 종래의 정통적인 신학, 개혁교회의 위대한 신학을 공격하고 부수는 철학화한 신학, 종교학화한 신학이 강한 세력으로 대두하기 시작한 것입니다. 성경의 고등 비평, 즉 문학적이고 철학적인 비평과 함께 신학도 그렇게 변질되었습니다.

그때 미국은 국가를 건설한 지 얼마 안 되어서 그 시기에 학자들과 훌륭한 사람들은 미국에서 배우지 않고 일단 유럽에 가서 배워 가지고 돌아오던 시대였습니다. 그래서 많은 미국 청년들이 유럽으로 공부하러 가서 주로 독일에 가서 그것을 배웠습니다. 프로테스탄티즘을 배우려면 불란서는 가톨릭이 압노석인 세력을 가진 나라니까 주로 독일에 가서 공부했습니다. 독일에 가서 그것을 배워 가지고 미국에 와서 막 토해 내기 시작했습니다. 그것이 한 세대 후에 개화(開花)해 가지고 전진할 때 이제 미국에 와서 불이 붙어서 굉장하게 떠들게 되었습니다. 그래 가지고 뒤늦게 동양으로 그 불이 붙어 왔습니다. 그런 것이 전염이 되려면 전염이 될 만한 유사성(affinity)이 있어야 합니다. 그것 자체가 학문적이니까 인텔리겐치아(intelligentsia)라야 합니다. 그러니까 한국에서도 미국에 갔다 오고 공부를 한다고 하는 사람들 속으로 이것이 들어갔습니다. 그래 가지고 한국에도 그런 책자가 많이 돌아다녔습니다. 그러나 한국 사람보다는 훨씬 더 서양 문명을 받아들이는 데에 빠르고 민감한 사람들은 일본 사람들이어서 이것도 그 사회에 먼저 들어왔기 때문에 일본 기독교에는 이것이 더욱 압도적으로 강합니다.

배교의 시대에 우리는 어떻게 해야 하는가

그렇게 되어서 전 세계가 그 물결입니다. 용이 그 입에서 토해 놓은 그 물로 세계가 벙벙하게 되었다는 말입니다. 싸울래야 별로 학문적으로, 신학적으로 싸울 만큼 이쪽 세력이 튼튼한 것이 아닙니다. 그러한 상태 가운데 빠져 있었고 지금도 그렇습니다. 그렇게 해서 거기에 빠져 있는 사람들이 후손과 자녀들을 자꾸 낳아서 제2대, 3대를 내놓았고 그로 말미암아 지금은 하나님의 거룩한 진리를 반대하고 사이비적인 것을 진리라고 추종할 수 있는 모든 여건과 성격을 강하게 지니고 있는 것입니다. 이렇게 자꾸 가면, 인구의 자연 증가라는 일반 사회 현상으로 보더라도 누군가 하나가 나와서 희한한 권능과 강한 매력과 유혹력을 행사하면 전 세계 기독교인의 압도적인 다수가 사이비 진리를 '아, 저거야말로 진리다' 하고 따라가게 차츰 조성되어 나가고 있습니다. 지금 우리가 그런 시대에 살고 있습니다. 여기서 지금 보는 이 사실에서 그것을 깨닫고 그것에 대하여 우리는 어떻게 해야 하는가를 생각하는 것이 지금 이 공부의 중점입니다.

우리들은 어떻게 해야 할 것인가에 대해서 여러분, 다 돌아가셔서 잘 생각해 보세요. 얼마나 무서운 세상입니까. 짐승의 활동이라는 것이 얼마나 거대하게 손을 뻗치고 있습니까. 여기에 이제 바다에서 올라온 짐승이 한 인물로, 즉 최후의 적그리스도로 쑥 나오기만 하면 굉장히 많은 사람이 따라갈 것입니다. 그러나 적그리스도의 신은 지금도 있습니다. "지금도 많은 적그리스도가 일어났으니"(요일 2:18) 하는 말씀대로 사도 요한의 시대부터 벌써 많은 적그리스도가 역사와 더불어 내려온 것입니다. 그리고 최후의 적그리스도, 사탄의 화신이라고 할 인물이 나타나게 될 때에 땅은 그를 지지하고 추종할 많은 조건을 미리 준비하는 것입니다. 미리 준비하는 이 현상을 사도 바울 선생은 배교(apostasy)라고 했습니다.

우리 교회에서는 여러 번 '지금은 배교의 시대다' 하고 이야기했습니다. 우리가 아무리 좋게 해석하려고 해도 그런 것입니다. '배교는 아직 미미해서 어느 시대든지 있었던 정도이고 대체로 세계 교회의 전체 조류는 부흥의 시대다' 이렇게 말하는 사람도 있지만 천만의 말씀입니다. 세계의 조류가 배교의 시대라는 말입니다. 기독교의 압도적인 다수가 그런 식으로 나가고 있다는 것입니다. 우리는 사탄의 세력이 양성화하고 강렬하게 작용하는 무서운 시대에 살고 있습니다. 그것은 그러한 학문, 인식론, 신학 같은 데에서 작용하고 있고 동시에 거기에 응한 교회 활동을 하는 것입니다. 그래서 거기에 있는 교회 활동이 구체적으로는 세계교회협의회(World Council of Churches)라는 것입니다. 제2차 세계 내전 전에 생각하다가 국제선교협의회(International Missionary Council)를 주축으로 해서 전쟁 중에 모이려고 했으나 전쟁 때문에 그것을 유예하고 있다가 전쟁이 끝난 후에 1948년에 화란 암스테르담에서 세계교회협의회라는 명의로서 결성된 것입니다. 그것도 역사적인 개혁교회의 신학과 전통을 강하게 유지하고 있는 화란의 암스테르담을 기치를 높이 드는 시발점(starting point)으로 삼았습니다. 그것이 현실입니다.

WCC가 어떻다 어떻다 말들을 하지만 거룩한 하나님 나라의 역사라는 관점에서 WCC는 그런 의의를 가지고 있습니다. 그것이 WCC가 아니고 다른 무엇이라도 상관이 없습니다. WCC라는 것은 단순히 그러한 교회들이 응취(凝聚)해 가지고 하나의 세계적인 기구, 하나의 행정적인 기구를 만든 것에 불과한 것입니다. 그러니까 WCC가 없으면 아무것도 없는 것은 아닙니다. 그것이 있기 전에 전 세계의 교회가 자기네의 한 목표를 향해서 움직이려는 구심적인 진행과 노력이 벌써 있었던 것입니다. 이데올로기에 있어서는 벌써 아스트뤼크 이래로 독일 신학계, 그다음에는 영미 신학계로, 그래서 세계의 신학계, 즉 전 세계의 성경을 연구하는 학문의 세계에 그러한 신학이 먼저 압도해서 군림해 온 것입니다. 그것을 가지고 후대 사람을 자꾸 가르칩니다. 지금 세대는 대개 그것을 많이 받습니다. 유럽에는 지금 나이가 한 60이나 50만 됐어도 전 시대의 이야기를 들은 사람이 있을 것입니다. 그러나 40대의 사람들은 이제 거의 그런 사람이 없습니다. 그만큼 전환하는 것입니다. 이것이 무서운 이야기 아닙니까!

기도

거룩하신 아버지시여, 저희들로 하여금 현재 이 세계에는 용이 그 입에서 토한 물이 벙벙하게 세계 사방에 지구 여기저기에 있다는 것과 그럴지라도 거룩한 교회는 반드시 주님의 지키심으로 순결하게 보존되고 있으리라는 것을 확신할 수 있게 가르치신 것과 그러나 이 세계에 있는 큰 핍박의 현실, 주님의 진리를 공격하고 넘어뜨리려고 하는 사이비 진리의 운동이 점점 왕성해 나가는 것에 대해서 눈을 떠서 바르게 볼 수 있게 하시고 심각하게 생각하게 하여 주시고 주님 앞에 저희는 무슨 사명을 받았는가를 깊이 깨달아 알게 하여 주옵소서. 예수님 이름으로 기도하옵나이다. 아멘.

1972년 2월 23일 수요 기도회

제16강
진노의 일곱 대접

역사 위에 임하는 하나님의 심판

요한계시록 16:1-21

요한계시록 16:1-21

1또 내가 들으니 성전에서 큰 음성이 나서 일곱 천사에게 말하되 너희는 가서 하나님의 진노의 일곱 대접을 땅에 쏟으라 하더라 **2**첫째가 가서 그 대접을 땅에 쏟으매 악하고 독한 헌데가 짐승의 표를 받은 사람들과 그 우상에게 경배하는 자들에게 나더라 **3**둘째가 그 대접을 바다에 쏟으매 바다가 곧 죽은 자의 피같이 되니 바다 가운데 모든 생물이 죽더라 **4**셋째가 그 대접을 강과 물 근원에 쏟으매 피가 되더라 **5**내가 들으니 물을 차지한 천사가 가로되 전에도 계셨고 시방도 계신 거룩하신 이여 이렇게 심판하시니 의로우시도다 **6**저희가 성도들과 선지자들의 피를 흘렸으므로 저희로 피를 마시게 하신 것이 합당하니이다 하더라 **7**또 내가 들으니 제단이 말하기를 그러하다 주 하나님 곧 전능하신 이시여 심판하시는 것이 참되시고 의로우시도다 하더라 **8**넷째가 그 대접을 해에 쏟으매 해가 권세를 받아 불로 사람들을 태우니 **9**사람들이 크게 태움에 태워진지라 이 재앙들을 행하는 권세를 가지신 하나님의 이름을 훼방하며 또 회개하여 영광을 주께 돌리지 아니하더라 **10**또 다섯째가 그 대접을 짐승의 보좌에 쏟으니 그 나라가 곧 어두워지며 사람들이 아파서 자기 혀를 깨물고 **11**아픈 것과 종기로 인하여 하늘의 하나님을 훼방하고 저희 행위를 회개치 아니하더라 **12**또 여섯째가 그 대접을 큰 강 유브라데에 쏟으매 강물이 말라서 동방에서 오는 왕들의 길이 예비되더라 **13**또 내가 보매 개구리 같은 세 더러운 영이 용의 입과 짐승의 입과 거짓 선지자의 입에서 나오니 **14**저희는 귀신의 영이라 이적을 행하여 온 천하 임금들에게 가서 하나님 곧 전능하신 이의 큰 날에 전쟁을 위하여 그들을 모으더라 **15**보라 내가 도적같이 오리니 누구든지 깨어 자기 옷을 지켜 벌거벗고 다니지 아니하며 자기의 부끄러움을 보이지 아니하는 자가 복이 있도다 **16**세 영이 히브리 음으로 아마겟돈이라 하는 곳으로 왕들을 모으더라 **17**일곱째가 그 대접을 공기 가운데 쏟으매 큰 음성이 성전에서 보좌로부터 나서 가로되 되었다 하니 **18**번개와 음성들과 뇌성이 있고 또 큰 지진이 있어 어찌 큰지 사람이 땅에 있어 옴으로 이같이 큰 지진이 없었더라 **19**큰 성이 세 갈래로 갈라지고 만국의 성들도 무너지니 큰 성 바벨론이 하나님 앞에 기억하신 바 되어 그의 맹렬한 진노의 포도주 잔을 받으매 **20**각 섬도 없어지고 산악도 간 데 없더라 **21**또 중수가 한 달란트나 되는 큰 우박이 하늘로부터 사람들에게 내리매 사람들이 그 박재(雹災)로 인하여 하나님을 훼방하니 그 재앙이 심히 큼일러라

제16강
진노의 일곱 대접

역사 위에 임하는 하나님의 심판

계시록 11장부터 펼쳐지는 장면들

계시록 16장의 이야기가 17장에 가서는 '큰 바벨론의 비밀'이라고 하는 특이한 현상으로 이어집니다. "여자가 붉은빛 짐승을 탔는데 짐승의 몸에 참람된 이름들이 가득하고 일곱 머리와 열 뿔이 있고 여자는 자줏빛과 붉은빛 옷을 입고 금과 보석과 진주로 꾸미고 손에 금잔을 가졌는데 가증한 물건과 그의 음행의 더러운 것들이 가득하더라. 그 이마에 이름이 기록되었으니 비밀이라, 큰 바벨론이라, 땅의 음녀들과 가증한 것들의 어미라 하였더라"(계 17:3-5). 그리고 18장에 가서는 그것에 대한 심판이 나타납니다. "무너졌도다, 무너졌도다. 큰 성 바벨론이여! 귀신의 처소와 각종 더러운 영의 모이는 곳과 각종 더럽고 가증한 새의 모이는 곳이 되었도다"(계 18:2). 바벨론의 멸망에 대해 외친 것입니다.

19장에 가서는 하늘에서 '할렐루야!' 하는 큰소리가 나옵니다. 그다음에는 백마를 탄 분이 이름은 '충신(忠信)과 진실'인데 공의로 심판하시며 싸우려고 내려오시는 것입니다. "그 눈이 불꽃 같고 그 머리에 많은 면류관이 있고 또 이름 쓴 것이 하나가 있으니 자기밖에 아는 자가 없고 또 그가 피 뿌린 옷을 입었는데 그 이름은 하나님의 말씀이라 칭하더라. 하늘에 있는 군대들이 희고 깨끗한 세마포를 입고 백마를 타고 그를 따르더라. 그의 입에서 이한 검이 나오니 그것으로 만국을 치겠고 친히 저희를 철장으로 다스리며 또 친히 하나님 곧 전능하신 이의 맹렬한 진노의 포도주 틀을 밟겠고 그 옷과 그 다리에 이름 쓴 것이 있으니 만왕의 왕이요 만주의 주라 하였더라"(계 19:12-16). 이어서 다른 천사가 나와서 공중에 나는 모든 새를 향해서 마지막에 최후의 대승리와 그로 말미암은 큰 잔치에서 왕들의 고기, 장군들의 고기, 장사들 혹은 말 탄 자들의 고기, 자유한 자들이나 종들이나 무론 대소하고 모든 자의 고기를 먹으라고 외치는 데가 나옵니다.

20장에 보면 하늘에서 천사가 나와서 무저갱 열쇠를 가지고 용을 잡아서 일천 년 동안 결박해 놓는 이야기가 나옵니다. 천 년이 차도록 다시 만국을 미혹하지 못하게 했다가 그 후에 반드시 잠깐 놓인다는 것입니다. 그리고 장면(scene)이 완전히 변해서 그리스도를 인하여 목 베임을 받은 자의 영혼들과 짐승과 우상에게 경배하지도 않고 이마와 손에 표를 받지도 아니한 자들이 살아서 그리스도와 더불어 천 년 동안 왕 노릇을 하고 천 년이 찬 후에 사탄이 옥에서 놓여나서 땅의 사방 백성, 곧 곡과 마곡을 미혹하고 싸움을 붙이는 이야기가 나오고, 그러자 "하늘에서 불이 떨어져서 저희를 소멸하고 저희를 미혹하는 마귀가 불과 유황 못에 던지우니 거기는 그 짐승과 거짓 선지자도 있어 세세토록 밤낮 괴로움을 받으리라"(계 20:9-10). 그곳이 영원한 불구덩이 지옥입니다. 그다음에는 크고 흰 보좌의 심판인데 행위의 심판이 나타납니다. "책들이 펴 있고 또 다른 책이 펴졌으니 곧 생명책이라 죽은 자들이 자기 행위를 따라 책들에 기록된 대로 심판을 받으니"(계 20:12).

그다음 21장에는 새 하늘과 새 땅이 나옵니다. 여기부터 사실상 일사천리(一瀉千里)로 웅혼 장절(雄渾壯絶)한 드라마, 그런 장면과 무대(stage)가 죽 계승해서 나타나는 것입니다. 이런 전체의 장면을 관조하고 대관(大觀)하면서 부분부분을 생각해야 알기 쉽습니다. 부분만 가지고 '이것은 이것이다. 저것은 저것이다' 하고 알 수 있는 것은 아닙니다.

11장부터 한 개의 장면이 척 펼쳐져 나갑니다. 11장에서는 증거자로서의 교회, 12장에서는 환난을 받되 주께서 보호하시는 교회의 상태, 13장에는 마귀의 권화(權化)라고 하는 자들, 아주 대표적이고 총화적(總和的)이고 최종적인 것이 나타나는 사실이 나옵니다. 그리고 13장을 지나서 14장에 가서는 하늘의 장면입니다. 동시에 바벨론이 멸망하고 말 것에 대한 큰 선고가 하나님의 진노의 포도주, 섞인 것이 없이 부은 포도주로 나타납니다. 그다음에는 땅의 포도송이를 거두는 자리입니다. 15장에는 일곱 천사가 성전에서 일곱 재앙을 가지고 나오는 일의 서론으로서 일곱 재앙이 마치기까지 성전에 들어갈 자가 없을 만큼 숭엄하고 대단히 무섭고 엄위로운 심판임을 가르쳐 줍니다. 16장부터는 그 일곱 재앙의 심판이 구체적으로 나타납니다.

16장의 사실들은 상징인가

16장에 나타나 있는 것들은 무엇을 상징하는 것인지 의미를 알기가 조금 어렵습니다. 예를 들어 4절을 보면 "셋째가 그 대접을 강과 물 근원에 쏟으매 피가 되더라" 이런 것이 현실은 아니라고 한다면 이것이 무엇을 상징하는지 알기 어렵습니다. "내가 들으니 물을 차지한 천사가 가로되 전에도 계셨고 시방도 계신 거룩하신 이여, 이렇게 심판하시니 의로우시도다" 처음에는 "전에도 계셨고 이제도 계시고 장차 오실 자"(계 4:8)라고 했지만 '장차 오실 자'라는 말이 여기서는 이미 현실로 화해서 이미 오셔서 심판하시는 사실을 상상하게 하는 까닭에 없어졌습니다. "전에도 계셨고 시방도 계신 거룩하신 이여, 이렇게 심판하시니 의로우시도다. 저희가 성도들과 선지자들의 피를 흘렸으므로", 이 말은 상징이 아니지요? 성도들과 선지자들의 피를 흘렸다는 말은 상징(symbol)이 아닙니다. 과연 이 세상에서는 수없이 성도들과 선지자들이 피를 흘렸습니다. 핍박을 받고 피를 흘렸습니다. 그런 까닭에 "저희로 피를 마시게 하신 것이 합당하니이다 하더라. 또 내가 들으니 제단이 말하기를 그러하다 주 하나님 곧 전능하신 이시여, 심판하시는 것이 참되시도다 하더라"(계 16:6-7).

여기서는 제단이 말을 하는데, 계시록 6장에 보면 "다섯째 인을 떼실 때에 내가 보니 하나님의 말씀과 저희의 가진 증거를 인하여 죽임을 당한 영혼들이 제단 아래 있어서 큰소리로 불러 가로되 거룩하고 참되신 대주재여, 땅에 거하는 자들을 심판하여 우리 피를 신원하여 주지 아니하시기를 어느 때까지 하시려나이까 하니 각각 저희에게 흰 두루마기를 주시며 가라사대 아직 잠시 동안 쉬되 저희 동무 종들과 형제들도 자기처럼 죽임을 받아 그 수가 차기까지 하라 하시더라"(계 6:9-11) 해서 순교자들, 피를 흘리며 박해를 받아 가지고 피를 말리고 애를 태우는 사람들의 이야기가 나옵니다. 그런 이들을 결국은 하나님께서 받으신다는 뜻으로, 하나님이 사람의 것을 받으시는 그 자리가 제단인데 그 제단에서 그들이 외치는 것을 하나님께서 받으신다는 것입니다. 의인의 피의 호소가 있었던 그 제단이 이제 신원의 날이 이르니까 여기 16장에서는 "제단이 말하기를 그러하다. 주 하나님 곧 전능하신 이시여, 심판하시는 것이 참되시고 의로우시도다" 하는 것을 보면 의인의 피의 대가에 대한 심판입니다.

'피를 흘렸다'는 말은 단순한 상징이 아니라 대표적인 용어입니다. 피를 흘리는 것을 위시하여 그와 동질의 모든 박해와 그로 인한 의인들의 고난 전체를 그냥 두어두시지 않는다는 것입니다. 의인은 세상에 살면서 고생을 하고, 맞아서 피를 흘리는 것과 마찬가지로 애도 태우고 속도 썩고 괴로움도 당하고 여러 가지로 고통을 받습니다. 마음은 평안할지라도 항상 여러 가지 핸디캡(handicap)과 여러 가지 악조건 가운데서 괴로움을 받고 사는데 그와 같은 적의(敵意), 또는 대적하였던 모든 요소에 대해서 결국은 심판하신다는 이야기입니다. 이 이야기가 상징이냐 하면 상징이 아닙니다. 이것을 해석할 때 '다른 것은 다 상징이고 이것만은 상징이 아니다' 하고 이랬다저랬다 하기가 어렵습니다. 그런 것을 보면 대체로 여기는 퍽 핍진(逼眞)한 묘사, 사실 그대로에 대한 묘사가 많이 있는 것같이 보입니다.

땅과 바다에 임할 무서운 심판

첫째 천사가 대접을 땅에 쏟으니까 하나님께서 땅을 심판하시는 중요한 방법의 하나로서 "악하고 독한 헌데가 짐승의 표를 받은 사람들과 그 우상에게 경배하는 자들에게 나더라"(계 16:2). 이때 짐승에게 표를 받지 아니한 사람들은 거의 죽었거나 그렇지 아니하면 살아 있다고 하더라도 특수한 위치에 있을 것입니다. 어떤 위치에 있든지 평안하게 이 세상의 모든 혜택을 골고루 나누어서 같이 즐겁게 살고 있지는 않다는 이야기입니다. 왜냐하면 13장에서 보면 표를 받지 아니한 자는 몇이든지 다 죽였다고 그랬습니다. 거의 다 죽고 하나님께서 기이하신 손으로 감추어 주셔서 숨어 있는 사람이 있다고 가정하면 그 사람들은 특수한 상태 가운데 있다는 이야기입니다. 그런 사람들은 하나님의 특별하신 섭리로 보호하시고 보존하시고 나머지 이 세상에는 악한 질병이 발생해서 짐승의 표를 받고 짐승에게 절한 모든 우상 숭배자, 적그리스도를 따라간 모든 자들의 신체에 무서운 질병, 무서운 박테리아나 혹은 바이러스나 이런 것들이 막 침식해 나가는 일이 있다는 것입니다. 이러한 현상 자체는 비교적 일반 자연계에 있을 수 있는 현상이지만 이것은 우연도 아니고 별다른 시대적인 의의를 가진 것이 아니라 최종말적인 의의를 가지고 있다는 이야기입니다.

땅 위에 때때로 유행병(epidemic) 혹은 집단 전염병이 발생하는 사실이 있지 않습니까? 콜레라(cholera)나 티푸스(typhus)가 발생하면 그것을 방어하느라고 한쪽에서는 예방 주사를 하고 한쪽에서는 그것에 침식당해서 죽는 사람도 있고 그렇습니다. 그런 것 하나하나가 하나님의 진노의 무서운 심판이라고 해석할 수 없다는 것이 오늘날 우리 시대의 해석입니다. 그러나 종말의 끝에 이르면 하나님께서 이 땅 위에 우상 숭배자들과 반신국적인 요소에 대해 무섭게 진노하시고 저주하시고 심판하시는 한 형태로 그러한 것이 나타난다는 말입니다. 그것은 현상으로 보아서는 자연적이라고 할지라도 의의는 무서운 진노의 심판입니다. 마치 애굽 사람에게 종기가 나고 여러 가지로 큰 고통이 임했지만 고센 땅에 있는 이스라엘 사람에게는 그것이 임하지 아니한 것같이 실질상으로 구속받은 사람에게는 그것이 임하지 않고 구속받지 않은 사람에게 이것이 임한다는 것입니다.

이런 독한 종기라든지 개창(疥瘡, 옴)을 단순히 상징적인 비유로만 생각할 수는 없습니다. '하나님이 하시는 크신 일 가운데 사람에게 질병이라든지 육체적인 큰 고통으로 말미암은 심령상의 고통이라는 것은 하나님의 심판이라든지 진노의 의미로서는 오지 않는다. 항상 하나님의 진노는 영혼의 상태에만 작용하는 것이다' 이렇게 전부를 정신주의적으로만 생각하거나 혹은 '이것은 비유다. 하나님의 나라의 법칙은 물질에는 직접 상관하지 않는다' 하고 생각한다면 그것은 그렇지 않습니다. 육신의 생활에 필요한 사람의 신체에 가해지는 무서운 질병은 그것 자체가 정신의 고통 못지않게 무서운 사실입니다. 정신의 고통이라는 것이 따로 있고 육신의 고통은 그것으로만 끝나고 그런 법이 없습니다. 육신의 고통이 오면 동시에 정신상 큰 고통을 받게 되는 것입니다. 이런 점에서 하나님의 무서운 진노와 심판은 사람의 마음뿐 아니라 사람의 몸에, 사람의 물질에, 사람의 환경에, 즉 사람의 모든 물질적이고 외연적(外延的)인 현실에 다 임하는 것입니다. 이런 원칙을 우리가 확실히 믿고 알고 있는 이상에는, 하나님의 섭리라는 것을 그렇게 믿고 있는 이상에는 여기 땅 위에서 짐승에게 표를 받은 자들이 큰 헌데가 나고 종처(腫處)가 나서 고통을 당한다는 사실은 그대로 받아들여도 아무런 탈이 없는 것입니다. 그런 의미에서 땅에 임한 하나님의 심판의 무서운 상태가 이런 것입니다.

둘째는 바다입니다. "바다가 곧 죽은 자의 피같이 되니 바다 가운데 모든 생물이 죽더라"(계 16:3). 이것도 역시 하나님께서 역사의 최종 대심판을 하실 때에는 소위 천변지재(天變地災)라는 말과 같이 이것은 땅에도 변이 나고 바다 속에도 변이 날 수 있는 것입니다. 바다에서 부(富)를 취하고 있는 사람들도 있는데 모든 부의 근원을 치실 때에는 땅뿐 아니라 바다도 치신다는 것입니다. 그런고로 이것은 초자연적인 무서운 심판의 한 형식입니다.

그다음에는 "셋째가 대접을 강과 물 근원에 쏟으매 피가 되더라"(계 16:4). 이것이야말로 자연계의 큰 괴변입니다. 사람이 먹고 살 식수가 갑자기 흐려져서 피가 된 것같이 뻘겋게 되어서 먹을 수가 없고 아무리 여과를 한다하더라도, 수많은 사람이 의존하고 있는 물의 근원에다가 하나님께서 무서운 저주를 내리시면 사람은 그것을 먹고 건강을 유지할 수가 없게 된다는 것입니다. 그렇다고 금방 그것으로 몰살시키는 것은 아닙니다. 이것 자체가 무서운 변괴, 저주 혹은 앙화로서 첫째는 사람들의 심리에 주는 효과가 강력합니다. 아무리 발달한 과학을 가지고라도 사람으로서는 그 이상 어떻게 할 수가 없다고 하는 전적인 무능력, 절망감을 주는 동시에 이것이 숭엄한 대자연 위에서 지배하시는 위대한 신의 능력 있는 심판임을 느끼게 하여서 사람들로 하여금 누가 이런 심판을 하시는가를 필연적으로 알 수 있게 하시는 것입니다.

대접 심판에서 볼 수 있는 역사의 원칙

특별히 많은 사람의 피를 흘리고 그 피에 도취해서 사람들을 죽이고 자기네 정책을 수행한 그 위에서 명예를 날리고 권력을 쥐고 떠들던 그 사람들과 그 사람들이 구축해 놓은 결과를 그대로 추종하고 있는 자들에게 무서운 심판이 임한다는 것입니다. 이것은 최후의 대심판은 아닙니다. 최후의 대심판은 문자 그대로 모든 사람의 행위에 대해 직접적인 보복이 오는 것입니다. 네로면 네로에게 보복이 와야 합니다. 그러나 네로는 죽었고, 역사의 종국에 이런 문제가 일어났을 때는 네로 자신이 부생(復生)해서 그 괴로움을 받으려고 오는 것은 아닙니다. 네로가 많은 사람의 피를 흘렸는데 그 피 값을 이것으로 완전히 토죄(討罪)하는 것이 아닙니다. 네로나 도미시안이나 로마의 여러 황제들이 괴악하게 많은 신도들을 죽인 사실은 그것대로 나중에 크고 흰 보좌의 심판에서 다 심판을 받을 것입니다. 그것은 그것대로 심판을 받을 것이지만 그러기까지는 중간(intermediate) 형태인 음부(陰府)에 가서 그 영혼이 고통을 당하고 있는 것입니다. 그러나 장차는 그 자들이 다 같이 영원한 고통 가운데 들어갈 것입니다. 아주 말할 수 없는 고통, 형량이 확정된 무한한 고통 가운데 들어가는 것입니다. 그것이 얼마이건 간에 의로우신 하나님의 손으로 조금도 에누리가 없이, 가차 없이 모든 죄를 토죄하실 것입니다.

여기 이 대접 심판은 그러한 사람들이 구축해 놓은 인류의 문화와 역사의 흐름을 좇아서, 그런 사람들의 속에서 작용하던 영들의 정신을 그대로 추종해서 계계승승 인류의 역사 가운데 작용하던 사람들이 마지막에 주께서 이 땅에 오셔서 완전히 모든 것을 심판하시기 직전에 땅에 저희들이 심어 놓은 것이 결국은 무엇인가 하는 것을 저희들로 하여금 알 수 있도록 나타내 보이시는 형식입니다. 역사의 원칙을 통재하시고 그것을 내셨고 그것이 일호차착(一毫差錯)이 없이 그대로 이루어 나간다는 것을 아주 명료하게 보여 주시는 것입니다. 그러므로 여기 이러한 양화는 '역사의 현실 가운데 명료하게 무엇이 있는가' 하는 것을 우리에게도 알리고 이로써 정당한 사관을 가질 수 있게 해 주시는 점에서 특별히 우리에게 사상적으로 중요한 의미를 주고 우리의 사상을 구성하는 데에 중요한 원칙을 보여 줍니다.

여기서 얻은 의미를 역사의 원칙이라는 관점에서 이야기해 보면, 역사 위에는 하나님을 반대하고 하나님 나라의 거룩한 진행을 방해하고 하나님의 거룩한 것들을 파괴하고 적대하고 훼방하고 악을 행하는 자들이 있습니다. 그것은 말세에만 있는 것이 아니고 모든 시대를 통해서 있었습니다. 가인 이래 지금까지 그런 것들이 있어 왔습니다. 그것들이 결국 하나님의 무서운 심판 아래서 어떠한 종국을 맞게 되는가를 보여 주는데 그것이 언제인가 하면 현 역사 시기에서 종국을 맞는다는 말입니다. 그것은 그것대로 번영하다가 예수님이 오셔서 간섭해 가지고 갑자기 최후의 대심판을 받는다는 이야기가 아닙니다. 그것이 번영하는 것같이 보여도 최후라는 이것의 결미(coda)는 무엇이냐 하면 이러한 무서운 재앙이고 앙화라는 것을 가르쳐 줍니다. 16장뿐만 아니라 그다음 17, 18장에 뻗어서 "무너졌도다, 무너졌도다. 큰 성 바벨론이여!"해서 바벨론의 비밀을 이야기하고 그다음에는 비밀의 바벨론이 나중에는 무너져 버리는 사실로써 그것을 보여 주고 있습니다. '아무리 위대한 바벨론을 역사 위에 건설할지라도 결국 역사의 이 시기에 붕괴한다. 그것은 만년 불변하다가 결국 천래의 큰 간섭 때문에만 부서지고 마는 것은 아니다. 최후의 심판 때문에 천지가 없어지는 통에 한꺼번에 없어지는 것이 아니라 그것은 그것대로 역사에서 무너지고 마는 것이다. 이것이 원칙이다. 그것이 승승장구해 가지고 언제든지 큰 영광의 빛을 가지고 진전하는 줄 알지 말아라' 하고 가르치는 것입니다.

바벨론을 형성하는 요소의 하나는 인간의 철학과 이상입니다. 인간의 철학과 이상에 의해서 신국의 철학과 신국의 목표라는 것을 적대하고 나오는 것이 바벨론의 특성의 하나입니다. 이런 바벨론은 현 역사 시기에 저주와 앙화 가운데 판단을 받고 무너지는 때가 있다는 것입니다. 이것을 여기서 우리에게 보여 주고 있습니다. 그것을 여기서 확고히 파악해야 할 것입니다.

예를 하나 들어 보면, 기독교를 박해했다든지 진리를 훼파했다든지 하나님에 대해서 무관심했다든지 혹은 적대했다든지 하는 것은 그것 자체만으로 존재하는 것이 아니고, 왜 그렇게 하느냐 하면 헬레니즘을 현양한다든지 그렇지 않으면 좀 더 위대한 인간 철학으로써 자율적인 철학으로써 사람들을 교훈하고 많은 사람에게 영향을 끼쳐서 많은 사람이 인간적인 도덕을 건설하고 살도록 하려고 하는 데에서 필연적으로 강한 주장이 나오는 것입니다. 그러한 강한 주장은 그것 이외의 설(說)에 대해서는 '이 글은 곤란하게 하는 적(賊)이다' 하는 의미로 사문난적(斯文亂賊)이라고 해서 파훼(破毁)해 버립니다. 그렇게 해서 그것으로 하나의 위대한 인류 문화를 건설하는 것입니다. 그러나 그 위대한 문화가 그대로 언제까지든 계승하는 것은 아닙니다. 이원적(二元的)이 아닙니다. 무한하게 계속되는 것이 아니라 결국 역사의 어떤 시기에 심판을 받고 맙니다. 그것은 앙화가 되어서 사람에게 돌아오고 마는 것입니다. 그 자체가 화가 되어 하나님의 심판을 초래하는 사실인 것을 주의해야 합니다.

그러면 그와 같은 일은 어떠한 법칙하에서 움직이는 것입니까? 계시록에 가르친 거룩한 도리로 보면 이러한 법칙은 하나님의 의의 속성 때문에 발생하고 하나님의 의를 만족시키기 위해서 발생하는 것입니다. 그다음 이야기를 보면 이런 앙화가 있다고 해서 사람을 회개시키고 정신 차리게 해서 '다시 그것을 하지 말라' 하는 것이 아닙니다. 사람들은 회개하지 않고 그냥 하나님을 배반하고 나갔습니다. 이것이 오늘 저녁에 읽은 내용 가운데 중요한 것입니다. '사람들이 회개를 안 할 바에는 화를 내린들 무슨 소용이 있겠는가' 하겠지만, 사람이 회개하도록 징책하시느라 이것을 내리시는 것이 아닙니다. 그 사람들이 심어 놓은 씨를 거두는 앙화입니다. 하나님이 사랑하사 그들을 깨닫게 하시려고 징책하시는 방법으로 하시는 일이 아닙니다. 그러니까 사람의 회개의 열매는 여기에 없습니다. 회개의 열매를 겨누고 한 것이 아닙니다. 사람이 회개하지 않는다고 해서 그것을 안 내리시는 것은 아닙니다. 거기에는 다른 원칙이 있습니다. 하나님의 공의의 속성 때문에 하나님의 의는 만족해야 하니까 그것을 내리시는 것입니다. 어떠한 원칙이냐 하면 사람의 죄악에 대해서는 하나님께서 금세(今世)에서도 심판을 하신다는 원칙입니다.

역사 위에 임하는 하나님의 심판

금세에서도 심판을 하시는데 두 가지의 법칙 가운데 하십니다. 먼저는 하나님께서 이미 내신 일반 법칙 아래에서 인과 관계로 거두는 심판이 있습니다. 당연한 원인에서 나오는 당연한 결과입니다. 또 하나는 사람들 스스로는 판별하기 어려운 인과 관계로서 단순한 인과의 관계가 아니라 큰 의미에 있어서의 인과의 관계인 죄를 심고 죄에 대한 형벌을 받는다는 것이 있습니다. 역사적 사실의 원인을 심어 놓고 그 역사적 사실의 원인이 발전한 자연적인 진행에 의해서 커 가지고 나온 것이 아니라는 말입니다. '호랑이 새끼를 가져다가 놓고 길렀더니 이놈이 자연스럽게 커 가지고 나중에는 자기를 잡아먹더라' 하는 그런 식이 아닙니다. 도저히 그럴 원인이 없는 것 같은데 그만 무서운 징벌이 거기서 왔다는 말입니다. 그런 것은 징벌을 받는 사람도 왜인지 모르겠지요? 그러나 거룩한 눈으로 볼 때는 저들이 순교자들을 많이 내고 의인의 피를 흘렸더니 이제는 피를 마셔야 한다는 것입니다. 심판이 온다는 것입니다. 이런 사실들이 여기에 있다는 것을 이것으로 보여 주는 것입니다.

그다음에 "넷째가 그 대접을 해에 쏟으매 해가 권세를 받아 불로 사람들을 태우니 사람들이 크게 태움에 태워진지라. 이 재앙들을 행하는 권세를 가지신 하나님의 이름을 훼방하며 또 회개하여 영광을 주께 돌리지 아니하더라"(계 16:8-9). 이것은 가장 무서운 자연계의 이변으로 말미암은 징벌인데, 이런 형벌 앞에서도 사람은 회개하지 않는다고 했습니다. 사람들은 '이것은 그냥 큰 액이요 큰 불행이다. 그러나 자연계에 있는 현상이다' 하고 말할 뿐입니다. 자연계를 친히 손으로 운전하시사 일을 일으키시고 이로써 사람들을 형벌하시는 하나님께 대해서 알려고 하지 않는다는 것입니다. 지진이 났다고 해서 '하나님이 나게 하셨다' 하고 생각하지 않습니다. '지진이 날 만한 지질학상 무슨 이유가 있다' 하는 정도입니다. 그러니까 자연 현상의 어떤 이변이 생긴다고 해도 그로 말미암아 하나님에 대해서 생각하려고 하지 않습니다. 이것이 지독히 완고한 사람들의 심정입니다. 다른 말로 하면 사람들은 완고해서 자기네가 아는 이상(以上)을 더 추구해서 바르게 깨달아 가지고 거기 숭엄하신 하나님의 성의(聖意)가 움직인다는 것을 알려고 하는 것이 아니라 모든 것을 자기네가 알고 있는 인간 이성의 추리와 궁구에다가 돌려 버리고 마는 것입니다. 이런 것들이 발생할 것입니다.

"다섯째가 그 대접을 짐승의 보좌에 쏟으니 그 나라가 곧 어두워지며 사람들이 아파서 자기 혀를 깨물고 아픈 것과 종기로 인하여 하늘의 하나님을 훼방하고 저희 행위를 회개지 아니하더라"(계 16:10-11). 이것은 적그리스도의 나라에 앙화가 임해서 흑암의 상태에 이른다 하는 것과 그로 인하여 사람에게는 굉장한 고통이 임할 것을 말씀하셨습니다. 적그리스도의 나라라고 해서 세상적으로 아주 잘 통제되고 아주 편안하고 번영하는 법이 없다는 것입니다.

"여섯째가 그 대접을 큰 강 유브라데스에 쏟으니 강물이 말라서 동방에서 오는 왕들의 길이 예비되더라"(계 16:12). 잘 아시는 바와 같이 유프라테스는 메소포타미아에 있는 강입니다. 히브리 사람들에게 이 강은 아주 중요한 의미가 있습니다. 하나님께서 히브리 사람의 조상인 아브라함에게 종족을 주실 것을 약속하시고 어디에 살 것을 약속하셨는데 그 확실한 지경(地境)을 그을 때 '애굽 강과 유브라데스'라고 말씀하셨습니다. 이것이 그 사람들에게는 아주 중요한 계시입니다. "그날에 여호와께서 아브람으로 더불어 언약을 세워 가라사대 내가 이 땅을 애굽 강에서부터 그 큰 강 유브라데스까지 네 자손에게 주노니"(창 15:18) 하셔서 국경을 딱 정해 주시고 '이것이 약속의 땅이다' 하신 것입니다. 애굽 변경에 있는 애굽 강으로 애굽과 구별하고 유브라데스로 그 여타의 땅과 구별하여 그렇게 큰 곳을 주신 것입니다.

여기에 비슷하게라도 이른 때가 다윗 시대입니다. 그 이외에는 일찍이 한번도 유브라데스에 이르러서 유브라데스를 국경으로 삼아 본 적이 없습니다. 유브라데스 연안까지를 실제로 점령했다는 것보다는 힘으로 정복할 수 있었을 때가 다윗 왕의 시대입니다. 그런 점에서 다윗 왕에게서 이상적인 이스라엘 국가의 왕 혹은 지배자의 모습을 볼 수 있습니다. 그래서 다윗의 왕권으로 이스라엘의 왕권을 대표하는 표호로 삼으신 것입니다. '다윗의 보좌'라는 말이 그런 의미입니다. 그런고로 유브라데스는 택하신 거룩한 백성이 거하는 곳의 한계입니다. 그 너머는 이 세상입니다. 그런 의미에서 큰 강 유브라데스는 세상과 하나님의 택하신 백성의 한계를 칭할 때 상징적으로 사용되었습니다. 그 유브라데스에 대접을 쏟으니까 어떻게 되었는가 하면 강물이 말라서 동방에서 오는 왕들의 길이 예비된다는 것입니다. 거룩한 백성이 거하는 땅이 침략을 당할 것이라는 이야기입니다.

그다음에는 거기에 사귀들의 요동하는 것이 나타납니다. "개구리 같은 세 더러운 영이 용의 입과 짐승의 입과 거짓 선지자의 입에서 나오니 저희는 귀신의 영이라. 이적을 행하여 온 천하 임금들에게 가서 하나님 곧 전능하신 이의 큰 날에 전쟁을 위하여 그들을 모으더라. 보라, 내가 도적같이 오리니 누구든지 깨어 자기 옷을 지켜 벌거벗고 다니지 아니하며 자기의 부끄러움을 보이지 아니하는 자가 복이 있도다. 세 영이 히브리 음으로 아마겟돈이라고 하는 곳으로 왕들을 모으더라"(계 16:13-16). 소위 아마겟돈 전쟁입니다. 최후에 거기서 멸망을 받기 위해서 모인다는 이야기입니다. 최후에 자기네의 모든 힘을 다해서 거룩한 백성의 지경을 침범해서 거기서 싸움을 일으킬지라도 마침내 그곳이 최후에 멸망하는 자리가 되었습니다. 멸망하는 자리에 이르고 마는 것입니다.

'아마겟돈'은 '므깃도의 산들'이라는 뜻의 히브리어입니다. 그것이 지금 상징적인 명의로 되어 있습니다. 원래 므깃도는 갈릴리에 있는 에스드라엘론 골짜기, 다윗이 대승을 거둔 자리입니다. '므깃도의 산' 그러니까 '산 중의 산'이라고 할는지요. 그러나 그렇게 명의만을 가지고 자꾸 생각하기는 어렵고 그것이 대표하는 바는 결국 여기서 최후의 대전쟁과 함께 적그리스도의 나라도 멸망한다는 것입니다. 최후에 적그리스도의 큰 왕국에 멸망이 임하려고 할 때에는 사귀들이 요동해서 아주 적극적으로 이 전쟁을 일으킬 것인데 이것은 단순한 사실이 아니고 무서운 재앙의 한 가지임을 가르치는 깃입니다. 그러면 오늘 저녁에는 이만한 정도로 이야기를 하고 나머지는 그다음 장을 보아 가면서 거기에 붙여서 계속해 나갈 것입니다.

바벨론에서 울려 나오는 찬송

한 가지 생각할 문제는, 우리는 하나님을 찬송하는 소리가 자꾸만 형식적으로 변해서 바벨론적인 것으로 자꾸 변화해 나가는 경향을 강하게 가진 시대에 살고 있다는 것입니다. 옛날 바벨론이라는 나라 속에서도 진정으로 하나님을 찬송하는 소리가 들렸을 것입니다. 가만히 생각해 보십시오. 우리 소수가 여기 앉아서 하나님을 찬송하는 송영을 부르든지 혹은 다른 찬송을 부르든지 간에 그것이 미미한 소리 같지만, 외로운 사람들이 모여서 오직 하나님만을 힘과 방패로 삼고 하나님만 의지하고 하나님을 찬송하면서 우리가 알지 못하는 이 거대한 바벨론이라는 세계에서 인도해 주시기를 지금 바라고 나아가는 것입니다.

그러한 좋은 샘플은 실지로 바벨론에 포로로 잡혀갔던 다니엘과 세 친구 하나냐와 미사엘과 아사랴가 있습니다. 느브갓네살 왕이 꿈을 꾸고 그것을 잊어버린 다음에 무서운 명령이 내려서 그에게 소속해 있는 모든 갈대아 박사들과 그런 특별한 고문관 노릇을 한 사람들이 까딱했으면 다 죽을 뻔했지만, 다니엘이 바벨론 관리에게 가서 명철하고 지혜로운 말로 잠깐의 유예를 얻어서 돌아왔습니다. 그것이 어떤 위기(crisis)인가 생각해 보십시오. 만일 꿈과 그 해석을 참 기이하고 특별한 섭리로, 특별한 하나님의 은총으로 보여 주시지 않는다면 네 친구도 다 죽을 수밖에 없습니다. 죽을 명단 가운데 들어 있는 사람들이니까 곧 죽을 것인데 다행히 말미를 얻은 것뿐입니다. 혹시 살 수도 있었느냐 하면 그것은 아닙니다. 느브갓네살은 참된 의미에서 절대주의적인 제왕 노릇을 하던 사람으로서 가장 제국다운 거대한 국가를 건설하고 그러한 성격을 구축해 놓은 사람입니다. 그런 사람이 말을 이랬다저랬다 하지 않는 것입니다. '죽을 자는 죽는다. 죽을 만한 이유가 있다. 지금까지 왕록을 먹고 아무런 봉사할 기능도 없이 속이고 지냈으니까 너희 놈들은 죽어 마땅하다' 그것입니다. 그리고 그것은 개개인을 볼 것이 아니라, 꿈을 해몽해야 할 의무를 가진 자로서 해몽하지 못한 모든 자가 그런 위치에 있다는 것입니다. 그러니까 그런 처지에서 죽을 수밖에 없었습니다.

이 죽음을 제척(除斥)해서 해소시켜 버리고 하나님의 나라를 이 땅에 세우면서 전진하게 되느냐, 그렇지 않으면 무서운 제국주의적인 큰 권한에 희생되어서 자기네도 무참하게 죽을 뿐 아니라 하나님의 거룩한 말씀과 은혜를 보존하고 있는 아무 씨앗도 없이 거기서 없어지고 마느냐 하는 이런 무서운 현실 가운데 처해 있었던 것입니다. 거기다 발을 붙이고 하나님의 나라를 명확하게 계승해서 세워 나가든지 완전히 바벨론에게 먹혀서 아주 도말(塗抹)당하고 말든지 둘 중 하나를 택하라는 것입니다. 그러한 위기(crisis) 가운데 다니엘과 세 친구가 있었던 것입니다. 다니엘은 돌아가서 그날 저녁에 자기의 친구들과 더불어 그 이야기를 하고 하늘의 하나님 앞에 간절히 기도를 했습니다. 과연 그런 기도회가 세상 어디에 있습니까? 참으로 가장 모범적인 기도회일 것입니다.

아마 그 후에 적어도 한 7, 8세기 후에 빌립보 감옥에서 바울과 실라가 같이 기도하던 그런 것이 아마 또 좋은 샘플이 될 것입니다. 그렇게 둘이서, 여기서는 넷이서 기도를 하고 그다음에는 기도만 한 것이 아니고 찬송을 했습니다. 바울과 실라도 찬송을 했습니다. 그 찬송은 나중에 두라 평지에 금 우상을 세우고 낙성(落成)하는 예식에서 바벨론의 모든 악기와 관현악을 다 동원하고 굉장한 합창단을 동원해서 하는 것과 대조가 될 만큼 수로 보아도 미미하고 소리로 보아도 아주 희미한 것입니다. 그때 그 역사 현실에서 보더라도 그것이 있었는지 없었는지 알 수 없을 만한 정도의 사실입니다. 그렇지만 그것이 가지고 있는 실존적인 의미와 참된 능력의 의미는 역사 위에 찬연히 빛나는 찬송이 되었습니다.

바울과 실라의 찬송도 그렇습니다. 바울과 실라의 찬송이 마치 군호(軍號)와 같이 되었습니다. 로마 제국에 그리스도의 거룩한 왕국이 발을 붙여서 지금 막 전진해 나가는데 획시기적인 거보(巨步)를 내디딘 자리가 로마 식민지인 마게도냐입니다. 그러니까 이것은 처음으로 로마 제국의 성이 무너지면서 기독교의 왕국의 거대한 군사가 들어가서 첫 지구를 점령하고 나가는 것과 같습니다. 이스라엘 백성이 가나안에 들어가서 여리고 성을 점령하는 것과 같은 의미가 거기에 있는 것입니다. 그러니까 승전한 개가(凱歌)와 같은 찬송인 것입니다. 쇠사슬에 매여서 옥 속에 앉아서 그 찬송을 부른 것입니다. 그 역사의 현실로 보아서 얼마나 아이러니컬한 이야기입니까.

바벨론에 있는 이 네 사람은 아직 소년들로서 포로로 잡혀가서 죽음을 앞에 놓고 아무 도울 힘도 없는 처지에서 모여 앉아서 하나님만 의지하고 기도했습니다. 그때 하나님께서 큰 계시를 보여 주시니까 너무나 감사하고 감격해서 이제 자연스럽게 찬송이 우러나오는 것입니다. 바벨론에서 울려 나오는 찬송 소리를 상상해 보십시오. 모든 불가사의하고 기이한 것을 건설한 찬란한 문화의 나라, 세상 사람이 흠모하여서 '열국의 꽃'이라고 하고 '열국의 신랑'이라고 하던 그 나라, 그곳에 가는 것을 천국에 가는 것같이 기뻐하던 그러한 나라 가운데서, 가고 싶어서 간 것이 아니라 포로로 붙잡혀 가서 가장 미미한 위치에 앉아 있으면서 거기서 진정으로 찬송을 했던 것입니다.

그런 것을 보면서 하나님 나라의 전진을 생각하게 됩니다. 하나님 나라의 거룩하신 형태를 땅 위에 심어 놓으시고 전진시키려고 하시는 것이 하나님이 기뻐하시는 뜻입니다. 우리가 그것을 하려고 여기에 있는 것입니다. 지금 우리의 참된 책무는 바로 그것입니다. 바벨론에게 먹히는 것이 아니라 바벨론 안에서라도 하나님의 그 거룩하신 영광의 나라, 그 나라의 실질상 가치와 실존을 네 사람이든지 두 사람이든지 간에 구별된 목표를 가지고 구별된 생활을 하면서 사는 그 사람들이 마음을 합해서 나타내라는 것입니다. 다니엘과 세 친구는 완전히 구별된 위치에 있던 사람들입니다. 첫째로, 음식까지도 자기네들이 구별하고 있었습니다. 바울과 실라도 전연 여타의 다른 주위의 사람들하고는 비교할 수 없이 구별되어 있던 사람들입니다.

이와 같이 바벨론에 있던 이 네 친구가 구별된 위치에서 살며 마음을 완전히 이 세상 바벨론 사람과 달리 가지고 살듯이 우리들도 역시 이렇게 소수지만 조용히 찬송을 할 때에, 수많은 소리가 서울에서도 나고 한국에서도 나고 세계에서도 나겠지만 이렇게 막막한 세상에서도 이 찬송 소리를 하나님께서 들으시고 그것을 기쁘게 받으시는 것은 놀라운 일입니다. 이렇게 구별되어 있고 아주 외로운 나그네의 길을 가는 사람들, 항상 위험이 뒤따르고 정착할 수가 없고 치유할 수 없이 요동하는 이 세상에서 가장 안전하고 가장 안심하고 의지하고 사는 사람의 일단(一團)이 하나님 앞에 특이한 소리로 찬송을 드립니다. 이것이 찬송의 큰 의미 중 하나입니다.

계시록에 계속해서 나오는 것은 역사 위에서 바벨론 대 하나님 나라의 현실입니다. 하나님께서는 바벨론에 대해서 진노하시고 무서운 심판을 해 나가신다는 이야기입니다. 우리가 이러한 바벨론에 서여서는 안 될 것입니다.

기도

거룩하신 아버지시여, 이 땅에서 옛날 바벨론에서 다니엘과 하나냐 미사엘 아사랴가 주님 앞에 간절히 자기네의 가장 중요하고 급한 문제를 놓고 기도할 때에 주께서는 영광을 나타내시고 이들을 쓰셔서 땅에다 그 거룩한 나라의 실질적인 모든 질량을 다 부어서 세우시려고 그들을 아끼시고 계시하시며 그들 마음에 기쁨을 내려 주시므로 그들이 찬송을 불렀사옵나이다. 그들이 미미한 것 같았지만 그들의 찬송이 역사 위에 울려 나오던 찬송 소리였던 것과 같이 저희들 소수가 주님을 모시고 외롭게 살면서 나그네의 역려(歷旅)의 길을 가면서 하나님을 찬송할 때 진정으로 이것이 주께 상달이 되며 기쁘게 받으시는 찬송이 되게 하시고, 또한 저희들이 혼탁되어서 이 세상 바벨론에 조금이라도 휩쓸려 들어가지 않게 붙들어 주시고 인도하여 주옵소서. 이리하여 거룩히 살고 역사의 이 시기에 있어서도 주님은 결국 모든 역사를 통괄하시고 모든 것을 친히 주장하신다는 것을 명확하게 보여 주는 이 거룩한 계시 말씀에 의하여 끝까지 주를 의지하고 살게 하옵소서. 땅 위에 내리실 심판과 형벌을 어김없이 내리시는 주님께서는 또한 땅 위에서 그 나라의 영광의 능력을 나타내시는 일도 틀림없이 항상 저희를 써서 하신다는 것을 확실히 믿사오니 저희들이 그렇게 쓰임을 받아서 그것을 나타내기를 바라옵나이다.

  우리 주 예수 이름으로 기도하옵나이다. 아멘.

1972년 3월 1일 수요 기도회

제17강

큰 바벨론의
비밀

요한계시록 17:1-18

Expositions on Revelation

요한계시록 17:1-18

¹또 일곱 대접을 가진 일곱 천사 중 하나가 와서 내게 말하여 가로되 이리 오라 많은 물 위에 앉은 큰 음녀의 받을 심판을 네게 보이리라 ²땅의 임금들도 그로 더불어 음행하였고 땅에 거하는 자들도 그 음행의 포도주에 취하였다 하고 ³곧 성신으로 나를 데리고 광야로 가니라 내가 보니 여자가 붉은빛 짐승을 탔는데 그 짐승의 몸에 참람된 이름들이 가득하고 일곱 머리와 열 뿔이 있으며 ⁴그 여자는 자줏빛과 붉은빛 옷을 입고 금과 보석과 진주로 꾸미고 손에 금잔을 가졌는데 가증한 물건과 그의 음행의 더러운 것들이 가득하더라 ⁵그 이마에 이름이 기록되었으니 비밀이라, 큰 바벨론이라, 땅의 음녀들과 가증한 것들의 어미라 하였더라 ⁶또 내가 보매 이 여자가 성도들의 피와 예수의 증인들의 피에 취한지라 내가 그 여자를 보고 기이히 여기고 크게 기이히 여기니 ⁷천사가 가로되 왜 기이히 여기느냐 내가 여자와 그의 탄 바 일곱 머리와 열 뿔 가진 짐승의 비밀을 네게 이르리라 ⁸네가 본 짐승은 전에 있었다가 시방 없으나 장차 무저갱으로부터 올라와 멸망으로 들어갈 자니 땅에 거하는 자들로서 창세 이후로 생명책에 녹명되지 못한 자들이 이전에 있었다가 시방 없으나 장차 나올 짐승을 보고 기이히 여기리라 ⁹지혜 있는 뜻이 여기 있으니 그 일곱 머리는 여자가 앉은 일곱 산이요 ¹⁰또 일곱 왕이라 다섯은 망하였고 하나는 있고 다른 이는 아직 이르지 아니하였으나 이르면 반드시 잠깐 동안 계속하리라 ¹¹전에 있었다가 시방 없어진 짐승은 여덟째 왕이니 일곱 중에 속한 자라 저가 멸망으로 들어가리라 ¹²네가 보던 열 뿔은 열 왕이니 아직 나라를 얻지 못하였으나 다만 짐승으로 더불어 임금처럼 권세를 일시 동안 받으리라 ¹³저희가 한뜻을 가지고 자기의 능력과 권세를 짐승에게 주더라 ¹⁴저희가 어린양으로 더불어 싸우려니와 어린양은 만주의 주시요 만왕의 왕이시므로 저희를 이기실 터이요 또 그와 함께 있는 자들 곧 부르심을 입고 빼내심을 얻고 진실한 자들은 이기리로다 ¹⁵또 천사가 내게 말하되 네가 본 바 음녀의 앉은 물은 백성과 무리와 열국과 방언들이니라 ¹⁶네가 본 바 이 열 뿔과 짐승이 음녀를 미워하여 망하게 하고 벌거벗게 하고 그 살을 먹고 불로 아주 사르리라 ¹⁷하나님이 자기 뜻대로 할 마음을 저희에게 주사 한 뜻을 이루게 하시고 저희 나라를 그 짐승에게 주게 하시되 하나님 말씀이 응하기까지 하심이니라 ¹⁸또 내가 본 바 여자는 땅의 임금들을 다스리는 큰 성이라 하더라

제17강
큰 바벨론의 비밀

붉은빛 짐승을 탄 여자

오늘은 17장에 있는 큰 음녀의 이야기입니다. 지금 우리가 읽은 대로 11절까지 죽 계속해서 하는 이야기가 두 가지에 대한 해설인데 첫째는 여자이고 둘째는 여자가 타고 있는 짐승입니다. "어떤 여자가 붉은빛 짐승을 탔는데" 그 짐승이 붉다는 것입니다. 전에 어디에 그런 무서운 붉은 것이 하나 있었지요? "하늘에서 다른 이적이 보이니 보라, 한 큰 붉은 용이 있어 머리가 일곱이요 뿔이 열이라. 그 여러 머리에 일곱 면류관이 있는데……"(계 12:3). 계시록 12장에 나오는 용이 붉은 짐승입니다. 그러면 여기 있는 붉은 짐승과 붉은 용은 같은 것인지 살펴보면, 먼저 용이 붉다고 하는 말과 여기서 짐승이 붉다고 하는 말은 조금 다른 말을 썼습니다. 용이 붉다는 말의 뜻은 살기(殺氣)에 가득찬 것, 핏빛과 같이 벌겋게 타오르는 것을 의미하고 여기 이 짐승의 붉은빛은 찬란하고 화려하게 화사하게 비치는 붉은빛을 가리킵니다. 살기보다는 화려함과 사치스러움 그리고 찬란함을 표시하는 빛깔을 가진 짐승입니다. 또한 이 짐승은 '일곱 머리'와 '열 뿔'을 가지고 있는데 12장에 나오는 붉은 용도 머리가 일곱이고 뿔이 열입니다. 그리고 13장에 바다에서 나오는 짐승도 뿔이 열이고 머리가 일곱입니다. 요컨대 13장에 있는 짐승은 용의 인간적인 화신으로 볼 수 있는 까닭에 결국 그런 점에서 이것들은 같은 것입니다. 그 색채가 전에는 살기를 나타내는 붉은빛이었지만 여기서는 살기보다는 화려하고 찬란하고 사치스러움을 보이는 빛으로 찬연하게 나타나고 있습니다. 거기다가 짐승의 몸에는 참람된 이름들이 있다고 했는데 13장에도 "그 뿔에는 열 면류관이 있고 머리들에는 참람된 이름들이 있더라"(1절) 해서 결국 그 성격이 모두 같습니다. 그러니까 어떤 같은 내용을 상징하고 있는 것입니다.

이 짐승 위에 여인이 하나 올라타고 있는데 자줏빛과 붉은빛 옷을 입고 있습니다. 자줏빛은 권위를 표시하는 빛입니다. 학문 중에도 법률이나 권위에 관계된 학문을 표시할 때, 특별히 법의 권위를 표시할 때에 자줏빛으로 표시합니다. 또 "한 부자가 있어 자색 옷과 고운 베옷을 입고 날마다 호화로이 연락하는데"(눅 16:19) 하는 말씀에서 볼 수 있듯이 부를 표시하기도 합니다. 여기서도 부요하고 찬란하고 사치스럽다는 것을 보여 줍니다. "금과 보석과 진주로 꾸미고 손에 금잔을 가졌는데 그 금잔에는 가증한 물건과 그의 음행의 더러운 것들이 가득하더라"(계 17:4). 이 여인은 무엇입니까? "이마에 이름이 기록됐는데 비밀이라, 큰 바벨론이라, 땅의 음녀들과 가증한 것들의 어미라 했더라"(계 17:5). 이 여자가 무엇을 타고 앉아 있느냐 하면, 즉 무엇이 여인을 높이 척 올려놓고 싣고 다니느냐 하면 열 뿔과 일곱 머리를 가진 붉은 빛깔의 짐승입니다. 13장에 있는 그 무서운 짐승,

장차 무서운 적그리스도의 상징이 되는 그 위에 올라앉은 것입니다. 그런데 올라앉아 있는 그것이 무엇이냐 하면 '바벨론'이라고 했습니다. "네가 본 바 여자는 땅의 임금들을 다스리는 큰 성이라"(계 17:18) 해서 바벨론을 여자로 상징해 놓았습니다. 그런데 '음녀'라고 했으니까 그냥 어떤 도시를 의미하는 것이 아니라 도덕적인 성격을 띠고 있는 큰 집단을 의미합니다. 사람 개인 이외에는 개인들이 모여서 도덕적인 목표와 도덕적 성격을 가지고 조직된 집단이 도덕적인 성격을 띱니다. 예를 들어서 보이는 교회는 한 개의 종교 집단으로서 도덕적인 성격을 확실히 띠고 있어서 자체의 절조(節操)를 지켜야 합니다. 만일 정조(貞操)를 지키지 않는다면 그것을 신령한 의미에서 음행이라고 가르치는 것입니다.

음녀의 특성

음녀의 특성을 알아보기 위해서 야고보서 4:4에 있는 말씀을 보겠습니다. "간음하는 여자들이여, 세상과 벗 된 것이 하나님의 원수임을 알지 못하느뇨? 그런즉 누구든지 세상과 벗이 되고자 하는 자는 스스로 하나님과 원수 되게 하는 것이니라." 어째서 여기에 '간음하는 여자들'이라는 말을 썼습니까? 만일 이 세상 사람이 세상과 벗 되어서 산다면 이런 말을 할 이유가 없습니다. 하지만 일찍이 세상에서 선택하심을 받고 또 정결하게 씻음을 받아서 순결한 인간으로 온전히 그리스도에게 중매를 받은 것과 같은 사람, 개인보다도 그런 사람들의 모임이, 즉 "내가 너희를 정결한 처녀로 한 남편인 그리스도께 드리려고 중매함이로다"(고후 11:2) 하는 말씀과 같이 그 신랑인 그리스도와 혼인한 교회가 신앙과 숭앙의 대상에서 벗어나서 딴 길로 가면서 그것이 자기네 생활이라고 할 때에 이것을 배교라고 하는 것인데, 교회가 배교하는 것을 묵시적인 용어로 표현한 것이 '음행'입니다.

무엇보다도 지켜야 할 정조를 바르게 지키지 아니하는 것이 첫째로 현저한 음행의 사실입니다. 세상에 사람으로 태어났으되 사람이 마땅히 지켜야 할 도덕이 무엇인지 잘 알지 못해서 도덕을 지키지 못하고 음란한 생활 속에 빠져 들어갔다면, 자기가 몰라서 당연히 지켜야 할 정결함을 지키지 못했어도 역시 음행입니다. 자기가 그것을 잘 알았든지 잘 몰랐든지 간에 하나님의 거룩하신 법칙에서 '마땅히 이것은 어떻게 해야 할 것이다' 하는 원칙이 있으면 응당 그렇게 해야 합니다. 그런데 그렇게 하지 않았으므로 그것은 음행입니다.

영적인 음행이 무엇인지 알려면 먼저 '예수 그리스도에게 신앙의 순수성, 순실성을 지킨다' 하는 것이 무엇을 의미하는지 살펴보아야 합니다. 야고보서 4:4 말씀은 특별히 어떤 사람이 예수 그리스도를 믿다가 버렸다는 의미는 아닙니다. 세상과 벗되는 것을 하나님과 원수 되는 일이라고 하면서 그것을 '간음하는 여자들'이라는 성격으로 표현했습니다. 세상을 사랑한다는 것이 그런 것입니다. 특별히 표면에 나서서 '예수 그리스도를 내가 배반합니다' 하고 떠들지 않아도 예수 그리스도보다 세상을 더 사랑하고 나가는 것이 훼절(毁節)입니다.

그러므로 그리스도를 믿는 사람에게 중요한 것은 그리스도에 대해 단순히 '내가 믿고 의지합니다' 하는 말보다도 '중심으로 늘 그리스도를 첫째로 생각하고 늘 사모하고 사랑하는가? 될 수 있는 대로 그리스도의 말씀을 마음에 더 많이 기억하고 거기에 의지하고 그 말씀을 늘 더 추구하고 나갈 뿐 아니라 그 말씀에 의해서 예수 그리스도를 추구하고 나가는가' 하는 것이 무엇보다도 중요한 문제입니다. 우리가 세상에 있는 것을 쓰지 않는다는 말이 아닙니다. 그러나 세상에 있는 것을 마음에 사모하고 그것을 좋아해서 그것을 좇아가고 그리스도의 거룩한 교훈과 지시와 인도를 좇지 아니할 때 세상을 사랑하는 것이 됩니다.

그리스도께서 우리에게 마땅히 어떻게 하며 어디로 가야 할 것을 가르치셨는데 그것을 아는 사람이 그대로 좇아가지 아니하는 것은 그것을 모르는 사람이 좇아가지 못하는 것과 동일하게 이야기할 수 없습니다. 분명히 그렇게 하는 것이 옳지 않은데 그렇게 하고 나간다면 비꾸러지는 일입니다. 그러나 그것을 전부 영적 음행이라고 할 수는 없습니다. '누구를 가장 좋아하고 마음으로 늘 원하고 살고 있는가? 사랑하는 대상이 세상이냐 그리스도냐' 이것으로 따지는 것입니다. 가령 우리가 예수 그리스도의 뒤를 제대로 바르게 좇지 못하고 넘어지기도 하고 잘 모르기도 하지만 그럴지라도 마음 가운데 예수 그리스도를 사모하는 심정을 잃어서는 안 된다는 것입니다. 예수 그리스도를 사모하지 않고 그리스도를 싫어하고 세상을 가장 중요한 것으로 여기는 심정이 그 속에서 발생하면 그런 것이 훼절입니다. 이러한 일들은 마땅히 예수 그리스도를 사랑할 수 없는 상태에 있는 사람에게 요구할 수가 없습니다. 그렇지만 예수 그리스도를 사랑할 수 있는 상태 가운데 건져 놓으시고 성화되도록 하시고 그런 능력을 주신 사람들은 거룩한 교회입니다. 그러므로 그리스도의 신부로서 있어야 할 사람들은 마땅히 그렇게 해야 합니다.

이런 의미로 봐서 이 여인을 음녀라고 했으니까 아마 종교적인, 도덕적인 성격을 강하게 가진 자라는 의미입니다. 그런데 그것을 다 훼절해 버렸습니다. 이것이 첫째로 생각할 것이고 그러나 그것이 17장에 있는 말씀 전부가 아닙니다. "내가 보매 이 여자가 성도들의 피와 예수의 증인들의 피에 취한지라"(6절) 하는 말씀을 보면 단순한 음녀에 불과한 것이 아니고 그리스도에게 속한 사람들을 핍박하고 죽여서 그 많은 순교자들이나 핍박받는 자들에게서 고혈(膏血)을 짜고 그것에 도취되어 있다는 것을 이야기했습니다. 그런 점에서 이 여인은 단순히 교회가 교회로서의 신절을 다 지키지 못한 정도에만 그치는 것이 아니라 참된 교회에 대한 핍박을 감행하던 큰 세력입니다. 그것이 바벨론이니까 세력이라고 말할 수가 있습니다.

보편적인 종교에 의한 통치

그다음에는 "금잔을 가졌는데 가증한 물건과 그 음행의 더러운 것들이 가득하더라"(4절) 하였습니다. 단순히 음행이라는 정도에서 끝나는 것이 아니고 그 속에 가증한 것들이 많이 들어 있다는 것입니다. 그리고 5절에는 '가증한 것들의 어미'라는 말이 나옵니다. 거기에 연결해서 2절을 보면 "땅의 임금들도 그로 더불어 음행하였고 땅에 거하는 자들도 그 음행의 포도주에 취하였다" 하는 말이 있습니다. 임금들도 그 여인과 더불어 음행을 했다면 그런 것은 무엇이겠습니까? 여기에 음행이라는 것은 부정당하고 사특하게 연결이 되어 있다는 것을 가리킵니다. 그 여인은 땅의 임금들과 연결이 될 것이 아닌데 그와 같이 연결되어 있다는 의미입니다. 그리고 '땅에 거하는 자들', 주를 믿지 않는 자들도 그렇게 함으로써 음행의 포도주에 취하였다고 했습니다. 거기에서 나타나는 향취와 어떤 마력이 있을 듯한 어떤 특수한 능력에 도취되어서 일종의 행복감을 가지고 있다는 정도로 생각할 수 있습니다. 그렇다면 그것은 음녀가 가지고 있는 내용이 땅의 임금들의 세력과 연결되어서 임금들도 그로 말미암아 비익(裨益)을 받고 음녀도 그로 말미암아 자기의 어떤 욕망을 달성하고 있는 상태에 있으며 땅에 거하는 자들이 그런 일로 말미암아서 혜택을 입고 그것이 좋다고 하면서 그것을 구가(謳歌)하고 취한다는 것입니다.

그런고로 이것이 단순히 종교적인 바벨론이겠습니까? 어떤 학자들의 생각에는 '바벨론인데 무엇보다도 종교적인 바벨론이다. 종교적인 거대한 세력의 집대성으로서 이것이 이 세상의 군왕들과 세상의 정치 세력이나 세상의 사람들을 다스리는 거대한 군사적인 세력들과 연결해서, 세상의 정권과도 연결해서 자기네의 세력을 신장하고 호사를 부리고 자기네 부를 증진시키고 하는 것이다. 그러면 그로 말미암아서 피차에 좋다고 하면서 하나님의 구속을 받지 못한 땅에 거하는 자들이 그런 정책으로 말미암아서 유익을 얻게 된다' 하는 것을 여기 표시한 것이라고 생각하기도 합니다. 그것은 대단히 그럴 듯한 생각입니다. 그렇게 생각할 수 있는 문제입니다. 그런데 바벨론이라고 할 때는 단순히 종교적인 점에만 국한되어 있지 않고 군왕들과 더불어 야합을 한 점에 있어서 다분히 정치적이고 정치 세력과 합해서 큰 세력을 만들어 내는 것입니다. 그다음에 그로 말미암아서 취한 정책은 하나님을 믿지 않는 이방 세계의 불신자들, 하나님께 반대하고 나가는 사들에게도 그만큼 큰 비익을 끼치는 한 세력 운동이라고 생각할 수 있습니다.

그러면 그런 것이 무엇이겠습니까? 가령 과거에 가톨릭이 유럽 한 중간에 큰 세력을 가지고 앉아서 세상의 모든 정치 세력을 그 발아래에 놓고 그 정치 세력에 도취해 가지고 앉아서, 예수 그리스도를 가장 높여야 할 텐데 오히려 자기네의 세력을 '지상의 신국'이라는 말로써, 그러한 권위와 절대성을 부여해서 통치해 가면서 활동하던 것이 거기에 대단히 근사하고 방불합니다. 그렇게 해서 그 속에 많은 부를 흡수하고 찬란한 영광을 쥐고 있다는 것이 흡사합니다. 그러나 가톨릭 세력은 전 세계를 통틀어서 다스리지는 못했고 주로 유럽 사회를 크게 다스렸습니다. 하지만 우리가 계시록 13장에서 본 것같이 이 붉은 짐승은 장차 전 세계에 군림할 위대한 무서운 통치자를 업고 움직이는 것입니다. 그러므로 그가 업고 움직이는 거대한 상은 종교가 종교의 내용만으로 끝나지 아니하고 아마도 인간 생활의 모든 면에서 구현하는 큰 세력으로서 집대성해 나갈 것입니다.

인간 생활의 모든 면에 관여해서 어떠한 통제를 하고 지시를 하는 것을 13장에서 보았는데, 천하에 있는 모든 사람으로 하여금 짐승의 우상에게 절하게 하고 절을 하지 않는 자는 몇이든지 다 죽이는 점으로 보아서는 강제적인 종교일 뿐 아니라 사람들이 모두 이상히 여기고 따를 만큼 매력 있고 또한 무서운 통치를 해 나가는 사실이 있습니다. 그러므로 이 무서운 통치는 단순히 정치와 군사에 의한 것이 아니고 보편적인 종교에 의한 통치였다는 것을 볼 수 있습니다. 그러면 우리가 예상할 수 있는 것은 그 보편적인 종교라는 것은 기독교 아닌 다른 종교겠습니까? 연합 종교, 통합한 세계 종교겠습니까?

요새는 그런 운동도 더러 있고 그런 말을 하는 사람도 많습니다만, 그래서 여러분이 아시는 것과 같이 캘리포니아의 카우 팰리스(Cow Palace)에서 소위 세계 종교 운동이라는 것이 정치적 기구로서 유엔의 존재 의의를 본떠서, 그것을 방불케 하는 유엔적인 종교를 확호하게 내세우고 기치를 들고서 그런 예배일을 설정해 가지고 유엔 기능의 충만한 발휘와 세계의 평화를 위해서 기도한다고 할 때, 가톨릭 신부는 안 끼었어도 기독교인도 있고 유교도도 있고 불교인도 있고 마호메트교도도 있어서, 그 예배에는 기독교 목사가 나와서 기도하고 난 다음에는 마호메트교도가 나와서 코란을 읽고 그다음에는 불교도가 나와서 불경을 잠깐 읽고 각각 자기네 식으로 마호메트교도가 손을 들고 기도하면 다 같이 또 따라 하고, 이렇게 해서 '모든 종교가 각각 자기 것만 옳다고 주장할 게 아니라 서로 상대방 것을 다 용인해 가면서 같이 포섭해 가지고 가자' 하는 일이 있었습니다. 그런 것이 확대되어서 장차 모든 사람들에게 내려올 것이라고 한다면, 그것을 음행이라고 하면 충분히 음행이 되는 것입니다.

그러나 무엇보다도 기독교가 가장 보편성을 띠고 가장 조직적인 내용을 가졌을 뿐만 아니라 신학적인 내용과 지적인 내용이 가장 풍부한 까닭에 그것이 주축이 되어서 교회의 이름과 기독교의 이름을 그냥 유지하면서 거기에 종교적 여러 요소, 즉 우상 숭배의 여러 요소를 다 포함해 가지고 세계 전체에 미칠 수 있는 보편성이 강하고 많은 것을 흡수할 수 있는 여유가 충분한 종교를 형성해서 '기독교가 아니다. 전연 별다른 것이다' 하는 것이 아니라, 기독교적인 색채를 중요하게 가지고서 차차 인류 사회 위에 활동을 하되 그것을 지지하고 떠받들고 나아갈 자가 적그리스도적인 큰 국가이고 그 국가가 지금 이 붉은 짐승이라 하는 말입니다. 배교가 기어이 거기까지 이를 것입니다. 그렇게 생각하는 것이 여기서는 제일 온당하고 괜찮을 것 같습니다. 그러지 않고 그냥 넓어놓고 '바벨론이니까 진 세계다' 하고 이야기를 한다면 그것은 결국 막막한 이야기입니다. 특별히 '세계가 무슨 음행을 했다' 하는 말이 별로 명확하지 않습니다.

땅의 가증한 것

그러나 '땅의 가증한 것'이라는 말뜻은 분명합니다. 대표적으로 사신 우상을 직접 섬기는 것이 가증한 일입니다. 무당이 있다든지 술수를 한다든지 해서 하나님의 절대 대권에 속한 것을 자기가 방불케 할 수 있는 것같이 하는 것이 훼방인데 그런 훼방을 포함한 것이 가장 무서운 가증한 일입니다. 예를 들면 무당굿이 가증한 것입니다. 사신 우상에게 절하는 것이니까 하나님이 아주 미워하시는 바입니다. 그리고 술수하는 것을 미워하시고 그것을 아주 엄격하게 규제하셨습니다. 모세는 이스라엘 백성을 가나안 땅으로 들여보내면서 "진언자나 신접자나 박수나 초혼자를 너의 중에 용납하지 말라. 무릇 이런 일을 행하는 자는 여호와께서 가증히 여기시나니 이런 가증한 일로 인하여 네 하나님 여호와께서 그들을 네 앞에서 쫓아내시느니라"(신 18:11-12) 해서 '가나안 복지에서 너희는 절대로 이런 것을 본받아서는 안 된다' 하는 것을 특별히 강하게 이야기했습니다.

그러니까 일 년 신수를 점을 치는 것은 그만두고 집에 토정비결 책자라도 사다 놓고 앉아서 육갑을 따져서 자기의 일 년 신수를 본다든지 하기 쉬운데 그것이 다 가증한 일입니다. 사람은 장래를 스스로 알 수 없고 하나님이 계시하시고 지시하셔야만 아는 것인데 자기의 힘으로 장래를 이렇게 저렇게 알아보려고 합니다. 이 가증한 것이 어디까지 뻗었느냐 하면 무슨 일을 할 때 어떻게 해야 할지 알지 못하면 잠깐 무슨 방법을 하나 씁니다. 서양 사람들은 흔히 동전을 가지고 '뒤집어지면 오른쪽이고 엎어지면 왼쪽이다' 하고서 동전을 휙 공중으로 던졌다가 떨어진 다음에 쳐다보고 '뒤집어졌으니까 오른쪽이다' 하고서 갑니다. 답답하니까 그렇게 하겠지만 그것이 가증한 일의 연장입니다. 이런 가증한 것은 모양이라도 본받지 않아야 합니다.

서양 사람들이 커피를 먹고 난 다음에 잔 아래에 찌꺼기가 빙 둘러 있는 모양을 보고서 점을 치는 것도 하나의 방식입니다. 커피를 먹고 난 다음에 찌꺼기가 이렇게 둘러 있으면 무엇이고 저렇게 둘러 있으면 무엇이다 그렇게 합니다. 그런 것이 서양에만 있는 것이 아니라 한국 사람에게도 많습니다. 어린아이 시절에도 길을 가다가 어디로 가면 좋을지 모르면 손에 침을 뱉어 가지고 탁 때려서 침이 제일 많이 튀는 쪽으로 간다 하는 방식도 그런 데서 나왔습니다. 사람은 장래를 모르는 까닭에 컬컬하고 답답한 마음에서 사람의 노력으로 장래를 알고자 하던 여러 가지 가증한 일들을 본받아서 희미하게라도 그림자를 남겨 놓은 것이 많이 있습니다.

이러한 것들도 그 속에 포함하고 있지만, '땅의 모든 가증한 것과 음행의 더러운 것들이 가득했다. 큰 바벨론이다. 땅의 음녀들과 가증한 것들의 어미다' 하고 말씀한 것을 보면 단순히 교회에 대립하는 어떤 상태라고만 생각할 수 없는 좀 더 포괄적인 어떤 큰 사실을 하나님의 크신 세력에 대립해서 세운 것입니다. 가령 배교한 교회는 교회에 대립해서 서지만, 교회보다 더 크고 하나님의 크신 경륜으로 이 땅에 있는 것은 하나님의 나라입니다. 교회와 하나님의 나라를 엄격하게 구별해서 써야 할 때에는 '하나님의 나라'가 '교회'보다 훨씬 포괄적인 말입니다. 교회는 하나님 나라의 한 부분이 되는 것입니다. 그러니까 이 말씀은 '너희는 하나님께 속해서 하나님의 나라이지만 온 세상($ὁ\ κόσμος\ ὅλος$, 호 코스모스 홀로스)은 그것으로 하나의 나라를 형성한 것이다' 하는 뜻입니다. '온 세상'이 하나님 나라에 대립하여 가장 방불한 상태를 총체적으로 드러내는 것입니다. 그것이 계시록 13장에 아래는 붉은 용의 화신인 짐승, 즉 적그리스도적인 국가 체제이고 위는 적그리스도적인 국가 체제가 이고 있는 찬란한 영화(榮華)와 문화와 종교의 내용으로 나타나 있습니다. 그런 의미에서 바벨론이라는 한 도성입니다.

바벨론에 대립되는 것은 무엇입니까? 그것은 예루살렘입니다. 그러니까 장차 교회가 완성된 위치에 올라갈 때에 하나님 나라로서의 거룩한 형태를 충만히 비추게 될 텐데 그 하나님의 나라에 대립할 만한 큰 세력을 가진 것입니다. 따라서 단순히 교회의 형태만은 아닙니다. 하지만 여러 가지 의미에 있어서 종교를 주축으로 해서 종교적인 세력 가운데에서 만들어 내는 여러 가지 문화를 포함하고 있습니다. 그리고 그 아래에 있는 짐승은 그것 자체가 강력한 정치, 경제, 그리고 군사적인 힘을 포회(包懷)하고 있는 적그리스도적인 통치권의 작용입니다. 그 아래에 있는 짐승과 더불어 이 여인에 대해서 좀 더 생각하자면, 요컨대 여인은 종교적인 성격으로 보는 것이 제일 타당하다고 생각합니다.

일곱 머리와 열 뿔 가진 짐승의 비밀

그러면 그 아래에 있는 짐승은 무엇이겠습니까? "천사가 가로되 왜 기이히 여기느냐 내가 여자와 그의 탄 바 일곱 머리와 열 뿔 가진 짐승의 비밀을 네게 이르리라. 네가 본 짐승은 전에 있었다가 시방 없으나 장차 무저갱으로부터 올라와 멸망으로 들어갈 자니 땅에 거하는 자들로서 창세 이후로 생명책에 녹명되지 못한 자들이 이전에 있었다가 시방 없으나 장차 나올 짐승을 보고 기이히 여기리라"(계 17:7-8). 이 말씀을 보면 이 짐승은 그냥 막연한 어떤 것이 아니고 어떤 역사를 가진 자입니다. 어떤 한 때를 표준으로 해서 그전에는 한번 있었지만 그때는 없고 장차에는 무저갱으로부터 올라온다는 것입니다. 그러면 표준이 되는 그때는 언제입니까? 계시록에서 때를 결정한다면 사도 요한의 시대를 놓고 이야기할 수밖에 없습니다. 사도 요한 자신의 시대에는 없지만 전에는 있었고 또 장차 무저갱으로부터 올라와서 멸망으로 들어가게 되는 것입니다. 다시 무대에 등장했다가 끝나면 멸망으로 갑니다.

이 짐승에 대해 좀 더 생각할 수 있는 여러 가지 힌트가 있습니다. 먼저 사람들이 그 짐승을 보고 기이히 여긴다고 한 것을 보면 그것은 사람들이 굉장히 기이하게 여길 만큼 역사적인 큰 사실이라는 이야기입니다. 그리고 "지혜 있는 뜻이 여기 있으니 그 일곱 머리는 여자가 앉은 일곱 산이요 또 일곱 왕이라. 다섯은 망하였고 하나는 있고 다른 이는 아직 이르지 아니하였으나 이르면 반드시 잠깐 동안 계속하리라"(계 17:9-10). 일곱 머리마다 그 여자라고 표시된 큰 바벨론이 버티고 있다는 이야기입니다. 머리 위에 바벨론이 다 퍼져 있다는 것입니다. 일곱 산이라는 것은 결국은 큰 산으로 표시한 큰 국권을 가리킵니다. 그런데 그 일곱 왕에 대해서도 역사가 있습니다. 그 일곱 왕이 동시에 죽 나열되어 있는 왕이 아니고 다섯은 이미 망했고 하나는 현재 있고, 그러면 여섯이지요? 일곱째는 아직 이르지 아니했으나 이르면 반드시 잠깐 동안 계속한다는 것입니다.

그리고 "전에 있었다가 시방 없어진 짐승은 여덟째 왕이니", 전에 있다가 시방 없어진 짐승이 장차 나올 텐데 장차 나올 그놈을 여덟째 왕이라고 이야기했습니다. 그러니까 과거에 다섯 왕이 있고 다섯 개의 큰 통치권의 작용 혹은 정권이라는 것이 있었고, 현재에 또 하나가 있습니다. 그러고 보면 짐승 전체는 현재 없나요 그러다가 머리는 또 현재 있다고 하는 것은 현묘(玄妙)한 이야기입니다. 짐승이 표시하는 것은 없으나 그 짐승의 머리로 표시하는 것은 있다는 이야기입니다. 그리고 짐승의 머리로 표시하는 것은 적어도 여덟 개로 구분을 할 수 있다는 것입니다.

생각건대 그 짐승이라는 것이 적그리스도의 세력의 구체적인 대두이므로 적그리스도의 세력이 아주 구체화하여 땅에서 작용하기 위해서는 한 개의 큰 국권을 가지고 나타나야 할 것입니다. 그러나 무엇보다도 가장 중요한 것은 적그리스도 자체의 신으로서의 존재입니다. 만일 그 신으로서의 존재가 짐승이라고 한다면, 사도 요한은 "이것이 곧 적그리스도의 영이니라. 오리라 한 말을 너희가 들었거니와 이제 벌써 세상에 있느니라"(요일 4:3) 하고 이야기했으니까 적그리스도의 신은 그 시대에도 있었습니다. 그러니까 '장차 이른다 하는 말을 너희가 들었지만 시방 이미 있다' 할 때에는 적그리스도의 인격, 인물이 아니라 신을 의미한 것입니다. 따라서 신이 아니고 적그리스도적인 인격을 놓고서 이야기할 때는 '장차 온다. 지금은 없다. 그러나 과거에 있었다' 이렇게 말할 수 있습니다.

그러면 과거에 적그리스도의 인격이 어디서 나타났느냐 하면, 다니엘서에 보면 멸망시킬 그 미운 물건을 세우는 자가 적그리스도의 가장 강한 음영(陰影, adumbration) 혹은 전영(前影, foreshadow)으로 등장합니다(참고. 단 11:31). 역사상 그와 같이 뚜렷한 자 하나가 있었던 것이 사실입니다. 그가 바로 수리아의 안티오코스 에피파네스(Antiochos IV Epiphanes)입니다. 그의 낭자한 행동이 적그리스도의 축소판이었습니다. 이것이 한 개의 축소판 혹은 원형(prototype)으로 있으면서 나중에는 그것의 집대성이 나타날 것이라는 말입니다. 만일 그렇게 생각한다면 '적그리스도의 화신이 전에는 있었다. 시방은 없다. 그러나 장차는 무저갱으로부터 올라와서 최후에는 멸망으로 들어가고 만다' 하는 의미인 것입니다.

그리고 짐승의 머리와 뿔이 여기 나타나는데 '일곱 머리'라 할 때는 짐승 전체는 아니지만 적어도 그것이 머리와 눈 그리고 입을 갖는 점에서 훨씬 조직적이고 구체적인 어떤 활동을 하는 국권을 가리킵니다. 적그리스도가 그것을 타고서 일을 할 수 있는 국권이 있는데, 적그리스도라는 인격은 지금은 없지만 그의 신들이 타고서 활동하는 세력은 그냥 있다는 것입니다. 신들이 그놈을 이용해 가지고 활동하고 정신(spirit), 말하자면 머리를 가진 자니까 그런 두뇌의 작용을 하는 놈은 지금 그대로 있다는 말씀입니다. '전에는 다섯이나 있었다.

시방 하나 있다. 장차 또 하나 온다. 잠깐 있다가 없어진다. 그리고 마지막에 여덟째는 아까 말한 적그리스도의 인격이 이제는 인격인 동시에 국권을 가지고 나올 참이다.' 그러면 그 앞에는 일곱이 있는데 하나는 요한 시대까지 아직 안 왔고 그때까지 여섯이 나왔습니다.

　요한 시대에 있는 하나의 강한 세력은 무엇이겠습니까? 적그리스도가 타고서 일할 수 있는 세력, 즉 구체적으로 사용할 수 있는 큰 세력은 무엇이겠습니까? 그것은 하나님을 반대하는 큰 악마의 세력이 이용하고 있던 국가 세력입니다. 그 자체가 적그리스도는 아니었습니다. 그리고 적그리스도가 전부를 운전하고 있던 것은 아니지만 적그리스도에 연결되어 가지고 있던 것입니다. 적어도 악마의 무서운 반신적인 세력 활동과 늘 연결되어 있는 국가입니다. 여기서 생각해 볼 것은 하나님께서 당신의 거룩한 나라와 그 거룩한 교회를 나타내실 때에 어떤 국권을 중요한 재료로 해서 나타내신 일이 있지요? 그것이 이스라엘의 국권입니다. 이스라엘은 하나의 국가의 형태를 취하면서 동시에 거룩한 하나님의 교회이고 하나님의 산업으로서 하나님의 경륜의 내용인데 그것을 침해하고 그것을 말살하려고 강력하게 지배하던 세력, 그것을 지배하고 누르고 있던 세력이 바로 가장 대척적인 세력인 것입니다. 세계에 있는 모든 나라가 다 그렇다는 것이 아니라 거기에 관계되는 나라의 이야기입니다.

　요한 시대에 그러한 세력은 로마입니다. 팔레스타인을 점령하고 이스라엘 백성을 딱 누르고 이스라엘 종교를 어거(馭車)하고 앉았던 자는 로마입니다. 그러면 과거에는 그런 세력이 어떤 나라였는가 하면 로마 이전에는 그리스, 즉 마게도니아의 헬라가 있었습니다. 그 이전에는 메대-바사가 있었습니다. 그 이전에는 바벨론이 그러고 있었습니다. 그러나 이 네 나라가 있기 이전에 바벨론과 자웅을 결해서 차지하려고 하던 자가 애굽입니다. 애굽의 세력에 대항해서 이스라엘을 침공하여 점령하고 패권을 쥐려고 하던 자는 앗수르입니다. 앗수르 때부터 비로소 이스라엘이 침공을 받기 시작했습니다. 그러니까 앗수르, 애굽, 바벨론, 메대-바사, 그리스 이렇게 다섯이 이미 있다가 없어졌고, 오늘날 있는 것은 로마이고, 장차 또 하나가 와서 여기를 주장한다는 것입니다. 그러나 그것이 잠깐 있다가 간 후에 최후에 나올 것이 여덟째 왕인데 이것이 '전에 있다가 시방은 없으나 장차 올 자'라는 짐승 전체로서 대표하는 자입니다.

적그리스도의 출현과 아마겟돈 전쟁

그런 점으로 보아서 최후에는 적그리스도가 그 국권과 더불어 다시 나타나서 하나님의 허락하신 땅을 점령할 것입니다. 하나님의 허락하신 땅이라고 하면 팔레스타인이겠습니까? 이제는 팔레스타인은 그런 의미를 안 갖습니다. 적어도 로마 시대까지는 그런 의미를 가졌습니다. 그러나 그리스도께서 오신 다음에는 그리스도께서 세우신 그 거룩한 나라를 침공하는 일인 것입니다. 이 일은 국부적인 팔레스타인의 일이 아니라 세계적인 일일 것입니다. 그러니까 땅 위에 있는 하나님의 나라를 강력하게 침해하고 들어오는 큰 세력인데 그 세력은 자기의 화려한 부분, 자기의 종교적이고 도덕적이고 이상적이고 철학적인 부분을 음녀로써 표시했습니다. 그런 의미에 있어서 이것은 단순히 한 종교 단체는 아니지만 그러나 다분히 종교적이고 거기에 훨씬 도덕적이고 철학적이고 화려하고 찬란한 것을 포함하고 있습니다. 그리고 이것은 이 세상을 대표하는 것입니다. 그런 의미에서 기독교의 배교도 그 속에 휩쓸려 들어 있는 까닭에 음녀라고 한 것입니다. "땅의 왕들이 그로 더불어 음행하였으며"(계 18:3) 하는 말씀은

이 세상의 군왕들도 그것을 적당하게 이용하고 그와 더불어 내통하고 야합하고 산다는 의미입니다. 그러한 위대한 세력이 하나 거기에 있는 것입니다. "음녀의 앉은 물은 백성과 무리와 열국과 방언들이니라"(계 17:15). 그런 것을 보면 이것이 세계적입니다. 백성, 무리, 열국, 방언을 다 점령하고 있을 것이라는 이야기입니다.

그다음에 "네가 본 바 이 열 뿔과 짐승이 음녀를 미워하여 망하게 하고 벌거벗게 하고 그 살을 먹고 불로 아주 사르리라"(계 17:16) 하는 말씀은 결국 지금 말한 열 뿔, 그것은 이제 총합체로 결국 이 세상의 국권 조직과 그것을 가장 강력하게 지배할 적그리스도의 세력이라는 것이 최후에 가서는 가장(假裝)했던 종교적이고 도덕적이고 철학적인 모든 것을 벗어 버리고 그것을 파괴하고 만다는 것입니다. 무엇 때문에, 무엇으로 파괴하겠는가? 생각건대 아마겟돈 전쟁으로 말미암아 완전히 파괴하고 말 것입니다. 이미 읽은 16장에 "아마겟돈이라 하는 곳으로 왕들을 모으더라"(16절) 하는 말씀이 있습니다. 아마겟돈 이야기는 18장, 19장에도 계속해서 나옵니다.

이제 그 짐승이 차지하고 있을 나라에 대해서는 "네가 보던 열 뿔은 열 왕이니 아직 나라를 얻지 못하였으나 다만 짐승으로 더불어 임금처럼 권세를 일시 동안 받으리라. 저희가 한뜻을 가지고 자기의 능력과 권세를 짐승에게 주더라. 저희가 어린양으로 더불어 싸우려니와 어린양은 만주의 주시요 만왕의 왕이시므로 저희를 이기실 터이요 또 그와 함께 있는 자들 곧 부르심을 입고 빼내심을 얻고 진실한 자들은 이기리로다"(계 17:12-14) 하는 말씀이 있습니다. 여기에도 전쟁이 하나 나오는데 이것도 결국 아마겟돈 전쟁입니다.

19장에 보면 아마겟돈 전쟁이 나옵니다(참조. 계 19:11-16). 아마겟돈에서는 과거에도 여러 번 그 큰 평원에서 전쟁이 있었습니다. 제가 이스라엘에 있을 때 거기를 돌아다니면서 보았습니다. 그곳은 갈릴리 지역에 있는데 어떻게 보면 삼각형 비슷합니다. 엘리야가 불을 불러 오던 갈멜 산이 있고, 거기서 동쪽으로 24km쯤 오면 거기에 다볼 산이 있습니다. 거기서 또 남쪽으로 그만큼 내려오면 거기에 사울이 죽은 길보아 산이 있습니다. 이렇게 산이 셋 있는데 그것을 이어서 그리면 갈멜 산에서 길보아 산까지가 삼각형의 제일 긴 변이 됩니다. 계산해 보면 대체로 그 길이가 40km 정도 됩니다. 거기를 가다 보면 므깃도라는 곳이 있습니다. 거기가 에스드라엘론 골짜기입니다. 아마겟돈이라는 말은 히브리 말로 '므깃도의 산'이라는 말의 헬라 식 발음입니다. 그러니까 산이고 큰 골짜기입니다. 골짜기 다음에는 평원이 펼쳐져 있습니다. 가닷(גדד)이라는 말에서 므깃도라는 말이 나왔으니까 살육(殺戮)의 산이라는 의미이기도 합니다. 거기는 과거에 여러 번 전쟁이 있던 곳입니다. 찬란하던 역사를 가지고 있고 가서 보면 굉장히 좋은 골짜기입니다. 그 아마겟돈이라는 이름을 가지고 장차 전쟁을 하게 됩니다.

기도

거룩하신 아버지시여, 이 괴악한 세대에서 저희들이 거룩한 교회로 부르심을 받고 세우심을 입어서, 이 세대와 이 역사 위에서 큰 세력을 가지고 아버지의 영광이 있는 나라를 반항하면서 장차 공격하려고 점점 세력을 응취(凝聚)하고 때를 따라서 공격해 오는 큰 반신적 세력 앞에서 늘 전투하면서 건실하게 능력 있게 전진하여 땅 위에 아버님 나라의 아름다운 것과 영광스러운 것을 보이며, 예수 그리스도께서 통치하시는 나라의 거룩한 자태를 땅에서 이 역사 시기에 나타낼 수 있는 데까지 잘 나타내도록 하셨나이다. 그리고 예수 그리스도의 무한하신 능력과 신비하신 뜻을 따라서 기이하게 친히 통재하시고 친히 주장하시고 친히 모든 것을 전복(顚覆)하시고 심판하셔서 완전히 만물을 통일하시는 큰 영광이 있는 초자연적 사실이 나타나는 그날을 바라면서 전진해 나가는 저희들에게, 주의 거룩하신 계시의 말씀에서 이 세상에 일어날 여러 가지 것들을 상상하게 하시고 배워야 할 것을 보고 나가게 하여 주셨사옵나이다. 저희가 이러한 것들을 보고 인류 역사에 대한 바른 전망을 할 수 있게 하시고 인류의 진행에 대해서도 바르게 볼 수 있게 하시고 거기서 우리가 어디로 가야 할 것인지에 대해서도 늘 더 확고한 각성을 가지고 살아가게 하여 주옵소서. 주님, 이 오묘하고 깊은 진리를 더 깊이 잘 깨달아 알게 하여 주옵소서.

우리 주 예수 이름으로 기도하옵나이다. 아멘.

1972년 3월 8일 수요 기도회

제18강

바벨론의 멸망과 배교의 현실

요한계시록 18:1-24

요한계시록 18:1-24

¹이 일 후에 다른 천사가 하늘에서 내려오는 것을 보니 큰 권세를 가졌는데 그의 영광으로 땅이 환하여지더라 ²힘센 음성으로 외쳐 가로되 무너졌도다 무너졌도다 큰 성 바벨론이여 귀신의 처소와 각종 더러운 영이 모이는 곳과 각종 더럽고 가증한 새의 모이는 곳이 되었도다 ³그 음행의 진노의 포도주를 인하여 만국이 무너졌으며 또 땅의 왕들이 그로 더불어 음행하였으며 땅의 상고(商賈)들도 그 사치의 세력을 인하여 치부하였도다 하더라 ⁴또 내가 들으니 하늘로서 다른 음성이 나서 가로되 내 백성아, 거기서 나와 그의 죄에 참여하지 말고 그의 받을 재앙들을 받지 말라 ⁵그 죄는 하늘에 사무쳤으며 하나님은 그의 불의한 일을 기억하신지라 ⁶그가 준 그대로 그에게 주고 그의 행위대로 갑절을 갚아 주고 그의 섞은 잔에도 갑절이나 섞어 그에게 주라 ⁷그가 어떻게 자기를 영화롭게 하였으며 사치하였든지 그만큼 고난과 애통으로 갚아 주라 그가 마음에 말하기를 나는 여황(女皇)으로 앉은 자요 과부가 아니라 결단코 애통을 당하지 아니하리라 하니 ⁸그러므로 하루 동안에 그 재앙들이 이르리니 곧 사망과 애통과 흉년이라 그가 또한 불에 살라지리니 그를 심판하신 주 하나님은 강하신 자이심이니라 ⁹그와 함께 음행하고 사치하던 땅의 왕들이 그 불붙는 연기를 보고 위하여 울고 가슴을 치며 ¹⁰그 고난을 무서워하여 멀리 서서 가로되 화 있도다 화 있도다 큰 성, 견고한 성 바벨론이여 일시간에 네 심판이 이르렀다 하리로다 ¹¹땅의 상고들이 그를 위하여 울고 애통하는 것은 다시 그 상품을 사는 자가 없음이라 ¹²그 상품은 금과 은과 보석과 진주와 세마포와 자주 옷감과 비단과 붉은 옷감이요 각종 향목과 각종 상아 기명이요 값진 나무와 진유(眞鍮)와 철과 옥석으로 만든 각종 기명이요 ¹³계피와 향료와 향과 향유와 유향과 포도주와 감람유와 고운 밀가루와 밀과 소와 양과 말과 수레와 종들과 사람의 영혼들이라 ¹⁴바벨론아 네 영혼의 탐하던 과실이 네게서 떠났으며 맛있는 것들과 빛난 것들이 다 없어졌으니 사람들이 결코 이것들을 다시 보지 못하리로다 ¹⁵바벨론을 인하여 치부한 이 상품의 상고들이 그 고난을 무서워하여 멀리 서서 울고 애통하여 ¹⁶가로되 화 있도다 화 있도다 큰 성이여 세마포와 자주와 붉은 옷을 입고 금과 보석과 진주로 꾸민 것인데 ¹⁷그러한 부가 일시간에 망하였도다 각 선장과 각처에 다니는 선객들과 선인들과 바다에서 일하는 자들이 멀리 서서 ¹⁸그 불붙는 연기를 보고 외쳐 가로되 이 큰 성과 같은 성이 어디 있느뇨 하며 ¹⁹티끌을 자기 머리에 뿌리고 울고 애통하여 외쳐 가로되 화 있도다 화 있도다 이 큰 성이여 바다에서 배 부리는 모든 자들이 너의 보배로운 상품을 인하여 치부하였더니 일시간에 망하였도다 ²⁰하늘과 성도들과 사도들과 선지자들아 그를 인하여 즐거워하라 하나님이 너희를 신원하시는 심판을 그에게 하셨음이라 하더라 (이하 생략)

제18강

바벨론의 멸망과 배교의 현실

바벨론의 멸망

오늘 읽은 계시록 18장은 지난번에 보았던 17장에 이어서 바벨론에 관한 이야기입니다. 현저한 것은 바벨론의 멸망에 관한 내용입니다. 이 말씀에 대해서 사람들이 여러 가지 설을 많이 이야기하고 심지어 그저 어리뻥뻥하게 바벨론을 '이 세상의 인본주의'라든지 '이 세상주의'라는 말로 표현하고 있습니다만 이 세상주의라고만 해서는 알 수 없는 것들이 거기에 여러 가지 있습니다. 장사하는 일도 있고 여러 가지 사치스러운 일도 있고 향락하는 일도 있고 생활을 위해서 자자 영영(孜孜營營)하는 부분도 있습니다. 그리고 또 여러 가지 상태를 묘사한 것을 보면 그것 자체가 반드시 다 죄악이라고 할 만한 것은 아니라는 것을 느낄 수 있습니다. 장사하는 것이 죄 될 턱이 없고, 또 여러 가지 좋은 상품, 금은보석, 진주, 세마포, 자주 옷감, 비단, 붉은 옷감, 또 각종 향목과 각종 상아 기명(器皿), 또 값진 나무나 진유(眞鍮)나 철이나 옥석으로 만든 각종 기명, 그다음에는 각종 향료로서 계피, 향료, 향과 향유와 유향, 그다음에는 아주 고급 음료로 포도주, 감람유, 그다음에는 식료로 고운 밀가루, 밀, 그다음에는 가축으로 소, 양, 말, 그것들을 써서 타고 다니는 수레, 그리고 마지막에는 사람인데 종들과 사람의 영혼입니다. 이런 것들을 매매하던 곳입니다. 한두 가지는 마음에 걸리는 것이 있습니다만 이런 여러 가지를 매매하는 것이 반드시 죄악이라고 할 만한 것은 아니라는 것을 느끼게 합니다. 그런데도 불구하고 이런 것들을 다 기록해 놓고 결국 이런 것들은 다시 살 수 없게 망하고 말았다는 것입니다. "바벨론아, 네 영혼의 탐하던 과실이 네게서 떠났으며 맛있는 것들과 빛난 것들이 다 없어졌으니 사람들이 결코 이것들을 다시 보지 못하리로다"(계 18:14).

"바벨론을 인하여 치부한 이 상품의 상고들이 그 고난을 무서워하여 멀리 서서 울고 애통하여 가로되 화 있도다, 화 있도다. 큰 성이여! 세마포와 자주와 붉은 옷을 입고 금과 보석과 진주로 꾸민 것인데 그러한 부가 일시간에 망하였도다. 각 선장과 각처를 다니는 선객들과 선인들과 바다에서 일하는 자들이 멀리 서서"(15-17절), 상고(商賈)들이 바벨론으로 인해서 치부(致富)했다는 말이 있습니다. 그리고 바벨론은 사치스러웠는데 그 부가 일시간에 망해 버렸다는 것입니다. '선장과 각처를 다니는 선객들과 선인들과 바다에서 일하는 자들'은 한 나라에 한정하지 않고 바다를 건너다니면서 배로 실어 나르고 방매(放賣)하는 무역을 생각하게 합니다. "그 불붙는 연기를 보고 외쳐 가로되 이 큰 성과 같은 성이 어디 있느뇨 하며 티끌을 자기 머리에 뿌리고 울고 애통하며 외쳐 가로되 화 있도다, 화 있도다. 이 큰 성이여! 바다에서 배 부리는 모든 자들이 너의 보배로운 상품을 인하여 치부하였더니 일시간에 망하였도다"(18-19절). 바벨론이 활활 불타오르는 것을 여기서 생각하게 합니다. 그것이 불타오르니까 모두 애통하여 외쳐서, '아, 참으로 화 있는 일이다. 참으로 슬프고도 괴로운 일이다. 바벨론이 이렇게 없어져 버리다니!' 하고 애곡(哀哭)하는 것입니다. 이렇게 바벨론은 결국 일시에 망하게 되었는데, "하늘과 성도들과 사도들과 선지자들아, 바벨론의 멸망을 인하여 즐거워하라. 하나님이 너희를 신원하시는 심판을 그에게 하셨음이라"(20절). 하나님께서 원수를 갚으셨으니까 즐거워하라는 것입니다. 그런고로 이 바벨론의 내용이 모두 죄악적인 면만을 가진 것은 아니지만 결국 좋은 것이든지 나쁜 것이든지 일조(一朝)에 무너져서 다 가고 만다는 것입니다. "너희 상고들은 땅의 왕족들이라. 네 복술을 인하여 만국이 미혹되었도다"(23절). 그러니까 만국을 미혹할 만한 복술을 행하는 곳이 바벨론이었습니다. 복술만을 행하는 것이 아니라 그 성은 거룩한 하나님의 종들을 핍박하고 피를 흘리게 합니다. "선지자들과 성도들과 및 땅 위에서 죽임을 당한 모든 자의 피가 이 성중에서 보였느니라"(24절). 이것이 바벨론의 멸망의 상태입니다.

이 세상 왕들을 다스리는 큰 도성 바벨론

그런데 그 멸망의 모양은 어떠하냐 하면, 하나님께서 바벨론에 대해서 이렇게 말씀하신 것이 있습니다. "힘센 음성으로 외쳐 가로되 무너졌도다, 무너졌도다. 큰 성 바벨론이여! 귀신의 처소와 각종 더러운 영의 모이는 곳과 각종 더럽고 가증한 새의 모이는 곳이 되었도다"(2절). 그러면 '이것이 무엇이냐?' 할 때 '이 세상이다' 하면 더 할 말이 없습니다. 왜냐하면 원래 세상은 옛날부터 그런 것이기 때문입니다. 그냥 막연하게 온 세상, 죄 많은 사람들이 살고 있는 세상이라고 한다면 어떤 특정적인 죄를 들어서 이렇게 자꾸 이야기할 것이 없습니다. 덮어놓고 '모든 죄 때문에 이 세상을 심판하신다' 하면 이야기가 끝납니다. 특별히 여기서는 '귀신의 처소와 각종 더러운 영의 모이는 곳과 각종 더럽고 가증한 새의 모이는 곳이 되었다'고 했습니다.

그런데 17장에서 이 바벨론이라는 것은 짐승을 타고 앉은 큰 음녀를 가리키는 것임을 우리가 보았습니다. "그 여자는 자주빛과 붉은빛 옷을 입고 금과 보석과 진주로 꾸미고 손에 금잔을 가졌는데 가증한 물건과 그의 음행의 더러운 것들이 가득하더라"(계 17:4). 금잔 속에는 가증한 물건과 그의 음행의 더러운 것들이 가득한데 그것을 아주 좋은 음식처럼 먹는다는 것입니다. 하나님께서 가증히 여기시는 그것으로 자기의 향락의 큰 재료로 삼고 있다는 것입니다. 그리고 "그 이마에 이름이 기록되었으니 비밀이라 큰 바벨론이라 땅의 음녀들과 가증한 것들의 어미라"(계 17:5) 그랬습니다. 또한 "네가 본 바 여자는 땅의 임금들을 다스리는 큰 성이라"(계 17:18) 하였습니다. 이 땅 전체, 전 세계라는 의미가 아니고 땅의 임금들, 즉 지배권이나 통치권을 가지고 권력을 가지고 뽐내고 누르고 사는 그런 사람들을 다스리고 있는 큰 성이라고 했습니다.

그러니까 바벨론은 이 세계 전부가 아닙니다. 그러니까 '이 세상주의'가 바벨론이라고 하기는 어렵고, 이 세계 안에 있는 어떤 특정적인 것으로서 그 특정적인 것의 성격을 여기 기록해 나가는 것입니다. 아주 사치스러운 옷을 입었습니다. 자줏빛 붉은빛 옷을 입고 금과 보석과 진주로 꾸미고 손에는 하나님 보시기에 아주 가증한 것을 가득히 부은 금잔을 들고서 그것을 마시고 있습니다. 아주 사치스럽고 아주 호화롭습니다. 그리고 가증한 물건과 그 음행의 더러운 것들을 먹고 좋아한다는 것입니다. 그리고 "이 여자가 성도들의 피와 예수의 증인들의 피에 취한지라"(계 17:6). 그러한 피를 참 좋아하고 그것을 먹고 취할 만큼 많은 피를 흘렸다는 것입니다. 마치 흡혈귀와 같습니다.

그러니까 이 바벨론을 멸망시키실 때에 "하늘로서 다른 음성이 나서 가로되 내 백성아, 거기서 나와 그의 죄에 참여하지 말고 그의 받을 재앙들을 받지 말라. 그 죄는 하늘에 사무쳤으며 하나님은 그의 불의한 일을 기억하신지라"(계 18:4-5). 이래서 이제는 "그가 준 그대로 그에게 주고 행위대로 갑절을 갚아 주고 그의 섞은 잔에도 갑절이나 섞어 그에게 주리라"(계 18:6). 먹고서 취하는 그 잔에다 이제는 하나님께서 하나님의 진노를 부어 주십니다. 그것을 먹을 것이라는 말입니다. "그가 어떻게 자기를 영화롭게 했으며 사치하였든지 그만큼 고난과 애통으로 갚아 주리라"(7절). 일시에 무너졌다고 했으니까 무너진 것이지 완전히 어디로 가 버리고 소멸됐다는 말은 아닙니다. 고난과 애통으로 갚아 주는 것입니다. "그러므로 하루 동안에 그 재앙들이 이르리니 곧 사망과 애통과 흉년이라. 그가 또한 불에 살라지리니 그를 심판하신 주 하나님은 강하신 자이심이니라"(8절). 거기에는 죽음이 있고 비통함이 있고 거기에는 먹을 것이 없는 기근이 늘 있습니다. 그리고 마지막에는 하나님의 심판을 받아서 살라지고 맙니다. 그렇게 되면 "그와 함께 음행하고 사치하던 땅의 왕들이 불붙는 연기를 보고 위하여 울고 가슴을 치며 그 고난을 무서워하여 멀리 서서 가로되 화 있도다, 화 있도다. 큰 성 견고한 성 바벨론이여! 일시간에 네 심판이 이르렀다 하리로다"(9-10절). 다시는 이제 그 상품을 살 수 없게 될 것이다. 그 속에는 아까 나열한 대로 보석류가 있고 아주 값비싼 사치스런 옷감들이 있습니다. 또 고급 기명들을 만들고 가구들을 만드는 재료들이 있고 그런 가구들이 있습니다. 그다음에는 금속류로 만드는 진유와 철과 옥석으로 만든 각종 기명, 그다음에는 향료가 있고 마시는 것들이 있습니다. 음료가 있은 다음에는 음식으로,

고운 밀가루와 밀이 있습니다. 그다음에는 가축들, 소와 양과 말과 또 그것들이 끌고 다니는 수레, 그리고 마지막에는 사람이 있습니다. 종들과 사람의 영혼들, 사람의 영혼도 상품의 하나입니다. 많은 사람이 이 세상의 시시한 것에도 자기 영혼을 전집(典執)하기가 쉽습니다만 그러나 사람의 영혼까지를 상품으로서 매매할 수 있는 그런 가장 강한 능력을 가진 곳이 바벨론이라는 이야기입니다.

 바벨론은 단순히 차세주의(此世主義)라든지 인본주의라든지 그런 정도의 막연한 추상적인 여러 가지 사상을 종합적으로 가리키는 말이 아니라는 것을 지난번에 생각했습니다. 바벨론이라는 말은, 시날 평원에 큰 탑을 건설했다가 거기서 언어가 혼잡하게 되어서 그곳을 '혼란'이라는 뜻의 바벨이라고 했는데(참조. 창 11:1-9), 거기다 건설했던 것이 제일 처음 바벨론이었고 나중에는 네오바벨론이라는 나라가 나보폴라살부터 시작해서 느브갓네살, 에윌므로닥, 계속해서 네리글리사르 이런 이들이 계계승승 왕 노릇해서 나중에는 나보니두스, 그다음에는 벨사살에 이르기까지 계속되었습니다. 느브갓네살은 세계 7대 불가사의의 하나라고 하는 공중 정원을 굉장하게 화려하게 세우기도 하였습니다.

 이 바벨론이 하나님의 나라를 구체적으로 표시하던 이스라엘을 완전히 괴멸시키고 다른 어떤 나라에 비교하더라도 전례가 없이 가장 강력하게 예루살렘을 훼파하고 성전을 훼파하고 거기에 있는 기명들을 다 가져가 버렸습니다. 신정정치를 대표하고 임마누엘, 즉 하나님이 사람들과 더불어 거하시는 큰 구체적인 징표요 실지로 하나님의 능력이 그것을 증명하고 있어서 쉐키나의 영광스러운 구름이 머물고 있던 그 자리까지 감히 들어가서 훼파하고 유대 사람들을 포로로 잡아서 바벨론 땅으로 옮겨 놓았습니다. 그러한 사실에 비추어 보면 '바벨론'이라는 말은 그냥 이 세상 전부를 의미하는 것보다도 '땅의 임금들을 다스리는 큰 성'(계 17:18)이라는 말로 표시했듯이 이 세상 왕들 위에 큰 세력과 영향력을 끼치고 있는 큰 힘의 덩치를 의미하는 것입니다.

영혼을 사고파는 일

바벨론 안에는 여러 가지 것들이 있습니다. 그것은 보통 우리가 생각하고 있는 교회 안에 있음직한 일들이 아닙니다. 첫째, 거기에는 금은보석이 있었고 그런 것들을 가지고 사람들의 마음을 낚고 사람들을 다 이끌고 심지어 사람의 영혼까지라도 상품화해서 사고팔 수 있습니다. 사람의 정신을 전당 잡히고 그 대신에 자기가 원하는 명예라든지 출세, 돈, 부귀 등을 받아 가지고 살게 만드는 것입니다. 지금 세상이야 그런 사람 많이 있지요. '영혼을 전당 잡혀라. 그러면 그 대신 너를 권력자가 되게 해 주마' 한다면 영혼을 전당 잡히고라도 권력자 되고 싶은 사람도 많고, 또 '영혼을 나한테 맡겨라. 그러면 네게 명예를 준다. 지위를 주고 출세하게 해 준다. 금만가(金滿家)가 되게 해 준다' 하면 그 영혼을 전당 잡히고 그렇게 할 사람이 많이 있습니다.

그러면 얻을 것 가운데 제일 좋은 것이 뭐냐 하면 풍요한 생명입니다. 돈이나 지위나 명예보다도 20대의 젊은이로 다시 돌아갈 수 있다면 그것같이 소원이 될 만한 것이 없을 것입니다. 사람들이 영혼을 전당 잡히고 여러 가지 것을 구해 가는데 그중에 구하는 것 가운데 가장 값이 높은 것, 가장 실속 있게 구하는 것이 뭐냐 하면 청춘의 회복입니다. '너는 이 영혼을 전당 잡히고 무엇을 사려고 하느냐?' '내 영혼을 대가로 내놓을 테니 나의 젊음을 회복해 주시오' '그렇게 하라' 괴테가 쓴 「파우스트」를 보면 파우스트가 훌륭한 대학자로서 여러 가지 학문을 하고 심지어 신학까지 하고서도 아무런 빛이 없어서 고민하다가 '이렇게 인생의 철리(哲理)와 여러 가지 것을 다 궁구해도 아무 희망과 빛을 찾지 못할 바에는 나는 죽어야겠다' 하고 술에다가 독약을 타 가지고 독배를 턱 들고 마시려고 하는데 마침 부활 주일이어서 어디서 부활 찬송이 들렸습니다. '가만있어라. 아직 그래도 생각할 것이 하나 있다' 그 소리가 아름다워서 무슨 생각이 났는가 하면 '아, 내가 세상에서 모든 것을 공부하다가 인생을 보람 있게 살아 보지도 못하고 그만 이렇게 늙고 말았다. 나는 가장 좋은 것을 구하고 인생을 유익하게 보내는 줄 알았고, 학문을 연구하면 다른 무엇을 하는 것보다도 나을 것으로 알고 이렇게 노인이 되도록 해 봤지만 결국 헛된 것을 발견했으니, 이제 저 부활 찬송을 들을 때에 차라리 그 옛날 젊었을 때, 그리운 그 시절로 다시 한번 돌아갈 수 있었으면 이렇게는 안 살겠다. 이렇게 사는 것이 가장 값이 있다고 선생들이 가르치고 어른들이 다 가르치고 했지만 내가 살아보니까 소용이 없더라. 자, 그런 젊은 시기가 다시 온다면 얼마나 좋을까! 그러나 그런 것은 생각할 수 없는 일이다' 할 때 마귀 메피스토펠레스가 떡 옆에 와서 '만일 그렇게 원하면 영혼만 나한테 전당을 잡히면 내가 젊음을 다시 회복해 줄 테니 그 젊음을 가지고 가장 보람 있게 멋있게 한번 살아 보라'고 하니까 파우스트가 '아, 그것 정말인가?' '그렇다.' 그래서 독약 마시려고 했던 것을 그만두고 '기왕 내가 유암(幽暗) 속으로, 캄캄함 속으로 독약을 마시고 들어가려고 했는데 잠깐 유예를 하고 메피스토펠레스의 말을 듣고 한번 해 봐야겠다' 하고서 메피스토펠레스한테 자기 영혼을 전당을 잡히고 젊음을 회복을 해서 새파란 젊은 미남자가 되어 가지고서 바깥으로 나갔습니다.

파우스트의 첫 이야기가 그렇게 나오지요? 그래서 여기 가고 저기가고 그다음에는 술집으로 들어가고 나중에는 그레첸이라는 여자와 더불어 사랑을 하고 이런 짓을 다 하고 다니는 판입니다. 무슨 이야기인가 하면 '영혼을 전당 잡히면 너는 무얼 사겠느냐?' 하면 '청춘까진 안 바란다. 명예나 하나 다오' 하고서 영혼을 전당 잡히고 명예 찾으려고 하는 사람이 참 많지 않습니까? 뭐 얼마나 굉장한 것을 얻는 것도 아닙니다. '너는 뭘 얻겠느냐?' 하면 '부귀나 얻겠다' 또는 '권력이나 얻겠다' 하는 것입니다. 그런데 그런 것을 팔고 있는 회사가 바벨론입니다.

멸망한 바벨론의 상태

거기에서는 모든 사치를 다 팔고 있습니다. 금은보석을 팔고 있고 굉장히 사치스런 옷감들을 다 팔고 있고 또 그다음에 굉장히 훌륭한 그릇들, 사람들이 '아, 저런 것 가졌으면 좋겠다' 하고 욕심내고 탐내고 마음으로 원할 만한 참 보기 좋고 훌륭한 그릇들을 팔고 있습니다. 나무로 만든 것, 금속으로 만든 것, 옥으로 만든 것, 상아로 만든 것을 팔고 있습니다. 그것뿐 아니라 굉장히 좋은 향료들을 팔고 있습니다. 아주 쉽게는 얼굴에다 바르는 크림부터 시작해 가지고 그다음에는 별별 향료를 다 팔고 있습니다. 그다음에는 마시는 것으로 여러 가지 종류의 감미로운 술들을 팔고 있고, 그다음에는 산해진미를 만들 수 있는 훌륭한 재료들을 모두 팔고 있습니다. 고운 밀가루, 밀, 그다음에는 소, 양, 말, 수레, 그때 사도 요한 시대의 관점에서 볼 때 굉장한 것들입니다. 목양, 그런 것으로 말미암은 낙농, 혹은 고기, 그다음에는 타고 다니는 수레도 있고 그다음에는 노예도 사고 사람의 영혼도 거기서 매매합니다. 이와 같은 것들은 이 세상이 일반적으로 많이 취급하고 있는 것들입니다. 종이나 영혼을 빼놓고 보면 이런 것을 사고판다고 해서 특별히 문제가 생길 것은 없습니다.

바벨론은 그런 것을 가지고 매매했지만 이제 다시는 그런 것을 매매할 수 없게 됐다는 것입니다. "바벨론아, 네 영혼의 탐하던 과실이 네게서 떠났으며 맛있는 것들과 빛난 것들이 다 없어졌으니 사람들이 결코 이것들을 다시 보지 못하리로다"(14절) 했으니까 맛있는 것들, 빛나는 것들이 다 있었던 것입니다. 그리고 "바벨론을 인하여 치부한 이 상품의 상고들이 그 고난을 무서워하여 멀리 서서 울고 애통하여 가로되 화 있도다, 화 있도다. 큰 성이여! 세마포와 자주와 붉은 옷을 입고 금과 보석과 진주로 꾸민 것인데 그러한 부가 일시간에 망하였도다"(15-17절) 해서 '바벨론을 인하여 치부한 상품'이라고 했으니까 바벨론을 인하여 치부할 수 있었다는 것입니다. 그다음에는 세마포와 자주와 붉은 옷을 입고 금과 보석과 진주로 꾸민 것인데 그런 부가 일순간에 다 없어졌다고 했습니다.

그리고 외국과 무역을 한 것이 나옵니다. 17절에 보면 '선장, 각처를 다니는 선객들, 바다에서 일하는 자들'이 나오고, 19절에는 '배 부리는 자들'도 있습니다. 분명히 이것은 선지자들과 사도들, 또 성도들에게 원한을 샀던 것입니다. 앞장에 보면 바벨론은 그들의 피에 도취되어 가지고 있었다고 했습니다. "거문고 타는 자와 풍류하는 자와 퉁소 부는 자와 나팔 부는 자들의 소리가 결코 다시 네 가운데서 들리지 아니하고 물론 어떠한 세공업자든지 결코 다시 네 가운데서 보이지 아니하고 또 맷돌 소리가 결코 다시 네 가운데서 들리지 아니하고 등불 빛이 결코 다시 네 가운데서 비치지 아니하고 신랑과 신부의 음성이 결코 다시 네 가운데서 들리지 아니하리로다. 너의 상고들은 땅의 왕족들이라 네 복술을 인하여 만국이 미혹되었도다"(22-23절). 여기에 보면 음악이 있습니다. '거문고 타는 자와 풍류하는 자와 퉁소 부는 자와 나팔 부는 자들의 소리'라고 했으니까 관현악단입니다. '세공업자'는 생활을 위해서 필요한 여러 가지 공업을 하는 사람이고, '맷돌소리'는 식량을 갈아 내는 곳을 뜻합니다. 그러니까 사람이 살기 위한 기업 영업을 못하게 된다는 것입니다. 그리고 '등불 빛이 결코 다시 네 가운데서 비치지 아니한다'는 것은 아주 황폐한 상태입니다. 그다음에는 "네 복술을 인하여 만국이 미혹되었도다" 복술도 하고 있습니다. 그리고 " 선지자들과 성도들과 및 땅 위에서 죽임을 당한 모든 자의 피가 이 성중에서 보였느니라"(24절). 여기에 좋은 것과 나쁜 것이 마구 뒤섞여 가지고 있는데 그런 것을 다 같이 망하게 한다는 것입니다.

"내 백성아, 거기서 나와 그의 죄에 참여하지 말고 그의 받을 재앙들을 받지 말라. 그 죄는 하늘에 사무쳤으며 하나님은 그의 불의한 일을 기억하신지라"(4-5절) 하는 말씀이 있습니다. 그러면 이렇게 망할 것에 전혀 가담하지 말라는 말입니까? 이러한 바벨론이라는 큰 덩치 하나가 이제 심판을 받고 멸망하는데 이와 같은 것은 보통 이 세상에서 하는 여러 가지 일들입니다. 특별히 교회가 하는 일들은 아닙니다. 그런고로 바벨론을 순전히 교회라고 말하기는 어렵습니다. 세상이 하는 일이라면 이 말은 그러면 이 세상을 한꺼번에 멸망시키겠다는 이야기가 되는데, 세상을 한꺼번에 멸망시켜 버리고 난 다음에는 뭐 특별히 달리 남을 것이 없는 것 아닙니까? 세상을 온전히 마지막으로 다 심판해 버린다면 바벨론은 그렇게 심판당해서 불타고 그러면 아무것도 남을 것이 없을 텐데 남아 있는 사람들이 많이 있지 않습니까? "바벨론을 인하여 치부한 상품의 상고들이 고난을 무서워하며 멀리 서서 울고 애통했다" 그랬습니다. 또 "불붙는 연기를 보고 외쳐 가로되 큰 성과 같은 성이 어디 있느뇨 하며 티끌을 자기 머리에 뿌리고 울며 애통하여 외쳐 가로되 화 있도다, 화 있도다. 이 큰 성이여! 바다에서 배 부리는 모든 자들이 너의 보배로운 상품을 인하여 치부하였더니 일시간에 망하였도다." 여기 보면 바벨론으로 인하여서 치부한 사람들도 바벨론이 망할 때 한꺼번에 망해서 서로 조상하고 울고 어쩔 여유가 없어야 이 세상 전부에 대한 심판이라는 말이 성립되겠는데, 그렇지 않은 것을 보면 세상 전부에 대한 이야기라기보다 세상 어떤 부분을 이야기하는 것이지요? 그런 것이 분명합니다.

바벨론의 실체

17장에서도 이 바벨론은 어떤 짐승을 타고 있었지요? "여자가 붉은빛 짐승을 탔는데 그 짐승의 몸에 참람된 이름들이 가득하고 일곱 머리와 열 뿔이 있으며 그 여자는 자줏빛과 붉은빛 옷을 입고 금과 보석과 진주로 꾸미고 손에 금잔을 가졌는데 가증한 물건과 그의 음행의 더러운 것들이 가득하더라. 그 이마에 이름이 기록되었으니 비밀이라, 큰 바벨론이라, 땅의 음녀들과 가증한 것들의 어미라 하였더라"(계 17:3-5). 짐승 자체가 아니라 일곱 머리 열 뿔이 있는 짐승을 타고 앉은 여자를 바벨론이라 불렀습니다.

그래서 어떤 사람들은 '17장의 바벨론은 종교적인 바벨론이고 18장의 바벨론은 정치적인 바벨론이다' 하고 나누어서 생각을 합니다. 왜냐하면 17장의 바벨론은 자기가 타고 앉았던 짐승에 의해 망한다고 했기 때문입니다. "이 열 뿔과 짐승이 그 음녀를 미워하여 망하게 하고 벌거벗게 하고 그 살을 먹고 불로 아주 사르리라. 하나님이 자기 뜻대로 할 마음을 저희에게 주사 한 뜻을 이루게 하시고 저희 나라를 그 짐승에게 주게 하시되 하나님 말씀이 응하기까지 하심이니라"(계 17:16-17) 해서 이것은 그렇게 망할 것을 이야기했습니다. 18장의 바벨론은 불에 타서 없어집니다. 하지만 그들의 주장처럼 '18장

바벨론은 별다른 심판을 받은 것이다' 하고 반드시 단언할 수 있느냐 하면 바벨론이 지금 망하는 이야기를 한 것뿐이지, 17장에 나타나는 음녀를 음녀가 타고 있던 짐승이 미워해 가지고서 벌거벗게 하고 망하게 한다는 그런 방식의 괴멸을 부인하는 이야기는 하나도 없습니다. 18장에서는 바벨론이 그런 멸망을 받는 의미를 주목해서 이야기하고 있는 것입니다. 그런 점으로 보아서 이것을 동일한 바벨론으로 생각합니다. 사실상 17장과 18장을 구획을 딱 정해 놓고서 '여기는 종교적 바벨론이다. 여기는 정치적 바벨론이다' 해 놓은 일은 없습니다. 사람들이 해석한다고 그렇게 이야기하는 것뿐입니다. 원래 각 장의 구분이라는 것도 생각할 것 없는 것이고 위에서부터 바벨론 이야기를 하면서 하나의 이야기를 계속해서 하는 것입니다.

바벨론이라는 것이 이렇게 칠두 십각(七頭十角)의 붉은 짐승을 타고 앉아 있습니다. 때는 바벨론 자체가 여러 가지 복술을 가지고 자줏빛 붉은빛 옷을 입고 또 음행의 더러운 것을 가지고 있는데, 참람된 이름을 가지고 있는 짐승에 떡 올라타고 있는 것입니다. "네가 본 짐승은 전에 있다가 시방 없으나 장차 무저갱으로부터 올라와 멸망으로 들어갈 자니"(계 17:8). 그런고로 지난번 우리가 생각한 대로 그 아래에 있는 짐승은 적그리스도이고, 바벨론은 장차 나타날 적그리스도의 국권을 타고 올라앉아서 천하의 모든 백성들과 특별히 여러 나라들을 미혹하게 하는 어떤 큰 종교적인 세력의 구체적인 집단이라고 했습니다.

"그 일곱 머리는 여자가 앉은 일곱 산이요 또 일곱 왕이라. 다섯은 망하였고 하나는 있고 다른 이는 아직 이르지 아니하였으나 이르면 반드시 잠깐 동안 계속하리라. 전에 있었다가 시방 없어진 짐승은 여덟째 왕이니 일곱 중에 속한 자라 저가 멸망으로 들어가리라"(계 17:9-11). 일곱 왕 중 다섯은 망했는데 하나는 있고 다른 이는 아직 이르지 아니하였으나 이르면 반드시 잠깐 동안 계속하고 전에 있다가 시방 없어진 짐승은 여덟째 왕으로 다시 나타난다고 했습니다. 적그리스도가 나타나면 그것이 여덟 번째 왕이라는 말입니다.

그래서 우리가 지난번에 이야기할 때 다섯은 이미 망했다 할 때 팔레스타인과 관계 있는 앗수르, 애굽, 바벨론, 메대-바사, 헬라 이것은 망하고 요한의 시대에는 로마가 아직 있고, 그 후에는 로마가 지난 다음에는 어떤 나라고 잠깐 일어나서 다시 하나님의 백성에 대해서 강하게 공격하고 강하게 훼파하는 일을 한다는 것입니다. 마치 옛날 로마나 헬라나 모든 나라가 그렇게 한 것같이 할 것입니다. 특별히 그중에 아주 독특한 자인 헬라의 안디오코스 에피파네스는 적극적으로 하나님을 믿는 백성을 못살게 굴고 큰 핍박을 했습니다. 그냥 못살게 굴고 핍박만 한 것이 아니고 배교를 시킨 것입니다. 예루살렘 성전에 가서 번제단에 돼지를 잡아 가지고 거기다 피를 흘리고 제사를 지내고 아주 고의적으로 그것을 더럽혀 버렸습니다. 꼭 마귀의 화신(化身)과 같은 활동을 했던 것입니다.

그러니까 "전에 있다가 시방은 없으나 장차 무저갱으로부터 올라올 자"를 적그리스도라고 하면, 역사상 한 견본(sample)으로 나타나 있는 자가 그자인데 그와 같은 자 혹은 그보다도 더 강한 자가 이제 앞 시대에 나타날 것이라는 말입니다. 나타나서 "열 뿔은 열 왕이고 일곱은 일곱 나라라" 이렇게 말을 했는데, 우리가 그 수가 정확하게 일곱 그리고 열이라고 알 수 있을는지 모르겠지만 일곱이라는 것은 국권의 수인데 하나님의 나라에 있어서 충만한 권력을 뜻합니다. 사람의 세계에 있어서 만수(滿數)라고 할 때는 열입니다. 그러니까 사람의 세계에 있어서 모든 왕들 그리고 하나님의 나라의 관점에서 볼 때에도 갖출 것을 다 갖춘 모든 권력의 충만한 수를 모아서 가지고 있는 이런 큰 세력을 자기가 좌지우지하고 나가는 것이 여덟째 왕입니다.

그런데 이 음녀라는 것이 그 위에 올라앉아 있습니다. 그러면 그것이 대체 무엇이겠습니까? 쉽게 말하자면 그것은 이 세상의 반신적(反神的)인 세력입니다. 그 세력이 하나님을 배반하고 하나님 나라를 훼파(毀破)하려고 할 때 그것을 기화로 타고 올라앉아서 활동하는 가장 위험한, 광명한 사자(使者)인 척하는 사탄적인 세력이라는 것이 늘 붙어 다닌다는 말입니다. 우리가 자세히 늘 기억해 둘 것은 하나님 나라에 대해서 공격하는 세력은 기본적으로 마귀가 있고, 마귀가 이 세상 정치 세력을 이용해서 공격하려고 할 때에는 여러 가지 형태를 취하겠지만 '몸에 참람된 이름을 썼다' 하는 것을 보면 '내가 하나님이다. 하나님으로 숭배를 받아야겠다' 하는 식으로 합니다. 그리고 그런 것을 효과 있게 전 세계의 사람들, 백성과 방언과 무리와 나라에게 부과(賦課)하고 늑과(勒課)하려고 할 때에는 강력한 힘을 가지고 처음부터 힘으로 꽉 눌러서 움직이는 것이 아니라 배후에 힘을 저축해 두고서 회유할 수 있는 가장 교묘한 방식을 내세우는 것입니다. 음녀라는 것은 그런 의미에서 가장 회유할 수 있는 교묘한 방식이 됩니다. 그것이 결국 광명한 사자인 체하고 나타나는 것입니다.

마귀가 택한 가장 효과적인 회유 방식

사탄이 광명한 사자인 체하고 나타나려고 할 때에 가장 효과 있는 방식은 예수 그리스도의 방식을 모방하는 것입니다. 그런고로 교회에 대해서는 배교적인 형식을 취하고 나오는 것이고 하나님의 나라에 대해서는 사이비적 신국 운동을 칭하고 일어나는 것입니다. 그리고 이 둘은 따로따로가 아닙니다. 마치 참된 교회와 하나님 나라라는 것이 완전히 격리된 두 개의 개체가 아니고 다만 오늘날 역사 위에서는 참된 교회를 하나님 나라가 포함하고 이 지상에다가 현 시대에 교회로써 가장 강력하게 하나님 나라를 변증해 나가는 것과 같이, 배교한 교회에다 점점 강력하게 힘을 주고 다양하게 색채를 붙여서, 즉 하나님의 나라의 여러 가지 모양을 본뜨고 윤색(潤色)해서 마귀 자신의 나라를 나타낸다는 사실이 발생할 것입니다.

실제로 예를 들어서 보십시다. 먼저 하나님 나라라는 개념을 우리가 알아야 하는데, 성경에서는 '하나님 나라는 이것이다' 하고 한마디로 가르치지 않았습니다. '하나님 나라'라는 말은 여러 가지 의미를 가지고 있습니다. 어느 때는 메시아 당신을 의미하기도 하고, 어느 때는 메시아의 국권을 의미하기도 하고, 어느 때는 그러한 아름다운 신국적인 축복의 상태를 의미하기도 하고, 어느 때는 그 능력 자체를 의미하기도 합니다. 어쨌든지 개괄적으로 통합해서 이야기하자면, 교회는 교회로서의 여러 가지 특색이 있고 교회가 되기 위한 특수한 조건이 있지만 하나님 나라는 그보다는 훨씬 범위가 넓어서 모든 신자가 어떠한 생활을 하든지 어떠한 직장에서 어떠한 일을 하든지 인간의 생명과 생활의 모든 면에서 그것이 어떠한 표현 방식이든지 하나님의 통치의 거룩한 능력이 거기에서 구현되게 하는 것이 하나님 나라입니다. 종합해서 말하면 그렇습니다.

교회는 장사하는 일이라든지 회사를 꾸리는 일이라든지 큰 음악회를 주최하는 일이라든지 큰 전람회를 꾸미는 일이라든지 혹은 무슨 정치적인 활동을 하는 일에 관계하지 않는 것입니다. 교회가 교회로서 순결하려면 사회적인 여러 가지 활동에 자꾸 손을 대서는 안 됩니다. 교회는 교회로 항상 자기를 순결하게 시켜서 교회 원칙(principle)만 확호히 쥐고 있어야 하는 것입니다. 그것이 현실에서의 도피냐 하면 그것이 아닙니다. 그러나 교인들은 그리스도의 지체로서 교회 안에서 생활을 경영하면서 또한 돌아가서 각각 자기가 이 세상 사람으로서 생활을 경영하는 까닭에 여러 직장을 가지고 여러 가지 종류의 사업을 하고 여러 가지의 일을 합니다. 이것은 그 자체가 교회를 구성하는 데 가장 중요한 요소는 아니지만 하나님의 나라로서의 의미를 가지고 있습니다. 그리고 교회를 유지하고 발전시키는 데에 밑거름으로서 중요히 사용됩니다.

예를 들면 장사하는 일은 교회 자체의 경영은 아닙니다. 교회가 상업을 경영하지는 않습니다. 그러나 상업을 경영하는 교인은 그것을 가지고 교회를 강력하게 지지하는 중요한 밑거름을 삼는 것입니다. 이렇게 해서 교회는 교회로서 순수하게 존재하고 교인이 상업을 할 때에는 하나님의 자녀로서 상업을 하는 것입니다. 상업을 한다고 하나님의 자녀인 것을 보류하는 법은 없습니다. 하나님의 자녀로서 또한 하나님의 백성으로서 상업이나 문화 사업이나 여타의 사업을 하는 것은 마치 한 국가에서 국민이 여러 가지 종류의 생활을 해서 국민으로서의 의무를 해 나가는 것과 마찬가지입니다. 하나님의 백성으로서 자기의 의무를 해 나가는 것입니다. 그러므로 이러한 형태를 사이비적으로 모방해서 교회를 혼란시키고 신자들의 마음을 사로잡는 방식이 가장 효과적인 회유의 방식입니다.

배교를 할 때 처음부터 그 교회의 형상 자체를 아주 별다른 종교 의식과 별다른 교리를 가지고 시작하면 많은 사람이 경계하고 반대하겠지만 거기서부터 출발을 하지 않고 교회가 비교적 문제로 여기지 않고 모호하게 생각하는 부분에서 가장 박력 있는 이야기를 시작하는 것입니다. 어떤 부분이 그런 부분입니까? 교회가 잠자는 상태에 들어가면 교회 자신이 정신 차려서 생각해야 할 문제들을 생각하지 않는 것입니다. 교인들이 하나님 나라의 백성으로서 어떻게 생활

해야 할 것인가에 대해서 생각해서 하나님 나라의 영광을 바르게 나타내기 위한 교육을 하고 진리를 바르게 선포하는 것은 교회입니다. 교회는 하나님의 말씀을 바르게 선포해야 합니다. '교회는 어떻게 해야 할 것인가' 하는 것만 선포하는 것이 아닙니다. 교인 하나하나가 어떻게 살아야 할 것인가를 선포해야 하고 하나님 나라는 어떻게 경영하는 것인가를 선포해 주어야 합니다. 그러면 교인들은 그것을 받아 가지고 정치를 하는 사람은 어떻게 하면 하나님의 뜻에 합당하게 정치를 할 수 있는가를 알아서 그렇게 하는 것이고, 사업을 하는 사람은 어떻게 하는 것이 하나님께 기쁨이 되는 사업 방식인가를 알아 가지고 사업을 하는 것입니다. 이렇게 해 나가야 하는데 만일 교회가 그것을 하지 않으면 잠을 자는 것입니다. 이렇게 잠을 자는 때에 원수인 마귀는 가라지를 뿌리고 갑니다.

그러면 어떻게 됩니까? 교회 안에서 사회 문제에 대해서 너무나 무감각하고 '너무 관여하지 말고 우리는 우리끼리 조그만 사회를 만들어서 조용히 지낸다. 너희하고는 상관하지 않는다' 하는 현실 도피의 태도를 취하는 식으로 자꾸 발전해 가는 것입니다. 교회가 이러한 잠자는 상태에 있을 때에 맹연(猛然)히 '교회여, 잠에서 깨어 일어나라' 한다면 그것이 굉장히 좋은 부르짖음이 되는 것입니다. 그러면서 무엇을 이야기하는가 하면, 오늘날 사회의 노자(勞資) 관계가 첨예화하고 여러 가지 사회악이라는 것이 있고 도시의 병폐가 가득하고 인간성을 상실한 채로 기계화되어 가는 현대 사회의 여러 가지 문제를 들고서 '기독교는 이것에 대해서 아무런 대답이 없느냐?' 하고 막 부르짖는 것입니다. 그러면서 '이렇게 하는 것이 좋겠다' 하고서 대책에 대해서 이야기할 뿐 아니라 적극적으로 그 대책에 진출해 나가는 것입니다.

미국의 흑백 문제와 기독교의 태도

예를 들면 미국에서는 흑백 문제가 강력한 사회 문제입니다. 인종 차별(segregation) 문제, 흑인과 백인들 사이의 알력과 투쟁이 강할 때 미국은 그래도 사회의 여론으로는 '흑인을 미국 시민인 이상 백인과 차별할 수 없다. 법적으로 정치적으로 차별할 수가 없다' 하는 이론이 우세합니다. 그러니까 사회적인 차별도 철폐하는 것이 옳다고 연방대법원도 판결을 내리고 중앙 정부도 그렇게 하지만, 주마다 주 정부가 있고 주 의회가 있어서 주마다 따로따로 그것을 받아들이거나 안 받아들이거나 마음대로 합니다. 안 받아들이면 여전히 거기는 차별을 하는 것입니다. 아무리 연방대법원에서 '그것은 위헌(違憲)이다' 하지만 '너희들은 위헌이라고 판결해라. 우리는 우리대로 살련다' 하는 식으로 나가는 것입니다.

이렇게 되니까 흑인들은 흑인들대로 '왜 버스를 타면 꼭 뒤에 칼러드(coloured)라고 붙은 데만 앉아야 하느냐? 버스에 가서도 버젓하게 백인들이 앉는 앞자리에 가서 앉자' 그래서 그 앞자리에 가서 앉는데, 미국은 차장이 없고 운전사 한 사람이 운행하는 원 맨 버스(one-man bus)가 많으니까 운전사가 '뒤로 가십시오. 뒤로 가 주십시오' 하고 말을 붙입니다. 그렇지만 그냥 모른 체하고 듣지 않고, 다시 '조금 미안합니다만 뒤로 가 주십시오' 해도 또 모른 척하고 앉아 있으면 '바로 이 뒤에 앉으신 손님, 저 뒤로 가 주십시오. 제 말 알아듣습니까?' 하고 'Do you hear me?' 하면서 묻는다 말이오. 그러면 'Oh, I'm all right. I'm all right. I feel good.' 자기는 거기가 기분 좋으니까 괜찮다는 것입니다. '친절은 감사합니다만 여기도 괜찮습니다' 하고 말합니다. 그런 식으로 대응하도록 훈련을 했습니다. 그런 훈련을 대량으로 했습니다. 그것을 지휘하던 사람이 흑인 인권 운동의 총지휘자인 마틴 루터 킹(Martin Luther King Jr., 1929-1968) 목사입니다. 말하자면 비타협, 비폭력입니다. 그렇지만 폭력을 안 씁니까? 마틴 루터 킹 목사는 그렇게 주장을 하지만 흑인들은 가끔 못 견디면 한번씩 폭력을 씁니다. 폭력을 쓴다는 것은 그냥 두들겨 패고 야단만 내는 것이 아니라 어느 때는 대량으로 버스에 들어갑니다. 어떤 미약한 부인네 혼자 가서 투쟁하자면 어려우니까 하나하나를 다 훈련해 놓고 버스를 타되 무더기로 들어가서 털썩털썩 다 앉아 버립니다. 그러니까 그런 무더기를 보고서 뒤로 다 가라고 할 수도 없고 또 뒷자리라는 것이 원래 흑인들은 버스에 많이 안 타니까 많은 자리가 있는 것은 아닙니다. 그런데 이번에는 아주 무더기로 타 가지고 한 반절이나 버스를 다 차지해 버립니다. 앞쪽만 떡 차지하고 앉아서 말을 하더라도 듣지도 않고 소리만 지르고 노래만 부르고, 이런 식으로 합니다.

이와 같은 인종 문제에 대해서 교회는 어떻게 태도를 취했는가 하면 비교적 소극적으로 아무 말도 하지 않은 교회가 남부에는 많이 있었습니다. 그중에서도 과격한 패들은 '차별하는 것이 하나님의 뜻이다. 하나님이 각 나라 사람을 각각 지역을 정해 주고 살게 하셨다고 성경에도 말씀했다. 그러니까 흑인들은 흑인의 지역에서 살아야지 왜 백인들의 사회로 이렇게 침입하느냐?' 하고서 목사라고 하는 사람이 일어나서 굉장히 연설을 하기도 합니다. 남부 백인들에게는 그런 연설을 하는 사람이 용사입니다. 우리는 신문지상에서 이러한 것을 보면 '목사라는 사람이 이따위 짓을 하는가?' 하겠지만, 그 속에 들어가서 그러한 분위기 속에 있다면, 백인들이 모두 속으로 원망이 팽창하고 있는 판에 '누군가가 대변을 해야 하기에 평소에 존경하고 말을 잘한다고 하는 목사한테 가서 '좀 대변해 주십시오' 하고 요청을 합니다. 그러면 백인들의 인망을 받고 지도자의 위치에 있는 사람이 자기의 양들을 잃지 않으려면 아무 말도 하지 않고 앉아 있으면 됩니까? 그러니까 일어나서 '여러분들, 내 생각에는 하나님께서 처음부터 검게 만들었다는 것부터 하나님의 뜻이니까 갈라야 합니다' 했습니다. 그 이론이 참 좋지요? '하나님께서 차별하지 않도록 하시려면 다 하얗게 만들어 주었어야 하는데 하나님께서 검게 만들어 놓고 우리더러 차별하지 말라면 될 말입니까?' 그런 식으로 이야기를 해서 나눕니다.

그러나 또 한편으로 아주 진보적인 교회는 거기에 반대해 가지고서 '이것은 절대로 성경의 사상에서도 위배되는 것이다. 하나님 앞에서 모든 사람과 각 나라가 다 한 혈맥으로 지어져서, 사람 위에 사람이 없는데 우리가 어떻게 그 위에 올라앉을 수가 있느냐?' 하고서, 그냥 안 된다고만 하는 것이 아니라 시위운동을 하자고 워싱턴으로 막 몰려간 것입니다. 플래카드를 들고서 워싱턴의 펜실베이니아 애비뉴(Pennsylvania Avenue)로 막 몰려갔습니다. 그래서 백악관 앞에까지 가서 막 기세를 올렸는데 이런 식의 행렬을 한다고 하면 몇 십만 명을 동원해서 힙니다. 그러면 경관들도 그만한 수가 퍼져서 옥신각신 야단을 합니다. 그런데 그 전면에 세계기독교협의회의 가장 머리 되는 사람들이 섰습니다. 유진 카슨 블레익(Eugene Carson Blake, 1906–1985)이라는 사람이 지금 세계기독연합회 사무총장 아닙니까? 그이가 앞장을 섰습니다. 그는 원래 북장로교회의 보스였습니다. 비서트 후프트(W. A. Visser't Hooft, 1900–1985)가 사직하고 그다음에 2대로 뽑힌 사람인데 그가 워싱턴에 가서 WCC에 있는 사람들과 함께 앞장서서 나갔습니다. 그러면 경관이 와서 잡아가려고 하고 그러니까 청년들이 그를 둘러싸고 못 잡게 하고 경관들도 그런 사람들은 괜히 시끄럽고 하니까 잡지도 않습니다. 그냥 왁왁 소리만 지르다가 말고 가는 것입니다.

뭐냐 하면 '우리는 말만 하지 않고 행동도 한다. 봐라. 인종차별 철폐에 대해서 교회가 먼저 앞장서서 이렇게 철저히 해야 한다' 하는 태도입니다. 그런 것을 청년들이 보면 어느 편이 정의감에 호소하고 옳다는 생각이 얼른 들어가느냐 하면 그런 사람들이 옳다고 느끼는 것입니다. 아무 말도 하지 않고 조용히 성경만 읽고 기도만 하고 앉아 있는 교회는 소용이 없다는 것입니다. 이것이 하나의 예이지만 이렇게 사회 문제를 가지고 적극적으로 이야기하고 적극적으로 밀고 나가는 교회가 참으로 오늘날 20세기의 모든 문제를 안고 있는 이 세기의 사람다운 생각을 하고 있다고 여기고 '이 세기의 인텔리겐치아(intelligentsia)로서는 자기의 책임을 전가시킬 수 없다' 이렇게 생각을 하는 것입니다. 이렇게 해서 교회가 사회 문제와 인간의 문제에 대해서, 예컨대 공해 문제, 예방의학 문제, 전쟁의 문제, 사상상 갈등하는 문제, 동서의 첨예한 대립의 문제 등에 대해서 이야기하고 적극적으로 거기에 대해서 어떻게 해야 할 것인가를 이야기해 나가는 것입니다. 그래서 그러한 신학자들 가운데서 사상가들이 많이 나왔습니다. 그렇게 하면 그런 사람들이 유명해지고 그래서 '세계 교회의 대세가 이것이다' 하고 가르치는 것입니다.

  이런 문제가 교회의 의식(儀式)을 고친다든지 교리를 기본에서 고친다든지 하는 문제보다 제일 강력한 면입니다. 과연 정통이라고 하는 교회는 그런 문제에 대해서 심오하게 생각해 가지고 어떻게 해야 할 것인지에 대해서 변박도 없고 미리 확고한 태도를 취해서 말하는 것이 없습니다. 그 사람들같이 그렇게 훌륭한 이론을 해 가지고 책들을 내는 일도 없습니다. 그러니까 결국은 소극적이고 항상 은둔적이고 항상 고식적(姑息的)이고 그렇습니다. 이렇게 되어서 구세대는 새로운 세대의 인기를 끌 수도 없고 영향을 줄 만한 아무런 매력이 없는 까닭에 새로운 세대는 행동하는 쪽으로 쏠려 가는 것입니다.

배교와 적그리스도의 국가

이런 것을 볼 때 결국 하나님 나라의 형식에 대해서 마귀는 광명한 사자인 것같이 이런 방식으로 보여 주는 것입니다. 자칫하면 그런 데 휩쓸려 들어가는 것입니다. 그래 가지고 휩쓸려 들어가면 그런 식으로 생각하고 그런 식으로 운동하고 나가는 것이 교회이고 하나님 나라라고 생각하게 됩니다. 그렇다면 '이 세상 사회 문제 하나하나를 그냥 붙들고서 씨름하면서 자꾸 나아가는 그런 교회 생활을 해야만 할 것이 아니냐' 하는 이론이 대두됩니다.

그것이 미국뿐 아니라 일본에서도 교회에서 예배를 드리는데 청년들이 일어나서 목사한테 '목사님은 밤낮 그렇게 케케묵은 소리만 하지 말고 좀 더 이 사회 문제, 이 격렬한 여러 가지 문제에 대해서 말씀을 해야 하고, 20세기에 젊은 사람들이 취해야 할 자세에 대해서 교회가 가르쳐야 한다. 왜 그런 문제를 가만히 보고 있어야 하느냐?' 하는 주장을 하였습니다. 그래서 어떻게 되었느냐 하면 목사가 '과연 그 말이 옳다. 청년들이 요구하는 말이 옳으니까 나도 좀 더 그렇게 해야겠다' 하고 성명(聲明)을 냈습니다. 동지사대학 신학부 출신들이 주로 먼저 떠들고 일어나더니 그런 조반(造反) 사건이 경도(京都)에 있는 교회와 동경(東京)에 있는 교회에서도 일어났습니다. 그런데 그 목사는 주로 전에는 소위 자유주의적인 신학을 가르치던 목사입니다. 그러니까 자기가 그러한 진보주의적인 신학을 가르친 이상에는 진보주의적인 사상 노선으로 걸어야 할 것인데 그때까지는 '그런 사회 문제에 대해선 너무 과격하니까 손대지 말자' 한 것입니다. 지금 일본의 사회 문제는 뭐냐 하면, 미국은 흑백 문제가 아주 큰 문제로 있지만 일본은 소위 진보주의적인 경제 체제에 관한 문제입니다. 사회주의적인 경제체제를 도입해야 한다는 것입니다. 공산당과 합작해야 한다는 식인데 말하자면 기독교 안에 있는 좌익입니다. 그런 것들이 지금 기독교 안으로 뻗어 들어가 있습니다. 조반(造反)이라는 말은 원래 중국에 있던 말인데 일어나서 두들겨 부수고 반란을 일으키는 것을 뜻합니다. 일본에서는 '조하이'라고 합니다. 우리말로 하면 조반이라고 하면 아침밥인 것같이 들리니까 말이 안 되지만 조반 사건은 반란을 일으키는 사건을 뜻합니다. 그렇게 조반을 하면 거기에 호응을 해 주고 교회가 이런 식으로 나갑니다.

교회가 원래 하나님의 나라와 교회의 관계에 대해서 잘 알고 명확하게 선을 그으면서 '교회가 생각하는 것은 어디까지이고 하나님 나라로서는 무엇을 생각해야 할 것인가'에 대해서 잘 알고 있었을 때는 문제가 없으나, 잠자고 있을 때, 즉 그런 것을 터치하지 않고 교회가 항상 어떤 종교적인 의식과 종교적인 감정에만 국한된 생활을 하고 있는 동안에는 거기에 약점이 있는 것입니다. 그 약점을 타고 그것을 강점으로 삼아서 그 면에서부터 자유주의적이고 진보주의적인 교회 운동이 일어나는 것입니다. 이것이 결국 나중에 교회를 배교의 현실로 끌고 갈 것입니다. 배교의 앞잡이라는 것입니다. 그리고 나중에 적그리스도가 자기의 세력을 가지고 세계를 지배하려고 할 때에는 먼저 이러한 방식으로, 하나님 나라가 아니지만 가장 그럴 듯하게 하나님 나라의 형식과 비슷한 모양으로 교회적인 사상을 유도하고 그것을 교회적인 사상으로 선전하여서 사람들이 그 안으로 들어와서 그 안에서 여러 가지 활동을 하게 될 것이라는 말입니다. 교회는 직접 손을 안 대지만 그런 활동을 할 수 있는 것입니다. 그 속에서 이런 국제 무역도 하고 큰 정치 활동도 하고 사치와 열락(悅樂)을 할 수 있고 그렇게 함으로써 자기네 식의 거대한 종교와 사회생활과 문화생활이 혼연히 일치되는 생활로 끌고 들어갑니다. 적그리스도의 국가라는 것이 그런 것입니다. 적그리스도의 국가는 대부분 종교적이면서 종교적인 모든 주장을 가지고 인간의 모든 면에 있어서 확호한 성격을 주어 가지고 붙들고 같이 나가자는 것입니다.

이것이 배교의 양상입니다. 주의할 것은 배교라고 하면 기독교의 현저한 몇 가지의 강령을 반대하는 것이 배교가 아니라는 것입니다. 그렇게 누가 보든지 그냥 눈 딱 감고도 알 수 있게 하는 것이 아닙니다. 이렇게 기묘하게, 현묘하게 끌고 들어가는 것입니다. 그리고 그러한 운동이 벌써 발생해서 제2차 세계 대전 이후에 차례차례 세력이 커지더니 60년대부터는 확호하게 퍼지기 시작했고 지금은 당당하게 도도하게 전진하고 있는 것입니다. 그러니까 항상 배교에 대해서 주의를 해야 한다고 한 것입니다. 처음 시작은 종교적인 면에서부터 화려하게 시작합니다. 그런 후에 기독교가 생각지 않고 별로 터치를 않던 문제를 끄집어다가 오늘날 '현대인의 양심' 혹은 '현대인의 양식(良識)'에 호소해 갑니다. 그렇게 되면 그저 '정통, 정통'만 부르짖고 앉아 있으면 참으로 온전히 시골 사람(provincialist)이 되고 마는 것입니다. 생각해야 할 것을 생각하지 않고 마음이 좁아서 항상 나무를 조각(彫刻)한 기묘한 세공품 같은 종교 감정 속에 딱 들어앉아서 이것이 가장 신령하다고 생각을 한다는 말입니다. 하지만 그런 것을 타파하겠다고 나섰다가는 잘못된 길로 가기가 쉽습니다. 바르게 지도를 받지 않고 바르게 생각을 하지 못할 때에는 아무래도 그렇게 생각할 수밖에 없는 것입니다. 이것이 무서운 이야기입니다.

영혼을 팔아먹는 사람들

여기 바벨론은 이러한 것입니다. 이런 바벨론의 요소를 우리가 주의해야 합니다. 그러므로 그 속에는 사치도 있고 상고의 모든 무역도 있고 그런 열락도 있어서 나중에 참으로 믿음을 가지고 그것을 반대하고 바른 것을 세우려고 하면 세력을 가지고 강하게 눌러 버릴 것입니다. 벌써 그러한 일을 하고 있습니다. 오늘날 누군가가 일어나서 WCC가 가지고 있는 소위 사회 복음적 노선에 대해서 맹렬히 공격하면 그냥 떼로 일어나서 맹공을 합니다. 돈줄을 끊네 어쩌네 하면서 모든 관계에서 핍박을 하는 것입니다. 그리고 그 관계를 가진 사람들은 아주 미묘한 데까지 다 관계를 가지고 있습니다. 한국에서 젊은 사람들이 뭐 그렇게 심오한 사상적인 문제가 아니라 소위 정통의 주장에 의해서 'WCC가 나쁘다.' 실컷 해봐야 '신신학'이라는 소리밖에 못하니까 'WCC가 신신학과 구신학을 합쳐 가지고 한다는데 그러면 되겠느냐?' 하고 한참 맹렬히 나서니까 '너 그런 데나 쫓아다니고 너 같은 놈은 당최 출세 못한다' 하고서 으름장을 놓았습니다. 그래서 출세를 하려니까 어떻게 하는가? '출세하려면 그따위 알지도 못하고 맨깽깽이같이 주장하던 것을 잘못했다고 자복하고 이리로 들어오너라' 하니까 자복하고 그리로 들어가서 미국에 갔습니다. 가서 불과 한 1년 있다가, 거기서 철저히 세뇌해서 내보내니까 이제는 그것에 아주 도취되어서 앞잡이 노릇을 하고 다닙니다. 그런 사람을 몇 보았습니다. 제가 잘 알고, 자기들이 무슨 굉장히 정통이나 하는 것처럼 떠들던 패들인데 지금은 어디든지 얼굴을 내밀고 돌아다니면서 그러고 다니는 것을 보았습니다.

뭐 별 굉장한 것도 아니고 그런 사람들에게는 '미국이나 갔다 오는 것으로 네 영혼을 전당 잡혀라' 하면 당장에 영혼을 전당 잡히는 식입니다. 오늘 말씀에도 보면 영혼을 전당 잡히지 않습니까? 사람의 영혼도 상품으로 판다고 했습니다. '미국 가는 것과 네가 괜히 그것을 믿는다고 떠들어 대고 있는 것을 바꾸자. 이것도 잘 믿는 도리다.

이것이야말로 참으로 눈을 넓게 하고 믿는 도리다' 하고 가르쳤습니다. 그러니까 '그러면 나도 그렇게 넓은 믿음을 가지고 미국에도 갔다 와야겠다' 하고 바꾸었습니다. 전당 잡힌 정도가 아니라 가서 바꾸어 버렸습니다. 그렇게 하고 돌아온 사람에게 정직하게 책(責)해도 듣지를 않습니다. 정신이 아주 중독되어 있습니다. 어떤 젊은 목사는 정통을 한다고 한참 그러더니 뭐 미국에는 가 보지도 않고 그냥 중독되어 가지고 돌아다닙니다. 그런 사람을 여럿 만났습니다. 갑자기 만난 것이 아니라 잘 아는 사람들인데 그전에 정통을 한다고 할 때는 굉장히 떠들던 사람들이 마음들이 뒤집혀 가지고 그렇게 하는 것을 보면 정통이라고 다들 입을 모아 가지고 같이 일한다는 사람들이 무엇인지 모르겠다는 생각이 듭니다. 아무개라고 하면 여러분들도 다 잘 아실 만한 사람입니다. 그전에는 자기가 근본주의라고 기독신문에다 써 내고 하던 사람이 뒤집혀서 오늘날에는 그쪽 사람 병정 노릇을 하고 돌아다니면서 앞잡이 노릇을 하는 것을 봅니다. 이렇게 빈곤한 사회에서는 뭐 영혼의 값이 그렇게 높지도 않습니다. 출세를 못하던 사람들에게 조금 출세를 시켜 준다고 하면 후닥닥 영혼을 갖다 팔아먹는 것입니다. 그런데 그런 큰 세력이 세계적으로 뻗어 있습니다. 벌써 그것을 시작해 가지고 움직이고 있는 것입니다. 이런 것을 볼 때 계시록에서 우리가 보는 바를 더 깊이 느끼게 됩니다.

기도

거룩하신 아버지시여, 이 세대의 여러 가지 사실을 볼 때 저희들이 정신을 차려서 비천하지 않고 천박하지 않으며 더욱 심오하고 풍성해야 할 것을 다시 한번 깊이 느끼고 있사옵니다. 괴악한 시대상 가운데서 사회보다도 먼저 교회라 일컫는 사람들 속에서 괴상한 생각을 가지고 괴상한 것을 주장하는 사람들이 택하신 백성을 할 수만 있으면 이끌고 나가려고 하는 일이 많이 있사옵는데, 그 속에서 저희들은 바른 것을 끝까지 견지하게 하시고 주님의 그 거룩한 나라의 참된 자태와 그것이 우리 생활에서 나타나는 것이 어떤 것인가를 더 깊이 알고 바르게 서서 이 세대의 가장 큰 음모와 가장 교묘한 여러 가지 흑막에 대해서 꿰뚫어 보고 바르게 생각할 수 있게 하시옵소서. 주님께서 이 거룩한 지혜를 주시고 신령한 은혜로 깊이 가르쳐 주옵소서. 예수님 이름으로 기도하옵나이다. 아멘.

1972년 3월 15일 수요 기도회

제19강

역사의 대단원에 임할 심판

요한계시록 19:1-21; 20:1-15

Expositions on Revelation

요한계시록 19:1-21; 20:1-15

[1]이 일 후에 내가 들으니 하늘에 허다한 무리의 큰 음성 같은 것이 있어 가로되 할렐루야 구원과 영광과 능력이 우리 하나님께 있도다 [2]그의 심판은 참되고 의로운지라 음행으로 땅을 더럽게 한 큰 음녀를 심판하사 자기 종들의 피를 그의 손에 갚으셨도다 하고 [3]두 번째 가로되 할렐루야 하더니 그 연기가 세세토록 올라가더라 [4]또 이십사 장로와 네 생물이 엎드려 보좌에 앉으신 하나님께 경배하여 가로되 아멘 할렐루야 하니 [5]보좌에서 음성이 나서 가로되 하나님의 종들 곧 그를 경외하는 너희들아 무론 대소하고 다 우리 하나님께 찬송하라 하더라 [6]또 내가 들으니 허다한 무리의 음성도 같고 많은 물소리도 같고 큰 뇌성도 같아서 가로되 할렐루야 주 우리 하나님 곧 전능하신 이가 통치하시도다 [7]우리가 즐거워하고 크게 기뻐하여 그에게 영광을 돌리세 어린양의 혼인 기약이 이르렀고 그 아내가 예비하였으니 [8]그에게 허락하사 빛나고 깨끗한 세마포를 입게 하셨은즉 이 세마포는 성도들의 옳은 행실이로다 하더라 [9]천사가 내게 말하기를 기록하라 어린양의 혼인 잔치에 청함을 입은 자들이 복이 있도다 하고 또 내게 말하되 이것은 하나님의 참되신 말씀이라 하기로 [10]내가 그 발 앞에 엎드려 경배하려 하니 그가 나더러 말하기를 나는 너와 및 예수의 증거를 받은 네 형제들과 같이 된 종이니 삼가 그리하지 말고 오직 하나님께 경배하라 예수의 증거는 대언의 영이라 하더라 [11]또 내가 하늘이 열린 것을 보니 보라 백마와 탄 자가 있으니 그 이름은 충신과 진실이라 그가 공의로 심판하며 싸우더라 [12]그 눈이 불꽃같고 그 머리에 많은 면류관이 있고 또 이름 쓴 것이 하나가 있으니 자기밖에 아는 자가 없고 [13]또 그가 피 뿌린 옷을 입었는데 그 이름은 하나님의 말씀이라 칭하더라 [14]하늘에 있는 군대들이 희고 깨끗한 세마포를 입고 백마를 타고 그를 따르더라 [15]그의 입에서 이한 검이 나오니 그것으로 만국을 치겠고 친히 저희를 철장으로 다스리며 또 친히 하나님 곧 전능하신 이의 맹렬한 진노의 포도주 틀을 밟겠고 [16]그 옷과 그 다리에 이름 쓴 것이 있으니 만왕의 왕이요 만주의 주라 하였더라 [17]또 내가 보니 한 천사가 해에 서서 공중에 나는 모든 새를 향하여 큰 음성으로 외쳐 가로되 와서 하나님의 큰 잔치에 모여 [18]왕들의 고기와 장군들의 고기와 장사들의 고기와 말들과 그 탄 자들의 고기와 자유한 자들이나 종들이나 무론 대소하고 모든 자의 고기를 먹으라 하더라 [19]또 내가 보매 그 짐승과 땅의 임금들과 그 군대들이 모여 그 말 탄 자와 그의 군대로 더불어 전쟁을 일으키다가 [20]짐승이 잡히고 그 앞에서 이적을 행하던 거짓 선지자도 함께 잡혔으니 이는 짐승의 표를 받고 그의 우상에게 경배하던 자들을 이적으로 미혹하던 자라 이 둘이 산 채로 유황불 붙는 못에 던지우고 [21]그 나머지는 말 탄 자의 입으로 나오는 검에 죽으매 모든 새가 그 고기로 배불리우더라

제19강

역사의 대단원에 임할 심판

음녀가 타고 있는 짐승의 실체

계시록 18장까지는 우리가 이전에 이미 배운 바 있는 붉은 용, 바다에서 올라온 짐승, 땅에서 올라온 짐승, 이러한 것들의 활약하는 자태와, 특별히 17장에 나오는 붉은빛 짐승을 탄 음녀의 이야기가 계속되고, 더불어 큰 바벨론의 멸망을 예언하는 것이 나옵니다. 오늘 읽은 19장부터는 하늘의 큰 광경이 펼쳐집니다. 모두가 하나님 앞에 찬송을 올리며 땅에 큰 심판이 임하는 것과 하나님의 심판의 형태가 여러 가지로 나타나는 것을 가르치고 있습니다.

첫째는 "하늘이 열린 것을 보니 백마와 탄 자가 있으니 그 이름은 충신(忠信)과 진실이라. 그가 공의로 심판하며 싸우더라"(11절) 하는 것입니다. 그러고서는 "공중에 나는 모든 새를 향하여 큰 음성으로 외쳐 가로되 와서 하나님의 큰 잔치에 모여 왕들의 고기와 장군들의 고기와 장사들의 고기와 말들과 그 탄 자들의 고기와 자유한 자들이

나 종들이나 무론 대소하고 모든 자의 고기를 먹으라 하더라"(17-18 절). 요컨대 큰 살육이 있을 것을 이야기한 것입니다. 그때 "그 짐승과 땅의 임금들과 그 군대들이 모여 그 말 탄 자와 그의 군대로 더불어 전쟁을 일으키다가 짐승이 잡히고 그 앞에서 이적을 행하던 거짓 선지자도 함께 잡혔으니 이는 짐승의 표를 받고 그의 우상에게 경배하던 자들을 이적으로 미혹하던 자라. 이 둘이 산 채로 유황불 붙는 못에 던지우고 그 나머지는 말 탄 자의 입으로 나오는 검에 죽으매 모든 새가 그 고기로 배불리우더라"(19-21절). 이렇게 해서 마지막에 역사 위에 굉장하게 작희(作戲)를 하고 악을 행할 큰 권능 있는 자가 마치는 것을 여기서 볼 수 있습니다. 붉은빛 짐승을 탄 여자도 일찍이 "열 뿔과 짐승이 음녀를 미워하여 망하게 하고 벌거벗게 하고 살을 먹고 불로 아주 사르리라. 저희 나라를 그 짐승에게 주게 하시되 하나님 말씀이 응하게까지 하심이니라"(계 17:16-17). 이렇게 해서 어떻게 보면 자중지란(自中之亂)이 나는 것같이 해서 일찍이 제휴를 하고 활동하던 큰 세력의 하나인 그 여자는 짐승에게 완전히 먹힘을 당하고 말았습니다. 그런 다음에는 하늘에서 내려온 천사가 바벨론이 무너질 것을 예언했습니다.

우리는 17장과 18장에서 그 무서운 짐승을 탄 음녀가 대개 무엇을 의미하는 것인가를 생각했는데 그것은 단순히 하나의 종교 세력에만 불과한 것이 아니고 종교적인 형태를 가지고 그 안에 종교적인 이데올로기와 주장 아래에서 발전한 전 세계적인 문화의 내용을 포함하고 있고 그것 자체가 세계에 새로운 질서를 도입하기 위한 한 활동이고 적어도 그런 것을 해 보려고 하는 사실이라고 했습니다. 그런 것이 처음에는 짐승과 결탁해서 짐승을 타고 앉아 있었습니다. "여자는 붉은빛 짐승을 탔는데 짐승의 몸에 참람된 이름들이 가득하고 일곱 머리와 열 뿔이 있으며 그 여자는 자줏빛과 붉은빛 옷을 입고 금 보석 진주로 꾸미고 손에 금잔을 가졌는데 가증한 물건과 그의 음행의 더러운 것들이 가득하더라. 그 이마에 이름이 기록되었으니 비밀이라, 큰 바벨론이라, 땅의 음녀들과 가증한 것들의 어미라 하였더라"(계 17:3-5). 그 음녀가 마지막에는 자기가 타고 있던 짐승에게 멸망을 당했습니다.

음녀가 타고 있던 짐승은 "전에 있었다가 시방 없으나 장차 무저갱으로부터 올라와 멸망으로 들어갈 자니 땅에 거하는 자들로서 창세 이후로 생명책에 녹명되지 못한 자들이 이전에 있었다가 시방 없으나 장차 나올 짐승을 보고 기이히 여기리라"(계 17:8) 하였습니다. 그리고 "일곱 머리는 여자가 앉은 일곱 산이요 일곱 왕이고 다섯은 이미 없어지고 하나는 현재 있고 다른 이는 아직 이르지 아니했으나 이르면 반드시 잠깐 동안 계속한다"(계 17:9-10) 했습니다. 여기에 대해서는 이미 대체로 설명을 했습니다. 말하자면 이 짐승은 위대한 하나님의 나라에 적극적으로 대적하는 권능의 큰 힘을 발휘하는 국가의 모든 종합적인 기구와 능력의 발휘인데 그것이 적극적으로 하나님의 나라와 접촉해서 괴멸시키고자 활동을 한다는 것입니다. 그냥 위대한 제국을 건설했다는 것만 가지고 이야기하는 것이 아닙니다.

하나님의 나라와 접촉해서 공격을 하고 그것을 자기의 휘하에 집어넣으려고 활동했던 과거의 큰 세력이 역사상 위대한 자취를 남기고 갔는데 사도 요한의 시대에 이미 다섯은 지나갔고 하나는 그때 있고 또 다른 하나는 아직 이르지 아니하였으나 이르면 반드시 잠깐 동안 계속할 것이라고 했습니다. 그리고 "전에 있었다가 시방 없어진 짐승은 여덟째 왕이니 일곱 중에 속한 자라. 저가 멸망으로 들어가리라"(계 17:11) 하고 가르쳤습니다. 이 짐승이 가지고 있는 여러 가지의 성격은 뿔로, 머리로, 혹은 그 짐승 자체로 표시됩니다. 무엇보다도 "일곱 머리는 여자가 앉은 일곱 산이요"(계 17:9) 그랬는데 일곱 산이라는 것은 대개 같은 레벨(level) 혹은 적어도 같은 성격으로 역사를 계속하던 자들이라는 의미입니다.

하나님께서 하나님의 나라를 땅 위에다가 건설하시고 친히 인간 세계의 역사 위에 한 국가의 통치의 대권을 잡으시고 친히 정사를 행하신 사실이 신정 정치(神政政治)라 하는 형식으로 나타났습니다. 그 신정 정치 혹은 신권 정치를 궤멸시키고자 하는 거대한 세력들은 – 물론 그것만을 궤멸시키려는 목적이 전부가 아니지만 – 융융히 큰 세력을 얻자 자기 앞에 습복(慴伏)하지 않는 다른 어떠한 정치 형태도 그냥 두어둘 수가 없고 특별히 그것이 점령하려는 판도 아래에 전연 이질적이고 반제국적인 세력이 존재하는 것을 그대로 두어둘 수 없다는 일종의 제국주의적인 야심과 이유 아래에서 원정(遠征)을 하고 승승장구해서 현군만리(懸軍萬里)하여 신정 정치의 거룩한 제도와 문화를 파괴하려고 하였습니다. 적어도 그것이 사도 요한의 시대까지 다섯 개의 형태로 왔었다는 것을 이야기했습니다. 그리고 여섯째는 그때 있었고 일곱째는 장차 이른 후에 잠깐 있을 것이라는 이야기입니다.

이것은 하나님께서 경영하신 지상의 오이코노미아를 파괴하려고 덤비는 큰 세력입니다. 적어도 거대한 국가의 세력입니다. 과거에 어떤 세력이 신정 정치의 문화 내용과 건설과 그 정신을 파괴하려고 했습니까? 최초로 나타난 사실은 앗수르의 이스라엘 정복입니다. 다음에는 바벨론입니다. 그다음에 나타나서 정복하고 파괴하려고 한 것은 메디아와 페르시아 양 나라가 합해서 건설한 페르시아 대제국입니다. 그다음에 중요한 것은 애굽이고 마지막으로 마게도냐, 즉 그리스입니다. 이런 나라들이 다 일찍이 하나님의 거룩한 제도와 계획과 경륜의 내용으로서 세웠던 자리를 파괴해서 자기네가 보기에 이질적인 문화를 진멸(殄滅)시켜 버리려고 한 것입니다.

이스라엘이 취한 왕정의 독특성

여기서 이스라엘이라는 백성이 인류의 문화사와 특별히 정치사에서 어떠한 의미를 가지고 있으며 어떠한 특이한 성격을 가지고 있었던가를 먼저 잘 생각해 두시기 바랍니다. 두 가지 중요한 것을 생각해야 합니다. 첫째, 그 정치 형태가 사사 시대에는 일종의 소수 귀족주의 정치라고 할는지 나중에 그런 것으로 형태를 바꿨지만 처음에는 민주주의적인 형태를 취하고서 시작했던 것입니다. 오늘날 말하는 그런 민주주의라기보다 하나님의 신정을 방불케 하는 민주주의적인 형태입니다. 그 후에 왕국을 세웠는데 왕국을 세웠다고 할지라도 사사 시대의 통치자인 사사나 왕국을 세운 후의 왕은 이 세상 어떤 국가에 있는 것들, 가령 족장(sheik)이나 수장(chieftain), 전 민중의 지도지, 혹은 왕이나 국가 원수 등 어떠한 것과도 그 세노의 이념과 손재의 의의가 달랐습니다.

세계 정치사를 주의 깊게 살펴보고 거기에 대조해서 이스라엘 정치사에서 이스라엘의 국가 원수라고 할 만한 제일 근사한 인물과 제도를 놓고서 보면 그것을 세계 정치사에서 말하는 한 국가의 원수라는 말로 표현하기 어려운 점이 심히 많습니다. 이스라엘의 사사 중에 누가 국가 원수였습니까? 이스라엘 왕 중에 누가 국가 원수였습니까? 만일 오늘날 정치사에서 말하는 왕국의 개념으로 본다면 역대기에 나오는 다윗 왕조의 왕들이 다 국가 원수가 아니었느냐고 할 것입니다. 그러나 사사 시대도 그랬지만 가장 현저하게 이 이교 세계의 정치 기구나 형태에 가장 가까웠던 왕국을 볼지라도 이스라엘의 왕들은 세계 여타의 다른 왕국의 왕과는 이데올로기나 원칙에서 왕이라는 개념 자체가 달랐다는 것을 분명히 알고 나가야 합니다. 왜 이런 것을 중요히 생각해야 하느냐 하면 지난번에 '다섯은 지나갔고 하나는 지금 있고 또 하나는 장차 온다' 하는 것에 관해서 간단히 이야기하고 넘어갔는데 그런 것을 해석하려면 대체 무엇을 크라이테리아(criteria)로 해서 그것을 그렇다고 봐야 하겠는가를 주의해야 하기 때문입니다.

전에도 한번 말씀드렸지만 이스라엘의 왕은 이름을 왕이라고 부르니까 왕일 뿐이지 오늘날 우리가 생각하는 왕국의 개념에서의 왕이라고 부르기가 어렵습니다. 이스라엘의 왕은 자기가 하늘을 대신해서 통치 대권을 쥐고 행사하는 사람이 아닙니다. 그것은 동양의 왕도 정치의 사상과도 대단히 다릅니다. 동양에서는 그래도 하늘이라는 것을 중심해서 이야기할 때 체천행도(替天行道)라는 말을 합니다. 하늘이 나에게 그것을 주므로 하늘을 대신해서 도를 행한다는 것입니다. 더군다나 절대주의 왕정 체제와는 어림도 없이 다른 것입니다. 왕권은 신에게 받은 것이므로 신성불가침이라는 것은 절대주의적 체제를 건설하려는 엉뚱한 생각입니다. 차라리 그것과 교황 제도는 좀 유사한 데가 있습니다. 다 같이 절대주의 체제를 건설하는 것입니다. 신을 빙자하지만 사실상 신의 이름으로 신이 나에게 절대의 대권을 주었다는 것을 선언하는 태도입니다.

루이 14세의 절대주의 왕정은 독창적인 것은 아닙니다. 이미 교황 정치에서 그것을 볼 수 있는 것입니다. 일찍이 로마 제국이 가지지 못했던, 전 세계를 일환으로 한 로마의 세계 통일이라는 거대한 이상을 종교적인 형태를 취해서 상당한 정도로 증진시키고 발전시켰을 때 로마 교황은 전에 로마의 어떤 황제도 함부로 생각지 아니했던 것을 생각한 것입니다. 로마의 황제들은 이교 시대에는 자기를 신이라고 했을지언정 전 세계 위에 군림하고 있는 신이라고는 생각하지 않았습니다. 무력을 가지고 힘으로 굴복시켰습니다. 그러나 일단 로마가 기독교국이라는 명색을 띠고 들어온 이래로 로마의 황제들도 항상 한 세계의 정치 기관, 통치 대권이 작용하는 기관으로 존재한 것입니다. 기관이라는 말은 대리(agency)로서 하나의 기능(function)을 한다는 것입니다. 가령 일본이 전쟁 시대에 지금 동경도(東京都) 지사(知事)로 있는 사람의 아버지인 미노베(美濃部達吉, 1873-1948)라는 학자가 천황기관설(天皇機關說)을 주장을 했다가 군부한테 호되게 혼나고 죽을 뻔하지 아니했습니까? 그러나 오늘날 보면 천황이 기관이라는 것은 너무나도 명백한 이야기입니다. 오히려 역대를 통해서 기관 노릇도 못한 것이 사실이고 막부(幕府)가 일본을 다스렸던 것입니다. 오늘날 일본의 역사가들이 아무리 눈 가리고 아웅 하는 소리를 해 보아야 소용이 없습니다. 그런 유명론(唯名論)이나 명분주의라는 것은 소용이 없는 것입니다.

어쨌든지 정치사적인 관점에서 이스라엘 왕정의 개념을 바르게 이해하고 보면 세계에 있는 다른 어떠한 나라의 생각과도 같지 않습니다. 사람이 하늘을 대신하거나 하늘의 뜻을 받아서, 하늘의 위임을 맡아 가지고 다스리는 것이 아닙니다. 하나님께서 친히 왕이 되신다는 것입니다. 그리고 왕도 다른 모든 관료와 같이 하나의 관료로서 맡은 부분을 하는 것뿐입니다. 그런데 그것을 그렇게 생각하지 않고 스스로 자존망대(自尊妄大)해서 교만을 떨 때에는 하나님께서 치신 것입니다. 아무리 패역하고 도덕적으로 타락한 놈들이라도 적어도 자기의 위치를 분별하고 있을 동안에는 그냥 놓아두셨습니다. 그러나 자존망대할 때 치신 것입니다. 훌륭한 왕이었지만 자존망대해서 거룩히 구별한 사실을 속되게(profane) 하려고 할 때에는 당장에 쳐서 문둥이가 되게 했습니다(참조. 대하 26:16-21). 이렇게 무서운 사실이 발생하는 것입니다. 웃사 같은 사람이 아주 참 진실한 뜻을 가지고, 소들이 음악 소리에 뛰어서 그 등에 메었던 법궤가 자꾸 쓰러지려고 하자 '이래서는 안 되겠다' 하고 법궤에 손을 댔을 때에 웃사를 치신 것입니다(참조. 삼하 6:1-7).

그것을 어떻게 보면 '참 이상한 일이다' 하겠지만 그것이 하나님께서 사람에게 요구하시는 것입니다. 사람은 각각 자기의 분수를 알고 자기의 카테고리(category)를 잘 알고 있으라는 것입니다. 거기를 못 넘어가는 것입니다. 그러니까 사람이 자기의 범주 안에서 여러 가지로 타락할 수 있고 불의를 행할 수 있는데 그런 때에는 그에게 회개의 길을 주시고 일으키시지만 그것을 넘어서 하나님의 신성한 대권의 경계에 침입할 때에는 치시는 것입니다. 사람이 신에 접하든지 해서 나중에는 심지어 하나님의 대권에 속하는 일에 뛰어듭니다. 가령 장래를 자기가 하나님을 대신해서 결정할 수 있다든지 알 수 있다든지 그렇게 생각을 하는 것은 하나님이 가장 미워하시고 무섭게 징계하시는 일입니다. 점치는 것과 장래를 알려고 한다는 것이 무서운 사실이라는 것을 알아야 합니다.

이스라엘의 왕은, 자기도 자기 아래 있는 여러 부하들과 함께 자기 주인 앞에서 부하된 자라는 확실한 생각 가운데 있어야 하는 것입니다. 동양에서 어떤 왕이 급한 일이 있으면 하늘을 섬기고 천제(天祭)를 지내지만 그것은 자기가 그의 부하로서 그의 통치 대권에 적극적이고 직접적이고 그리고 독단적인 행사에 대해서 보조 기관으로 존재한다고 생각해서 하는 일은 아닙니다. 자기가 체천행도를 하는 것입니다. 맡은 것입니다. 그러나 이스라엘은 그렇지 않습니다. 자기가 다스리는 것보다도 더 구체적이고 소상하게 결재하고 명령하고 집행하고 그 결과를 거두어들이시는 분은 하나님이십니다. 그런데 하나님은 어디에 계시느냐 하면 그 사람들은 하나님이 계신 곳을 막연히 추상적으로 생각지 않았습니다. 첫째, 하나님은 쉐키나 구름이 있는 성전의 지성소에 영광으로서 존재하시며 둘째, 그 거룩한 명령은 그의 부르신 종에 의해서, 하나님의 시종(侍從)에 의해서 전달하십니다. 그 시종이 누구냐 하면 선지자입니다. 그러니까 선지자가 '너희는 가서 너희 왕께 고해라' 하고서 마치 딴 나라 사람같이 때때로 이야기하는 것입니다. 선지자의 말하는 투가 그렇습니다. '우리의 임금님한테 가서 그렇게 고하시오' 하지 않고 '너를 보낸 네 왕께 가서 이야기해라. 여호와 하나님이 이렇게 말씀하셨다' 하고 이야기를 했습니다. 왜냐하면 하나님은 통치자시고 신권 정치의 집권자시고 그 집권하에서 그의 승지(承旨) 노릇을 하는, 오늘날 말하면 비서관 노릇을 하는 자가 선지자입니다. 승지는 조선 시대에 쓰던 말인데 왕의 명령을 받아서 전달하고 집행하도록 하는 관리입니다. 그러니까 선지자는 누구에게 속했느냐 하면 왕에게 속하시 않고 직접 하나님께 속했습니다. 왕이 잘못할 때는 맹렬하게 타매(唾罵)를 합니다. 오늘날 말하는 치외법권적인 존재라는 의미는 아닙니다. 그러나 적어도 왕이 하나님의 거룩한 공도에서 벗어나는 날에는 선지자는 왕을 저주하고 논죄하고 심판을 하지 자기가 왕한테 심판을 받지 않습니다. 이런 것이 이스라엘의 왕권입니다.

이스라엘의 사사 제도와 선지자 제도의 독특성

그 이전 사사 시대로 올라가서 보자면 사사 제도는 그보다 더 명료하게 하나님의 통치 대권의 작용을 가르쳐 줍니다. 사사는 평상시에 한 사람의 시민에 불과합니다. 아무런 특권도 없고 주장을 할 수 있는 무슨 권세나 구실을 가질 이유가 없습니다. 농부도 되고 또 어느 때는 제사장 노릇을 하는 사람도 될 수 있는 것이고 또 어느 때는 그 여타 다른 데서 무엇을 하는지 전혀 모르는 사람도 될 수 있는 것이고 어느 때는 가정부인도 될 수 있는 것입니다. 이스라엘 백성이 하나님 앞에 부르짖으면 하나님께서 사사를 불러내셨습니다. 부르짖을 때에는 개인이 하나님을 불러서 '하나님이여, 하나님이여' 이렇게 부르짖는 것도 부르짖는 것이겠지만, 명료하게 존재하던 제도는 제사장 제도입니다. 제사장 제도가 있어서 하나님과 접촉하려면 제사를 드려서 하나님의 뜻을 알고 하나님께 자기네의 뜻을 품고(稟告)한 것입니다. 또한 명료하게 언제든지 존재하는 사실은 성막(聖幕)입니다. 그것은 광야에서부터 있었던 것입니다. 성막을 향해서 간곡하게 부르짖고 하나님 앞에 '살려 주십시오' 할 때 하나님께서는 갑자기 누가 됐든지 하나님께서 불러내신 것입니다.

그 사람이 평소에 장차 그것을 한번 해 보겠다고 출세를 한번 해 보겠다고 준비한 사람이 아닙니다. 그런 의식을 가진 사람이 아닙니다. 그러나 주의할 것은 항상 준비되어 있는 사람입니다. 어떤 식으로든 하나님께서 그런 의식이 없는 상태로 준비를 시키신 것입니다. 일조일석(一朝一夕)에 담대한 신앙이 생기는 것도 아니고 위대한 용사가 되는 것이 아닙니다. 평소에 준비가 있던 사람들입니다. 가령 그 사람이 미천하고 한미(寒微)한 집안 소생이고 서족(庶族)의 집안, 첩의 자식이라고 할지라도 하나님이 불러내면 떡 일어나서 서는 것입니다. 소를 몰고 돌아다니는 목동에 불과할지라도 하나님이 불러내시면 섭니다. 그런데 각각 그 사람들이 준비한 그 방면에서 사용하시는 것입니다.

그것을 쓰셔서 백성이 하나님 앞에 구원을 청할 때 백성이 부르짖은 그 부르짖음에 하나님께서 응락하시는 형식으로 그 사람을 주시는 것입니다. 그러면 그 사람 위에 갑자기 큰 힘을 내려 가지고 혹은 물리력도 내리기도 하고, 삼손 같은 사람은 물리력을 받아서 개개인이 아니고 개인이 군대가 되었습니다. 삼손 혼자서 이스라엘의 군대 노릇을 하였습니다. 이렇게 해서 서면 그다음에는 인도하시는 대로 나가는 것이고 모든 백성의 마음 가운데 하나님의 성신께서 역사하셔서 한마음으로 그를 좇을 힘을 주시고 어리석은 전략을 베풀어도 그대로 순종할 마음을 주시는 것입니다.

기드온이 삼만 명이나 되는 훌륭한 군대를 다 해산해 버리고 불과 삼백 명을 선택한 이유가 물을 이렇게 쥐어서 먹었으니까 선택한 것은 아닙니다. 그것은 이유가 아니라 징표일 뿐입니다. '물을 쥐어서 먹는 사람들을 선택해라' 그것뿐이지 '물을 쥐어서 먹으니까 훌륭하다' 하고 그것에서 이유를 찾으려고 해서는 안 됩니다. 하나님께서 '그런 사람을 선택해라. 대저 저는 항상 주의 깊은 자니라' 하신 것이라고요? 어림없는 이야기입니다. 그런 사람이 특별히 무슨 주의 깊은 자입니까? 물을 먹고서 이렇게 돌아본다고요? 그저 쥐어 먹는다는 것뿐입니다. 그때 하나님께서 그렇게 성신님으로 역사해서 어떤 사람은 물을 이렇게 쥐어서 먹고 다수는 그냥 입을 대고 벌컥벌컥 먹은 것뿐입니다. 물에다가 입을 대고 먹었으니까 싸움을 잘못하리라고 한다면 그것은 말이 안 됩니다. 그것은 그 사람의 전투력이나 용기나 전략과는 아무 상관없는 이야기입니다. 그들은 평소에 언제 적이 내 등을 치는가 하고 항상 거기까지 신경이 발달해 가지고 있는 그런 검객이 아닙니다. 농부이고 목자이고 평민들입니다.

그러면 그렇게 해서 하나님께서 사람을 선택해서 주시면 선택해 주신 사람을 데리고 무기도 별로 안 가지고 항아리에다가 등을 만들어서 담아 가지고 가만가만 내려가서 항아리를 깨어 횃불을 꺼내어 들고 나팔을 불고 소리를 치라고 했습니다. 아무리 그렇게 옛날 오래된 세상이라도 그것이 우스운 전략입니다. 그러나 신기한 것은 그것을 따라서 한다는 것입니다. 이것이 뭐냐 하면 전쟁은 여호와께서 하신다는 말입니다. 하나님께서는 자기 백성을 위해서 전쟁을 하시는 하나님이라는 특수한 사실을 보여 주는 것입니다. 그리고 기드온은 자기가 대장이 아니라 하나님의 명령을 준행하는 전쟁 지휘관 중 하나입니다.

이런 사람은 전쟁이 끝나고 돌아가면 무엇을 하느냐 하면 '다스리니라' 혹은 '재판하니라' 하는 말로 표현했습니다. 그런 히브리 말의 뜻은 전체 구약에서 흐르고 있는 그때 시대의 제도하에서 그가 어떠한 임무를 하고 있는가를 보여 줍니다. 이 말을 오늘날의 관념으로 생각하면 안 된다는 말입니다. 사사(judge)라는 말은 심판자라는 말도 아니고 다스린다든지 이스라엘 백성을 재판한다든지 하는 말도 아닙니다. 소위 말하는 유덱스(judex)의 일을 한다는 말이 아닙니다. 법률을 해석해서 어떤 조항에 의지해서 옳고 그른 것을 분간해 주는 사람이 아니라는 것입니다. 다만 하나님께서 거기에 좌우간 어떤 결핍이 있다는 것을 인정하시면, 즉 사람들이 와서 송사를 하면 결핍이 있다는 것이 드러나는데 그 결핍을 채우는 일에 나서라는 것입니다. 그것이 그의 중요한 임무입니다. 그런 의미에서 중재자(abiter)이고 동시에 보충하기 위한 보충자입니다. 오늘날의 재판관하고는 전혀 다릅니다. 이런 것이 사사의 개념입니다. 이런 것으로 보더라도 세상에 그러한 통치자, 그러한 국가 원수는 없고 아까 말한 것과 같은 그런 왕도 없습니다. 이러한 것이 근본적으로 다르다는 것입니다. 정치사의 관점에서 보더라도 아주 헌저히 다릅니다.

그리고 문화사에 있어서 이스라엘의 문화는 성막, 즉 성전과 성전에 부대(附帶)되어 있는 여러 가지의 행사가 민족 생활의 성격을 구성하는 중심이 되었다는 것이 특이한 점입니다. 무엇보다도 위대한 것은 선지자 제도입니다. 그것은 한 개의 운동이라고 볼 수 있습니다. 역사 위에 흐르고 있는 예언 운동(prophetic movement)입니다. 그것은 하나의 제도로 되어 있습니다. 사무엘 시대는 왕권이 서던 시대이면서 동시에 선지자의 제도가 서던 시대입니다. 사무엘이 선지자 학교를 열었고 그가 거기 교장으로서 선지자를 훈련해서 자꾸 만들어 놓았습니다. 하나님의 승지 노릇을 할 사람이 결핍되지 않도록 한 것입니다. 이렇게 해서 이제 연면히 그 국가를 운영하는데, 선지자를 통해서 하나님의 말씀 계시와 하나님의 가르치심과 지시가 그들에게 끊임없이 내렸습니다. 이렇게 하나님께서는 왕이나 선지자나 제사장을 쓰셔서 그 나라를 통치하신 것입니다.

이스라엘에 도전한 다섯 세력의 성격

이스라엘의 이러한 특이한 정치적, 문화적 제도와 그런 전체 제도의 운행을 파괴해서 인간적인 혹은 이교적인 정치 제도와 문화 형태로 대신하려고 강력하게 움직였던 세력으로 로마 제국까지 다섯 개가 있었다는 것은 역사상 분명한 사실입니다. 이런 제도에 대해서 맨 처음에 맹렬한 도전을 한 것은 앗수르입니다. 앗수르는 강한 정복력을 가지고 정복을 시작해서 그 나라의 절반을 뚜드려 부숴 버렸습니다. 북 이스라엘을 완전히 괴멸시켜 버린 것입니다. 다음에는 바벨론입니다. 그다음에는 메대-바사, 그다음에는 헬라, 애굽, 로마입니다.

여기서 우리가 봐야 할 중요한 것은 역사 시기의 발전에 따라서 그들이 가지고 있는 이데올로기적 요소가 더욱 강렬해져 간다는 사실입니다. 비록 우리가 오늘날 앗수르 시대의 것보다는 바벨론 시대의 것을 더 많이 알 수 있다고 가정한다 하더라도, 과거는 역사가 희미해서 이데올로기적 성격이 어떤지 모르니까 우리가 희미하다고 치느냐 하면 반드시 그런 것은 아닙니다. 앗수르의 역사를 놓고 보더라도, 알 수 있는 한도에서 앗수르의 역사라는 것은 이데올로기적인 것보다도 훨씬 포악하고 잔인하고 맹렬한 물리 세력을 가지고서 공격했던 나라입니다. 거기에 비하면 바벨론의 느부갓네살은 굉장한 영걸(英傑)이어서 위대한 사상적인 움직임을 가지고 나간 것입니다. 그가 그렇게 꿈을 꾸어 가지고 다니엘에게 그만큼 충고를 받고 또 다니엘에게 대해서 한때는 아주 숭엄한 사실 앞에 엎드려 절하는 일까지 발생했지만 그러나 그는 자기 꿈에 본 자기를 대표했다는 금의 머리, 그다음에는 은이라든지 놋이라든지 철이라든지 진흙이라든지, 즉 그 다음에 오는 역사라는 것을 될 수 있는 대로 자기로서 끝내고자 하는 욕망을 두라 평원에 금으로 거대한 신상을 만들어서 표현했습니다. 가슴이 은이 아니라 금이어야겠고 배와 넓적다리도 놋이 아니라 금이어야겠다. 그다음에는 두 다리도 철이 아니라 금이어야겠고 발도 철과 진흙이 섞일 것이 아니라 금이어야겠다고 해서 거대한 신상을 만들어 두라 평원에 세워 놓고 그다음에는 제국의 판도 안에 있는 대소 관원을 전부 동원해서 큰 제전과 성대한 축전을 열어 놓고 그 앞에 와서 절하라고 한 것입니다. 하나님께서 정하신 큰 경륜과 이코노미(economy)의 진행에 대해서 감연히 반대해 보자는 것입니다. '내가 가지고 있는 능력을 다 모아서 반대하겠다' 하는 생각입니다. 앗수르보다 굉장히 이데올로기적입니다.

 그다음에 메디아 페르시아는 어땠느냐 하면, 이스라엘 백성에게 관용을 베풀어서 본국으로 돌아가게 했으니까 위에서 강철 같은 힘으로 누르던 바벨론과는 다르지만 그만큼 여러 방백들 혹은 귀족들이 연합해서 바벨론보다 훨씬 넓은 판도를 가진 제국을 건설하고 움직였습니다. 물론 페르시아의 제왕이 제왕이 아닌 것은 아니지만 바벨론의 제왕과 같은 가장 제국주의적인 제왕은 아닙니다. 훨씬 힘이 분산되었습니다. 그래서 바벨론과 같이 아주 강력하게 철권으로 누를 수가 없고 단일한 종교로 움직일 수가 없었습니다. 그러므로 각 민족과 각 종족에게 자기 고유의 문화와 종교를 유지하도록 해 준 것입니다. 어떻게 보면 민주주의적입니다. 그렇다면 민주주의에서 발생하는 부패를 일으키게 한 장본이 됩니다. 어떤 종교든지 동일한 관점에서 어디에 특혜를 주지 않는다는 것입니다. 동일한 자유를 주고 동일한 제한을 가했습니다. 훨씬 정치적으로 교묘하게 발전한 것입니다.

다음에 그리스는 어떻습니까? 그리스는 위대한 헬레니즘을 가지고 밀고 들어간 나라입니다. 그 챔피언이 누구냐 하면 알렉산더 대왕입니다. 알렉산더 대왕은 땅을 점령하려는 것이 목적이 아니라 헬레니즘을 전파하려는 것이 목적이었습니다. 그는 헬레니즘의 대사도(大使徒)입니다. 팔레스타인을 헬라화(Hellenize)하려는 무서운 사상적인 움직임인 것입니다. 알렉산더는 좋은 의도를 가지고 했다고 하더라도 하나님의 나라 관점에서 볼 때는 무서운 사상적인 침해입니다. 그다음에 애굽은 맹렬한 이교주의를 가지고 밀고 들어왔습니다. 그리고 로마 역시 마찬가지입니다.

여덟째 임금의 적그리스도적 성격

그런데 이러한 것들이 다섯과 하나, 그 후에 또 하나가 와서 잠깐 있을 것이라고 했습니다. 일곱째도 이것들과 같은 레벨에서 일을 한다는 이야기입니다. 이스라엘 위에서 이루어지던 신정 정치의 형태는 로마 시대에 없어졌습니다. 예수 그리스도께서 오셔서 끝났습니다. 그러면 또 하나 올 것이 무엇을 하느냐 하면 지상에 있어서의 하나님의 거룩한 통치의 형태와 대권의 작용에 대해서 도전하고 감연히 항거를 하는 세력입니다. 그러니까 그것은 세계적인 대기구의 세력을 의미합니다. 그러니까 군사력을 지닌 대제국이라야 합니다. 그냥 보통 제국이 아니고 가령 오늘날과 같은 형태의 또 하나의 제국을 형성하더라도, 나치스와 같은 제3제국을 형성하더라도 마찬가지입니다. 무서운 제국을 형성하는 것입니다. 그래서 발전해 나가면서 긴 기간은 아니지만 잠깐이라도 좌우간 그런 공격을 할 것이라는 것입니다(참조. 계 17:10).

이런 역사적인 단계가 지난 다음에 여덟째 임금이 나온다고 했습니다. 그것이 적그리스도적일 것이라고 생각하는 것입니다. 적그리스도적인 것일 때에 비로소 세계가 통합되어서 강력하게 움직인다는 이야기입니다. 그것이 통합되어 가지고 강렬히 움직일 때에 그가 쓰는 위대한 정치적 수법의 하나는 자기의 등 위에 음녀를 올려 앉히는 일입니다. 그러나 일정한 기간이 지나면 그놈을 미워해 가지고 떠엎어 버린다는 것입니다. 종교는 이용당하고 그것이 나중에 완전히 부패한 세계 종교가 된 다음에는 그 위에 군림하고 앉아서 정치 세력으로 그것을 지배할 것이라는 이야기입니다. 정치 세력으로 지배할 때는 강제적인 형태를 띨 것입니다. 이것은 13장에서도 했던 이야기입니다. 짐승의 표를 받지 아니하면 몇이든지 죽인다는 것입니다. 처음에는 강제가 아닙니다. 그렇지만 나중에는 부패한 종교적인 바벨론적 혼돈이라는 것을 뒤집어엎고 어떤 종교 일색으로 통제해 나갈 것입니다.

우리는 과거에 일본의 군국주의나 제국주의의 변모와 그 단말마적(斷末魔的) 발악을 체험한 사실에서 이런 것을 경험하였습니다. 일본 제국뿐만 아닙니다. 제3제국을 자칭한 나치즘 국가의 변모가 그러한 것입니다. 그리고 오늘날 우리에게 큰 샘플로 있는 것은 적색 공산주의, 적색 세계제패주의라는 것입니다. 이것도 하나의 주의이고 어떠한 제국보다도 강렬한 제국적인 요소를 가지고 움직입니다. 그런 것을 해석할 때에 이 모든 것들이 우리에게 분명히 중요한 교훈을 줍니다. 이 적색의 제국주의라는 것이 현재 아주 생생히 살아서 움직이고 있지 않습니까! 그러한 것이 마지막 시대에 큰 세력으로 움직인다는 것입니다.

역사의 종국에 일어날 대환난

오늘 우리가 본 19장은 최후에는 이러한 큰 세력이 넘어진다는 것을 가르쳐 줍니다. 누가 이것을 넘어뜨리느냐 하면 예수님께서 오셔서 친히 넘어뜨리십니다. 다른 말로 하면 예수님께서 친히 강림하사 심판하셔서 넘어뜨리시는 사실이 있을 때까지 이것들은 형태를 바꾸고 교묘한 정책을 가지고 처음에는 종교를 업고 하다가 나중에는 그것을 뒤엎어 버리고 독재적인 가장 악랄한 세력을 신장(伸張)하고 나아가다가 마침내 예수 그리스도의 심판으로 무너질 것이니, 그러기까지 발전한다는 말입니다. 이 세계의 종말이라는 것은 살 만하고 좋게 되어 가지고 끝나는 것이 아니라 발악을 하다가 예수님의 심판으로, 예수님의 무서운 간섭과 무서운 치심으로 끝나고 말 것입니다. 절대로 좋게 끝나지 않는다는 이야기입니다. 절대로 이상 국가가 되어서 평안히 살다가 예수님이 천천히 나들이 오셔 가지고 데려가지 않는다는 이야기입니다. 무서운 사실이 일어날 것입니다. 이런 것을 성경 또 다른 데서는 '큰 환난'이라는 말로 표시했습니다(참조. 마 24:21). 대환난이라는 것이 역사의 종국의 성격입니다.

그러한 것들을 우리가 여기서 볼 수 있습니다. '대단원의 큰 심판의 사실이라는 것은 아마겟돈 전쟁이다. 에스드라엘론 골짜기에서 그런 전쟁이 날 것이다' 하는 이야기가 아닙니다. 항상 그렇게 지역적으로, 어떤 묘한 영화와 같이 벅적벅적하는 일이 일어나는 것을 생각하는데 그렇게 되는 것이 아닙니다. 전 세계적으로 전 지구의 동란이 일어나는 것입니다. 지구는 이러한 동란이 일어날 만한 요소를 가지고 있습니다. 전 지구의 사람들이 공통으로 받는 곤란이 차츰차츰 더 많아지면 그것을 전체적으로 해결할 수 있는 위대한 인물과 위대한 사실을 요구하게 되는 것입니다. 글로벌 트러블(global trouble)이라는 것, 예를 들면 오늘날 인구의 팽창도 그중 하나이고 식량에 대한 우려도 그중 하나입니다. 그뿐 아니라 새로운 과학적인 발명, 즉 아주 완전히 괴멸해 버릴 만한 그런 무서운 것들을 자꾸 만들어 낸다는 것도 또 하나의 중요한 문제입니다. 거기에 따라서 모든 윤리적인 기저(基底)가 흔들리고 사람들은 절망적일 뿐 아니라 나중에는 이상하게 변질되어 가지고 마음이 뒤집혀서 사람인지 사람이 아닌 별것인지 알 수 없는 정신적인 괴이한 현상으로 자꾸 발전하게 됩니다. 그것이 사귀가 무저갱에서 나와서 사람들에게 다니면서 사방에 작희(作戱)하는 사실들입니다.

이것은 우리가 계시록에서 이미 본 큰 사실들입니다. 지금까지 우리가 죽 읽어 온 데서 느끼고 본 여러 가지가 있지 않습니까? 땅이라는 것을 하나의 무대로 보았고 하늘이라는 것을 하나의 무대로 보았고 그 하늘과 땅이 이제 접촉하면서 어느 때는 심판으로, 어느 때는 재앙으로 내리는 것을 보지 않았습니까? 거기에 현저한 것은 땅은 땅 자체로서 인간의 성격과 인간이 가고 있는 방향이 필연적으로 초래하고 말 인과적인 무서운 현실입니다. 더불어 그들의 죄악과 또 그들의 그러한 관영(貫盈)한 반신적인 생활과 행진 때문에 하나님께서 때를 따라서 내리시는 무서운 형벌로 말미암은 고통이 거기에 있습니다. 계시록에는 이 두 가지 사실이 늘 뒤섞여 있습니다. 그것과 더불어 하나님의 크신 경륜의 발전으로 칠 인 봉서가 있고, 그다음에는 일곱 대접이 있고, 일곱 나팔이 있습니다. 그 대단원으로 들어가는 데가 지금 19장, 20장의 이야기입니다. 거기에 뚜렷이 나타나는 것은 심판입니다. 거기서 하나씩 심판을 이야기해 갑니다. 어떤 형태의 심판인가를 하나씩 그려 내는 것입니다. 마귀는 어떻게 되고, 가장 무서웠던 짐승들은 어떻게 되고, 용은 어떻게 되고, 짐승은 어떻게 되는가를 이야기하는 것입니다. 누가 이 심판에서 주동이 되느냐 하면 '충신과 진실'이라고 하는 예수 그리스도, 즉 하나님의 말씀, 그분이 주동이 되어서 심판을 하게 됩니다.

계시록은 우리에게 정치사와 문화사의 대계(大系)와 그 성격의 결과를 생각하지 않을 수 없게 가르치고 있습니다. 그런 거시적인 관점에서 종합해서 생각을 해 보시기 바랍니다. 계시록의 내용을 '이것은 무엇이다, 이것은 무엇이다' 하고 얼른 어떤 사실과 부합시키려고 하지 말고 이렇게 그 안에 흐르는 것을 보시기 바랍니다. 계시록을 억지로 가져다 붙이려고 하지 말고 있는 그대로를 잘 보아 나가야 합니다. 먼저는 과거 역사 위에서 흘러왔던 것을 잘 분석해서 알고 있어야 합니다. 그것을 볼 때에 계시록에서 말한 내용들이 과연 그렇게 되겠다 하는 것을 얼마나 크게 느끼게 되는지 모릅니다.

기도

거룩하신 아버지시여, 위대한 사실 앞에서 저희들이 마땅히 어떻게 해야 할 것인지를 생각하도록 이런 거룩한 계시를 저희들에게 내리신 것을 감사하옵나이다. 주님, 저희들의 매일 생활에서 항상 나른하고 막연하고 무관심하고 자극이 없이 그저 이만한 종교 생활을 계속적으로 하는 것이 예수 믿고 사는 생활이라는 식으로 투안(偷安) 가운데 그냥 주저앉아 있는 것이 얼마나 두려운 일인가를 다시 한번 느끼게 되옵나이다. 이 세계와 역사의 전체의 조류가 우리에게 요구하며 도전해 오고 감연히 외치는 것이 무엇인가를 볼 수 있고 들을 수 있는 귀를 저희에게 허락하시며 볼 수 있는 눈을 허락하셔서 항상 이 저회적이고 동굴 속에 갇혀서 모든 것을 동굴의 구멍으로만 내다보고, 보이는 그것만을 전부로 아는 이 향촌풍의 생각에서 저희를 벗겨 주시옵소서. 그리하여 광활하고 큰 세계에 높이 올라가서 주께서 천계와 지상에 있는 모든 사실들을 환연히 파노라마같이 펼쳐 주셔서 사도 요한에게 보여 주시고 거룩한 말씀으로 남겨서 오늘날 저희에게도 알게 하신 것을 잘 받아서 그러한 사실을 거룩한 말씀에 의하여 바르게 바라볼 수 있게 은혜를 베풀어 주옵소서.

 우리 주 예수 이름으로 기도하옵나이다. 아멘.

1972년 4월 5일 수요 기도회

제20강
새 하늘과 새 땅

요한계시록 21:1-23

Expositions on Revelation

요한계시록 21:1-23

¹또 내가 새 하늘과 새 땅을 보니 처음 하늘과 처음 땅이 없어졌고 바다도 다시 있지 않더라 ²또 내가 보매 거룩한 성 새 예루살렘이 하나님께로부터 하늘에서 내려오니 그 예비한 것이 신부가 남편을 위하여 단장한 것 같더라 ³내가 들으니 보좌에서 큰 음성이 나서 가로되 보라 하나님의 장막이 사람들과 함께 있으매 하나님이 저희와 함께 거하시리니 저희는 하나님의 백성이 되고 하나님은 친히 저희와 함께 계셔서 ⁴모든 눈물을 그 눈에서 씻기시매 다시 사망이 없고 애통하는 것이나 곡하는 것이나 아픈 것이 다시 있지 아니하리니 처음 것들이 다 지나갔음이러라 ⁵보좌에 앉으신 이가 가라사대 보라 내가 만물을 새롭게 하노라 하시고 또 가라사대 이 말은 신실하고 참되니 기록하라 하시고 ⁶또 내게 말씀하시되 이루었도다 나는 알파와 오메가요 처음과 나중이라 내가 생명수 샘물로 목마른 자에게 값없이 주리니 ⁷이기는 자는 이것들을 유업으로 얻으리라 나는 저의 하나님이 되고 그는 내 아들이 되리라 ⁸그러나 두려워하는 자들과 믿지 아니하는 자들과 흉악한 자들과 살인자들과 행음자들과 술객들과 우상 숭배자들과 모든 거짓말하는 자들은 불과 유황으로 타는 못에 참여하리니 이것이 둘째 사망이라 ⁹일곱 대접을 가지고 마지막 일곱 재앙을 담은 일곱 천사 중 하나가 나아와서 내게 말하여 가로되 이리 오라 내가 신부 곧 어린양의 아내를 네게 보이리라 하고 ¹⁰성신으로 나를 데리고 크고 높은 산으로 올라가 하나님께로부터 하늘에서 내려오는 거룩한 성 예루살렘을 보이니 ¹¹하나님의 영광이 있으매 그 성의 빛이 지극히 귀한 보석 같고 벽옥과 수정같이 맑더라 ¹²크고 높은 성곽이 있고 열두 문이 있는데 문에 열두 천사가 있고 그 문들 위에 이름을 썼으니 이스라엘 자손 열두 지파의 이름들이라 ¹³동편에 세 문, 북편에 세 문, 남편에 세 문, 서편에 세 문이니 ¹⁴그 성에 성곽은 열두 기초석이 있고 그 위에 어린양의 십이 사도의 열두 이름이 있더라 ¹⁵내게 말하는 자가 그 성과 그 문들과 성곽을 척량하려고 금 갈대를 가졌더라 ¹⁶그 성은 네모가 반듯하여 장광이 같은지라 그 갈대로 그 성을 척량하니 일만 이천 스다디온이요 장과 광과 고가 같더라 ¹⁷그 성곽을 척량하매 일백사십사 규빗이니 사람의 척량 곧 천사의 척량이라 ¹⁸그 성곽은 벽옥으로 쌓였고 그 성은 정금인데 맑은 유리 같더라 ¹⁹그 성의 성곽의 기초석은 각색 보석으로 꾸몄는데 첫째 기초석은 벽옥이요 둘째는 남보석이요 셋째는 옥수요 넷째는 녹보석이요 ²⁰다섯째는 홍마노요 여섯째는 홍보석이요 일곱째는 황옥이요 여덟째는 녹옥이요 아홉째는 담황옥이요 열째는 비취옥이요 열한째는 청옥이요 열두째는 자정이라 ²¹그 열두 문은 열두 진주니 문마다 한 진주요 성의 길은 맑은 유리 같은 정금이더라 ²²성안에 성전을 내가 보지 못하였으니 이는 주 하나님 곧 전능하신 이와 및 어린양이 그 성전이심이라 ²³그 성은 해나 달의 비침이 쓸데없으니 이는 하나님의 영광이 비치고 어린양이 그 등이 되심이라

제20강
새 하늘과 새 땅

성경이 묘사한 이상 세계

오늘 읽은 요한계시록 21장을 보면 한 도성이 나옵니다. 거룩한 도성, 하늘의 예루살렘입니다. 장광고(長廣高)가 똑같다고 했으니까 성 방형입니다. 그것으로 어린양의 신부라고 하는 거룩한 교회가 가지고 있는 여러 가지 의롭고 아름답고 고귀한 것을 표상해서 나타낸 것입니다. 만물을 새롭게 하신 후에 이와 같은 일이 일어날 것입니다. 여기에 보면 "내가 만물을 새롭게 하노라" 이렇게 말씀하시고 "이 말은 신실하고 참되니 기록하라 하시고 또 내게 말씀하시되 이루었도다. 나는 알파와 오메가요 처음과 나중이라. 내가 생명수 샘물로 목마른 자에게 값 없이 주리니 이기는 자는 이것들을 유업으로 얻으리라"(계 21:5-7). 그러고서 거룩한 성 예루살렘을 보여 주십니다. "하나님의 영광이 있으매 그 성의 빛이 지극히 귀한 보석 같고 벽옥과 수정같이 맑더라"(11절). 여기서 우리가 주의할 것은 교회를 가리키는 한 표상이 예루살렘이라는 것입니다. 교회의 속성을 표상적으로 잘 나타내기 위해서 성경에서 몇 가지 말을 썼는데 그중의 하나가 '새 예루살렘' 혹은 '위에 있는 예루살렘'이라는 말입니다.

'물질적이고 현존적인 국가가 지상에 건설되어서 사람들이 어떤 통치 세력의 지배를 받아 안거낙업(安居樂業)하고 복락을 누리고 살아간다' 하는 생각은 궁극적으로 말하면 퍽 정치적인 이론입니다. 그러한 정치 이론으로 사람들이 이상(理想)으로 생각하고 있는 유토피아적인 국가론을 이야기하고 있는 것입니다. 사람이 살기가 어렵고 괴롬이 많으면 될 수 있는 대로 어렵고 괴로운 이 세상에서 그것을 다 설욕하고 좀 즐겁고 평안하고 복스럽게 잘살았으면 좋겠다는 생각에서 이러한 이론이 나옵니다. 이상향(理想鄕)을 지향해서 그 이상향이 실현되기를 바라는 것입니다. 구약 이스라엘 백성들의 역사는 전래적으로 항상 이상적인 국가와 통치 체제를 지향하고 있었습니다. 그런고로 정치적으로는 퍽 자유롭고 고도적이고, 도덕적으로는 훨씬 정신적이고 고결하여야 할 것을 늘 목표로 하고 나아왔던 것입니다. 이것이 역사적으로 이스라엘 사람들이 가지고 있던 이상 왕국, 즉 메시아 왕국에 대한 소망이었습니다. 선지자들이 말한 것을 항상 그러한 식으로 훨씬 기적적이고 희한한 국가로 생각하고 바라고 있었다는 것입니다.

이상향에 대해서 큰 비전을 가지고 있던 이사야를 보면 이상향을 특성적으로 알기 쉽게 썼습니다. 여러분 다 잘 아시는 것과 같이 '사자와 어린양이 함께 논다. 어린아이가 독사의 구멍에 손을 넣더라도 상함을 받지 아니한다' 하는 식으로 에덴의 복귀와 같은 모습을 그려 놓았습니다. 그런고로 이스라엘 사람은 그것이 어떤 정치적인 현실로 땅 위에서 실현되기를 바랐고 좀 더 사실주의자 혹은 여자적(如字的)인 생각을 가진 사람들은 그것이 그대로 실현되기를 바랐던 것입니다. 그러면 구약이 요구하던 그것은 어떻게 실현되었습니까? 사실상 그러한 현실적인 특이한 유토피아적 세계, 아주 기적적인 희한한 세계를 그려 놓고 기대했지만 아직도 인류의 역사에 그런 것이 온 적이 없습니다.

신약에 들어와서 신약이 지향하고 있는 이상향이 무엇인가 살펴보면 신약 27권에는 이상향에 관한 묘사가 그렇게 많지 않습니다. 오직 한 권 계시록에서 비로소 표상으로, 그것도 여자적(literal)으로 사실 그대로 명유(明喩)를 한 것도 아니고 직설(直說)을 한 것도 아니고 대부분을 신비하게 표상적으로 가려서 표현하고 있습니다. 사람들이 각각 자기가 가지고 있는 사상의 깊이에서부터 그것을 추출하고 생각할 수 있게끔 가르쳐 주신 것입니다. 최후에 보여 주시는 모습을 보면 거기에는 사자도 독사도 어린양도 없습니다. 어떤 성(城)이 하나 있고 거기에는 생명수 냇물이 흐르고 과실나무가 있습니다. 말하자면 일종의 에덴의 복귀와 같은 정경(scene)입니다. 성경 맨 처음 무대가 어디였는가 하면 하나님의 동산(garden)이었지요? 에덴(עֵדֶן)이라는 말은 어떤 고유명사이기보다 이상적인 동산이라는 말입니다. 성경 최종에 가서 다시 나타나는 그러한 훌륭한 동산, 아름답고 이상적인 세계입니다.

동양에서도 때때로 그렇게 이상적인 세계를 그리는 글들이 많이 나왔습니다. 중국 시인 도연명(陶淵明, 365-427)도 무릉도원(武陵桃源) 이야기를 했고, 우리나라에는 옛날부터 민간에 남쪽에 따뜻한 곳에 어떤 이상적인 것이 있다는 남국 사상(南國思想)이 있어서 항상 남쪽을 향하는 경향이 있습니다. 그런 모든 것을 생각하면 사람들은 항상 현실보다 더 좋은 아름다운 세계가 현실과 전연 접촉이 되지 않는 별다른 차원과 별다른 본질에서 발생하기를 바라는 것이 아닙니다. 차라리 현실의 이상화(理想化)를 바라는 것입니다. 구약의 이스라엘 민족도 그렇습니다. 실지로 구약에서 그린 이상적인 세계나 신약에서 그린 이상적인 세계에 대해서 그것을 아까 말한 것과 같이 여실적(如實的)으로 항상 리터럴(literal)하게 봐야 할 이유가 있는가를 조금 깊이 생각해 보시기 바랍니다. 조금 어렵습니다만 이제는 계시록도 끝나가는 지점이니까 우리가 어떤 사상적인 근거에서 무엇을 보고 생각해야 하는가에 대해 훨씬 더 철학을 해 보시라는 것입니다.

가령 우리가 살기 어렵고 괴롭다는 것이 현실입니다. 이런 현실에서 살기 어렵고 괴롭다면 '더 살기 좋고 평안하고 즐거운 세계가 있었으면 좋겠다' 하는 행복에 대한 추구가 자연스럽게 생깁니다. 그런데 그런 경우에 우리가 우리의 차원을 완전히 변경시키고 우리의 창조의 세계를 완전히 전환시킨 데서부터 출발한다는 생각을 하느냐 하면 대체로 그런 생각을 하지 않습니다. 다른 말로 하면 '우리의 육신을 가지고, 지금 현재 가지고 있는 이런 감각과 의식을 가지고 살되 괴로움을 덜 받고, 우리가 가지고 있는 주체의 큰 변화가 없이, 주체의 의식 활동에서 큰 변화가 없이 즐겁고 평안하고 유쾌한 세계를 맞이했으면 좋겠다' 하는 요구입니다. '나라는 주체 전체도 완전히 변경해 버리고 어떻게 했으면 좋겠다' 하는 그런 생각이 아닙니다. 가급적 자기 자신이 가지고 있는 현실을 고수하고, 즉 생각할 수 있고 인식하고 감각할 수 있는 주체만은 보유하고 자기가 접촉할 수 있는 대외적인 환경만 변화되어서 자기가 원하는 그런 이상 세계가 건설됐으면 좋겠다고 하는 선입관(prejudice)이 강하게 있다는 말입니다. 과연 성경이 '그렇게 사고하고 사유해 나가는 것이 옳다. 그런 논리의 방식이 좋다' 하고 가르쳤는지 아니면 그렇게 가르치지 않았는지를 생각하면서 계시록 21장이나 22장의 내용을 살펴보시라는 것입니다.

사람이 추구하는 이상 세계

동양에는 아직 신학적으로 그렇게 강하게 자기주장을 하는 사람이 없고 번역하고 수입해서 남이 말하는 대로 따라서 하니까 이러고저러고 할 것이 없습니다만 서양의 기독교 전통이 오래된 나라의 신학자들을 놓고 보면 거기에도 참 굉장히 완고하고 보수적인 사람들이 있습니다. 이 '완고'와 '보수'라는 말은 반드시 좋은 의미가 아닙니다. 뭐냐 하면 자기의 기득권이라는 것, 자기가 기왕 가지고 있는 것은 될 수 있는 대로 상실하지 않고, 최소한도로 사고와 의식의 주체인 자기는 변경하지 않고서 이야기하자는 것입니다.

말하자면 이런 식입니다. 지상 천국이든지 유토피아든지 혹은 무릉도원이든지 장차 좋은 세계가 열리는데, 특별히 예수를 믿는 사람으로서야 예수님이 오셔서 땅에 좋은 세계를 건설해 주실 것인데, 그 좋은 세계라는 것은 자기가 오늘날 가지고 있는 영혼의 기능의 활동과 의식 활동으로써 의식하는 좋은 세계를 건설했으면 좋겠다는 것입니다. 현재의 감각 주체인 자기가 감각해서 좋은 세계를 얻었으면 좋겠다는 것입니다.

아주 쉬운 예를 들면, 세계의 기후는 어떠해야 하겠는가 하면 '섭씨 25도나 30도는 더워서 안 되고 영하로 15도, 20도 내려가면 추워서 안 된다. 어떤 정도면 제일 좋겠는가 하면 아마 5월쯤, 아름다운 봄바람이 부는 때쯤의 기후가 제일 좋을 것이다' 하는 생각입니다. 그런 기후를 느끼는 것은 우리의 감각입니다. 만일 우리가 그런 감각을 안 가졌다면 그런 기후를 느끼고 말 것이 없고 추우나 더우나 상관이 없을 것입니다. 그런데 그런 감각 아래서 거기에 맞는 이상적인 세계가 나타나야겠다는 것입니다. 그러니까 이상적인 세계에서 공기 온도는 어느 정도이어야겠는가 하면 섭씨 20도쯤이면 좋겠다는 것입니다. 그 이상 올라가면 덥고 그 아래로 내려가면 추워서 안 되겠다는 것입니다. 추우면 방에다 불을 때야 하는데 귀찮아서 어떻게 하겠는가 말입니다. 또한 장미꽃에서 나는 냄새만 죽 흐르는 그런 데가 됐으면 좋겠고, 공기의 신선도는 여기 서울 도시 한가운데처럼 혼탁하지 않고 훨씬 신선하고 아름다워서 마치 고요한 산간에 맑은 물이 흐르는 곳에서 자고 일어난 고요한 아침나절의 그 참신하고 아름다운 신선미가 늘 있었으면 좋겠다는 것입니다. 그리고 환경은 거름 무더기가 있고 산이 반절 부서져 있는 이런 살풍경한 곳이나 불결하고 더러운 것이 가득한 곳이 아니라 불결한 것이 하나도 안 보이고 가장 아름답고 훌륭한 것만 죽 보였으면 좋겠다는 것입니다. 시각적으로 보아서도 가장 미감을 자아내는 그러한 현상이었으면 좋겠다고 생각하는 것입니다. 그런 시각에 호소하는 미를 늘 볼 수 있고 그런 미감을 늘 가질 수 있어야겠다는 것이니까 그런 감각이 작용하는 주체를 그대로 가지고 있겠다는 것입니다. 또한 좋은 심포니와 같은 아름다운 음악이 유장하게 늘 흘러서 내 귀에 들려 왔으면 좋겠다고 한다면 그런 청각의 작용이 아직도 있는 세계를 원하는 것입니다.

  이러한 이상 세계를 늘 바라고 원하는 심정이 있습니다. 그래서 심지어 성경에 있는 말을 가장 비슷하게 인용해서 그런 이상 세계 하나를 생각할 때에, '자연히 지상에 어떤 나라가 하나 서는데 그 나라 사람들은 악질을 부리는 일도 없고 모두 다 평화롭고 즐겁게 살며, 죄를 지으려고 하면 당장에 벼락을 맞든지 무슨 수가 나서 금방 없어져야겠고 병은 될 수 있는 대로 없어야겠다' 하는 식으로 이야기합니다. 결국 병 날 수 있는 사람들이나 죄를 지을 수 있는 사람들이 그냥 거기 와서 사는데 될 수 있는 대로 그런 것이 적었으면 좋겠다는 것입니다. 주체의 변경을 생각한 것이 아니라 환경의 변경을 생각하는 것입니다.

구약의 이스라엘 백성들이 생각해 오던 형식도 이와 같습니다. 그래서 메시아 왕국이 그러한 이상 세계라고 기대하고 나왔습니다. 그런 관점에서 볼 때 메시아라고 하는 이는 그러한 나라를 초래하는 분이라야 합니다. 그러면 성경에서 우리에게 증명해 주는 것은 무엇입니까? 이스라엘 백성에게 분명히 메시아가 왔는데 과연 그런 세계를 건설해 주셨습니까? 환경을 그렇게 만들어 주시거나 그러한 사회나 그러한 질서를 도입한 것이 아닙니다. 예수님께서 사람이 가지고 있는 이 육신과 사고(思考)나 의식의 주체의 변경이 없이 그 주체에 들어맞는 그런 세계를 건설하라고 했습니까? 그런데 서양 신학자 중에는 '사고 주체의 변경이 없이 객체만을 그의 요구에 부합하게 만들어서 아름다운 세계를 건설해 나갔다'고 주장하는 이가 많이 있습니다.

예수님은 마귀가 제안한 이상 세계를 거부하심

만일 그런 세계를 건설한다고 하면 그 생각은 누가 했을 듯한 생각입니까? 궁극적으로 누가 그런 생각을 했겠습니까? 그런 세계를 건설하라고 누가 예수님께 완곡하게 권했습니까? 제자들? 제자들도 권한 일이 있습니다. 그러나 그보다 더 큰 인물이 예수님 앞에 그것을 권한 일 있습니다. 마귀가 뭐라고 했습니까? '나에게 한 번 절하면 이 천하만국과 이 모든 영광을 당신한테 다 드리겠습니다. 받으신 다음에는 당신 마음대로 요리하십시오.' 그렇게 해서 마귀에게 절하고, 즉 마귀의 종주권과 권위를 승인해 놓고서 이상 세계를 건설한다면 어떠한 세계가 되겠습니까? 마귀에게 대적하는 가장 중요한 승리의 방법인 하나님의 경륜의 마련이 무엇입니까? 마귀의 머리를 치는 일이 무엇입니까? 그것은 바로 십자가입니다. 십자가로 인하여서 세상 사람의 죄는 속하시고 마귀의 머리를 치시고 승리하신 것입니다. 그런데 마귀의 권위를 인정한다면 십자가는 무시하고 시작하자는 것입니다.

십자가의 승리로 말미암아서 마귀는 죽음을 주장하는 권세에서 쫓겨났습니다. 그러므로 예수 그리스도의 십자가로 말미암아 속죄한 사람에 대해서는 다시 마귀가 죽음의 권위를 가지고 둘러쌀 수 없습니다. 그와 동시에 예수님은 당신의 나라에 들어갈 수 있는 조건이 무엇이라고 가르쳤습니까? 주체의 문제에 대해서 무엇을 어떻게 해야 하나님 나라에 들어갈 수 있다고 했습니까? 너의 생각이라든지 느끼는 것이라든지 네가 행복이라고 여기는 것이라든지, 요컨대 그와 같은 것을 평가할 수 있는 가치 판단의 주체가 어떻게 되어야 한다고 했습니까? 거듭나야 한다고 했습니다. 위로부터 다시 나지 않고서는 그 나라에 들어갈 수 없다고 하셨습니다(참조. 요 3:3). 그러한 식으로 구성되어 있는 가치 판단을 가지고는 하나님의 나라라는 것을 생각할 수도 없다는 이야기입니다. 그런고로 어떻게 되어야 하는가 하면 거듭나야 합니다. 거듭난다는 말은 위로부터 난다는 말입니다.

신약에서 거듭난다는 말을 다른 말로 뭐라고 했습니까? "누구든지 그리스도 예수 안에 있으면 새로운 피조물이라"(고후 5:17). 새로운 피조물(καινὴ κτίσις, 카이네 크티시스)이라는 말은 '새로운 창조'라는 말입니다. 그러니까 그전에 있던 형태와 차원을 그대로 가지고는 하나님의 나라를 세울 수 없고 새로운 창조에서만 하나님 나라가 전개될 것이라는 이야기입니다. 그런데 마귀의 제안은 새로운 창조가 아니라 변경(變更)입니다. 현실을 이상화해서 유토피아를 건설하라는 것입니다. '나와 타협해서 나에게 절을 한 번 하고 내가 가지고 있는 이데올로기의 원칙(principle)을 승인해 주면 그 나머지는 마음대로 해도 좋다'고 한 것입니다. 마귀적인 존재와 속성을 그대로 인정하기만 하면 된다는 말입니다. 가장 진중하게 존중하고 인정하는 형식은 절하는 것입니다. '가장 존경합니다' 하고서 마귀의 존재 자체를 인정한다면, 즉 마귀의 존재가 의미하는 이데올로기를 그대로 인정한다면 나머지는 어떻게 해도 좋다는 것입니다. 반대로 마귀의 존재가 파쇄(破碎)되려면 어떤 방식이 필요하냐 하면 십자가로 말미암아 마귀의 머리를 파쇄하는 일이 발생해야 합니다. 그런데 마귀에게 절했다면 그런 일은 있을 수 없습니다. 그러니까 십자가로 말미암은 승리라는 것은 생각하지 말고 그 여타의 모든 방법은 다 동원해서 메시아 왕국을 건설하라는 것입니다.

예수님이 십자가에 달리셔야겠다고 하시니까 제자 중에 베드로가 "주여, 그리 마옵소서. 이 일이 결코 주에게 미치지 아니하리이다"(마 16:22) 하고 말했습니다. 이것은 마귀적인 논식(logic)입니다. 그러니까 예수님께서 그 자리에서 "사탄아, 내 뒤로 물러가라! 너는 나를 넘어지게 하는 자로다! 네가 하나님의 일을 생각지 아니하고 도리어 사람의 일을 생각하는도다!"(마 16:23) 하고 말씀하셨습니다. 그 사고의 논식이 벌써 마귀저이라는 것입니다. '마귀나 그렇게 생각하는 것이냐. 그러면 십자가를 피하고 그냥 재주 있게 유토피아 하나를, 너희 이스라엘 사람 선조들과 바리새인들이 원하는 메시아 왕국을 하나 건설하라는 말이냐? 그렇게 해 가지고서 기적적으로 땅 위에서는 사자하고 어린양하고 같이 놀게만 만들어 달라는 것이냐? 네가 그 정도밖에는 생각할 수가 없느냐' 하는 말씀입니다.

예수님께서는 메시아로 오셨는데도 이스라엘 사람들이 전통적으로 생각하던 것, 즉 의식의 주체의 변경이 없이 의식의 대상이 되는 객체의 변경을 통해 메시아 왕국을 건설해야겠다고 하는 생각을 처음부터 부인하셨다는 것을 주의해야 합니다. 그것을 부인하셨기에 이스라엘 사람들은 예수님을 알아보지 못한 것입니다. 또한 이스라엘 사람은 그것을 알아보려고 노력한 것이 아니라 그것을 완고하게 고집하였고 도리어 나중에 그것이 충돌하니까 '예수를 없애자' 한 것입니다.

계시록의 표현을 어떤 관점에서 보아야 하는가

계시록을 보면 마치 이사야가 메시아 왕국을 묘사하는 식의 표현이 많이 들어 있습니다. 감각하고 물질적으로 평가할 수 있는 가장 고귀한 것들을 망라하는 것입니다. 마치 이사야에서 사자와 어린양이 같이 있다든지 어린아이가 독사의 구멍에 손을 넣는다든지 하는 식으로 표현하였듯이 진주와 보석을 가지고 성을 장식한다고 해서 굉장히 찬란한 것을 상상하게 하는 것입니다. 그러나 우리가 엄격하게 생각하면, 참된 기쁨이라든지 평안이라든지 하나님 나라를 신중히 생각하고 맛본 사람으로서는 여기 표현한 대로 보석과 금강석과 진주로 성을 꾸며서 쌓아 놓고 그리로 들락날락한다면 그것이 진정으로 기쁘고 즐겁고 행복스러운 일이라고 생각하겠습니까? 금강석으로 성을 쌓아 놓고 '그리로 늘 왔다 갔다 하십시오' 하면 '아, 이런 행복이 어디 있는가?' 그렇게 생각하겠습니까? 그것으로 행복을 느끼지 못할 것입니다. 왜냐하면 물질이라든지 우리의 육체의 가치에 의해서 고귀하다고 평가할 수 있는 것이 반드시 참된 행복을 가져다주는 것은 아니라고 다들 생각하기 때문입니다. 그러면 그것은 물질이니까 그렇다손 치더라도 정치적인 현실로 이상적인 사회를 건설하면 그것은 행복스럽겠습니까? 그것도 마찬가지로 '이 세상'이라는 차원에서 움직이는 것들입니다. 금강석이 값이 있다고 평가하는 사회가 가치가 있다고 평가하는 질서인 것입니다. 만일 그런 질서 안에서 즐거움을 다시 느껴 보겠다고 하고 예수님도 내려오셔서 그런 것을 건설하셔야 한다고 생각한다면 그것은 현실적이고 실질적인 어떤 지상의 왕국을 건설하겠다는 것입니다. 이래서 우리 교우 여러분한테 철학을 해 보시라는 것입니다.

여기에 나오는 성은 정방형으로 길이 너비 높이가 각각 일만 이천 스타디온이라고 했습니다. 스타디온은 로마 사람들의 척도인데 영국 잣대로 보면 606척이 한 스타디온입니다. 그렇게 장광고(長廣高)가 반듯하면 반듯한 만큼 행복스럽고 아름다우냐 하면 반드시 그것은 아닙니다. 네모반듯한 것이니까 가장 아름답다고 할 수는 없습니다. 그러니까 여기서 가장 아름다운 것을 표상하려고 이렇게 만든 것은 아닙니다. 구약에 장광고가 똑같이 반듯한 것으로서 무엇을 표상하고 상징한 유명한 것이 있는데 그것이 무엇입니까? 성막 가운데 있는 지성소입니다. 지성소의 장광고가 각각 10규빗씩이었지만 이 성은 그 단위를 일만 이천으로 해서 딱 가져다 놓은 것과 마찬가지입니다. 성막을 만들 때 지성소의 장광고를 10규빗으로 한 것은 그것 자체가 독립해서 가장 아름다우니까 그렇게 만들었던 것은 아닙니다. 지성소를 아름답게 만들기 위해서 다시 그것의 두 배의 길이를 그 앞에 성소로 붙였습니다. 그렇게 해서 성막의 총 길이는 30규빗입니다. 그런데 계시록에는 그것이 없습니다. 성소가 따로 있는 것이 아닙니다. 그 성뿐이고 그것을 여러 가지 종류의 보석으로 꾸며 놓았습니다.

그러면 우리는 이런 것을 어떠한 관점에서 봐야 하겠습니까? 첫째, 우리가 볼 수 있는 가장 중요한 성경의 논식은 예수님의 논식인데 그것은 이스라엘 사람들이 전통적으로 가지고 있던 논식과 같지 않았다는 것입니다. '너희들은 주체는 그대로 놓아두고 너희들이 행복스럽고 이상적이고 좋고 훌륭하다고 여기고 희한하다고 여기는 것을 외계(外界)에 자꾸 만들어 내기를 바랐지만, 문제는 외계가 어떻게 되는 것이 아니라 너희들이 새로운 차원으로, 새로운 피조물로 창조되어서 새로운 경계(境界)에 서 있어야겠다' 하신 것입니다. 그래서 그런 새로운 차원에서 이번에는 과거에 가지고 있던 평안(評眼)과 가치 판단의 표준(criteria)을 포기하고 이제는 새로운 차원의 표준을 가지고 시작해 보라는 것입니다. 이것이 성경에서 아주 웅변적으로 우리에게 가르치는 내용입니다.

그렇다면 이런 새로운 차원에 서서 새로운 피조물로서 새로운 가치 판단의 표준으로 계시록도 보고 이사야도 보아야 합니다. 이사야의 사자와 어린양 이야기도 그런 기준에서 보고, 에스골 골짜기에서 해골들이 일어나는 이야기도 그런 평안으로 보아야 합니다. 그래야 '아, 여기에 이런 의미가 있구나' 하고 찾을 수 있는 것입니다. 그렇지 않으면 밤낮 생각해 보아도 에스골 골짜기에서 해골이 일어나는 것은 단순한 비유에 불과하고 별다른 큰 의미가 없습니다. 에스겔이라는 선지자가 B.C. 600년경에 이제 머지않아 이스라엘이 바벨론한테 다 망해 버릴 테니까, '그냥 망하고 말아서야 되겠는가. 망한 송장과 같은 것들이 언제고 한번은 다 일어나야겠다' 하는 일종의 위대한 애국시(愛國詩)를 쓴 것이라고, 자유주의 신학자는 실컷 해야 그 정도밖에 생각하지 못하는 것입니다. 이것은 위대한 애국적인 서사시, 혹은 일종의 환상시(fantasia)에 불과하다는 것입니다.

그렇지만 에스겔이 본 에스골 골짜기에서 해골들이 일어나는 이야기가 그런 환상시에 불과합니까? 이사야가 말한 것도 하나의 꿈입니까? 그렇지 않으면 땅에서 언젠가 한번 여자적(如字的)으로, 물질적으로 실현될 사실입니까? 물질적으로 실현된다 해도 별것이 아닙니다. 왜냐하면 지금이라도 사자와 어린양이 얼마든지 같이 놀 수 있기 때문입니다. 견묘지간(犬猫之間)이라고 해서 개와 고양이가 서로 사이가 좋지 않다고 하는 것은 우리나라의 이야기이고, 서양에 가면 개와 고양이가 함께 젖을 먹고 함께 돌아다니는 것을 많이 볼 수 있습니다. 개와 고양이뿐 아닙니다. 개와 닭도 그렇습니다. 우리가 가지고 있는 관념으로는 항상 개는 닭을 보면 쫓아가서 무는 것이 당연하다고 여기지만 어려서부터 그렇게 길들여 놓으면 개하고 고양이가 같이 놀고 개와 닭도 같이 놉니다. 그러니까 이사야가 이야기한 현상이 그대로 발생할 수가 있지만 그렇다고 해서 그것이 무슨 희한한 일이거나 이상 세계 같은 것은 아닙니다.

그러니까 문제는 '그런 사실들이 과연 무엇을 의미하느냐' 하는 것만을 따지지 말고 '그것을 어떻게 보아야 할 것인가, 어떠한 눈으로 보아야겠는가' 하는 것이 더 중요합니다. 항상 어떤 선입관(prejudice)을 가지고 '이것은 이렇게 되어야 한다' 하고서 그렇게 풀어지기만 바라서는 알 길이 없습니다. 가치를 보는 눈이 바뀌어져야 합니다. 시저나 나폴레옹이나 알렉산더를 위대한 인물로 생각하는 그런 가치 판단과 평가안을 가지고 사는 사람들이 이상적이라고 보는 세계는 무엇이겠습니까? 결국 시저같이 사람을 많이 죽이고 칭기스 칸같이 정복을 많이 하는 것이 위대한 일일 것입니다. 그런 사람들의 눈에 훌륭하고 아름다운 세계라고 해서 새로운 질서를 만들어 놓는다면 결국 평가의 주체, 평가의 표준은 언제든지 같은 것입니다. 그것이 고쳐지고 완전히 뒤집어져야 한다는 말입니다.

이제 그런 점에서 바라보면 그 성의 장광고가 같다는 것에는 좀 더 다른 상징적인(symbolic) 것이 있습니다. 어떤 사람은 '장광고가 똑같다는 것은 가장 방정(方正)하다는 것을 의미한다. 가장 반듯하다는 것을 대표적으로 상징하려면 가로도 높이도 또 옆으로도 어디든지 다 꼭 같아야 한다' 하고 이야기합니다. 분명히 그것으로 아주 반듯하다는 아이디어를 주기는 합니다. 장광고가 아주 정방형으로 딱 떨어지니까 비뚤어졌다는 감정은 안 준다는 말입니다. 그러나 그것은 사실상 공의(公義, justice)와 의(義, righteousness)라는 두 가지를 그것으로 상징한 것입니다.

또한 거기에는 진주와 여러 가지 보석들이 있습니다. 그전에 이야기한 것과 같이 예수 그리스도의 영광을 해의 빛과 같은 것으로 생각할 때에 우리는 예수 그리스도의 거룩한 신령한 몸의 지체로서 각각 아주 독특하고 독점적인(exclusive) 영광을 분담해서 마치 프리즘같이 나타내도록 되어 있습니다. 보석의 빛과 프리즘을 통해 보는 빛이 참 비슷하지 않습니까? 프리즘을 통해 분광(分光)해서 쳐다보면 그 빛이 각각 보석빛같이 아름답습니다. 물론 적등황녹청남자(赤橙黃綠靑藍紫) 일곱 가지 색으로 정확하게 나뉘지는 않고 붉은빛에서 주황빛으로 내려가려면 그 중간에는 색이 섞여 있습니다. 주황빛에서 누런빛으로 내려가는 사이에도 색이 있습니다. 여기에 성곽의 기초석으로 남보석, 비취, 자정(紫晶) 이런 것들이 나와 있는데 그것이 다 비슷비슷한 빛깔입니다. 요컨대 하나하나가 서로 떨어질 수 없이 연결되어 있는 영광의 광채로서, 또한 가장 값진 보석으로서, 귀중한 보배로서 찬연히 자기 빛을 나타내고 있다는 것입니다.

교회가 예수 그리스도의 영광을 나타낼 때에는, 하나하나가 찬란히 비칠 때 독특한 면이 없는 것은 아니지만 다른 지체와 연결되어 있을 때에는 그것이 이것인지 저것인지 분별할 수 없는 경과하는(transit) 부분들이 있습니다. 마치 프리즘이나 무지개를 보면 붉은빛과 주황빛이 연결되어 있는 것과 마찬가지입니다. 무지개의 남색과 자색을 색동저고리의 색색 천같이 명확하게 구별할 수 있습니까? 자색에서 슬그머니 남색으로 넘어와서 어디서 넘어갔는지 알 수가 없고 거기에 선을 그을 수가 없습니다. 선이라고 할 때는 확실히 다른 두 가지의 경계 부분을 뜻합니다. 흰 종이에 검은 먹칠을 쭉 하면 검은 먹칠한 부분과 흰 종이가 이루는 경계 부분이 선인데 그렇게 선을 못 긋는다는 것입니다.

　계시록에 여러 가지 보석이 나오고 그것을 우리말로 번역해 놓았는데 저도 그것이 무슨 보석인지 잘 모르는 것이 많이 나옵니다. 해석하는 사람들이 해석을 하면서 이것이다 저것이다 하니까 그런가 보다 하지만 한 번도 보지 못한 보석도 거기에 언급되어 있습니다. 원래 보석을 많이 보았을 리가 없으니까 못 보았더라도 그런가 보다 하는 것입니다. 문제는 아무리 그 보석이 훌륭해도 결국 광선의 작용으로 찬란하게 비치는 것이니까 그렇다면 프리즘의 빛깔같이 생겼을 것입니다. 루비가 빨갛고 아름답지만 결국 프리즘에서 나오는 붉은빛과 같은 것입니다. 그러나 그것들이 이렇게 자연스럽게 연결되어서 이것인지 저것인지 모나지 않고 아름답게 서로 하나가 되어서 나타나는 것입니다. 하나하나가 그리스도 앞에서 보배지만 각각 보배로운 자기의 빛을 나타내는 것 같으면서도 서로 연결되어서 그 성을 만들어 내는 것입니다. 새 예루살렘 혹은 위로부터 오는 예루살렘, 즉 거룩한 교회가 이상화된 사실을 이런 식으로 표시한 것입니다. 그래서 이런 것들의 아름다움과 이런 것들의 위대한 내용을 계시록에서 종합적으로 상징한 것입니다. 그 내용에 대해서는 성경 다른 데에서 다 가르치고 있는데 계시록은 최후에 종합해서 상징적으로 표현해서 우리가 그것을 파악하도록 한 것입니다.

　이제 앞으로 한 장만 더 읽으면 계시록을 다 읽습니다. 우리가 수요일 저녁에 이 책을 한번 읽어보자 해 가지고 그동안 다섯 달에 걸쳐서 읽었습니다. 다섯 달 동안 대체로 매주일에 한 번은 계시록을 접했습니다. 그동안 계시록을 보면서 여러 가지 것을 이야기했는데 다음 수요일에는 마지막으로 이것을 읽고 끝낼 것입니다. 그동안 계시록을 한 번 읽었다는 것만 남고 내용은 다 잊어버린다면 소용이 없는 일이니까 종합적으로 큰 것을 추려서 가지고 있어야 할 것입니다.

항상 우리에게 제일 중요한 것은 먼 장래에 올 일이나 과거에 이미 있었던 일이 아닙니다. 언제든지 중요한 것은 현재 우리가 어떤 과정 가운데 서 있느냐 하는 문제입니다. 현재 우리는 계시록 가운데서 어떤 과정 가운데 서 있으며 지금 흐르고 있는 역사적인 조류를 계시록에서는 어떠한 표상으로 혹은 어떠한 환상으로 표시하고 있는가 하는 것이 우리에게는 퍽 중요한 부분이기에 그러한 중요한 부분에서는 시간을 들여서 반복해서 이야기를 했습니다.

우리의 '역사적인 사명'이라는 것을 생각할 때에 '역사적'이라는 말이 무엇을 의미하는가 하는 것이 중요한데 여기 계시록에 '역사적'이라는 말을 설명하는 표상들이 나옵니다. 그것은 역사 위에 흐르고 있는 거대한 큰 사실들과 역사의 큰 성격들입니다. 그런데 그것은 참된 그리스도의 종들에게 강하게 무엇을 요구하고 있고 동시에 도전(challenge)을 해 온다는 것입니다. 그런 것들이 무엇입니까? 그리고 그것은 대체 과거와 어떠한 인과 관계를 가지고 있으며 앞으로 어떻게 발전해 나가겠습니까? 결국 우리 주께서 오셔서 승리하시고 모두 다 평정하시겠지만 그러나 그것은 그때의 이야기고 오늘날 우리의 임무는 무엇인가를 더 깊이 생각하시기 바랍니다. 그동안 배운 것 가운데 그런 것들을 중심으로 해서 앞뒤로 죽 보아 나가면 훨씬 흥미가 있을 것입니다.

기도

거룩하신 아버지시여, 이 시대의 과정 가운데에서 특별히 많은 시대를 통해서 그때그때 이르러서 발생할 일만이 아니라 오히려 전 역사를 하나의 기간으로 보아 이 하나의 기간이라는 전 역사의 시기 가운데서 가장 두드러진 현실과 접촉하게 하심으로 오늘날 저희들도 이렇게 심히 중요하고 심히 위대하고 또 우리 자신이 깊이 생각해야 할 독특한 성격을 가진 역사적인 사실 앞에 서 있다는 것을 눈을 떠서 볼 수 있게 지혜로써 가르쳐 주시고 깊이 깨닫게 하여 주시옵소서. 인류의 역사의 흐름 가운데에서 아버님께서 이루시는 획시기적인 사실의 가장 큰 것 중의 하나가 우리들 앞에 차츰차츰 전개되어 나가는 것을 저희들이 그냥 지나치거나 무의식적으로 지내거나 잘못되게 지내는 일이 절대로 없게 깊이 생각하고 고려하여서, 저희들에게 요구하시는 바가 무엇인지를 눈을 떠서 보고, 빛 가운데 있는 주님의 거룩한 교회의 참된 자태를 저희들이 가질 수 있도록 성신님으로 지시하시고 주장하시고 인도하여 주시옵소서. 주님, 이런 주님의 크신 경륜의 진행 가운데 정점적인 일을 향해서 발생할 큰 사실들에 대하여 저희가 항상 주의하게 하시옵소서.

우리 구주 예수 이름으로 기도하옵나이다. 아멘.

1972년 4월 12일 수요 기도회

제21강
역사의 출발점과 귀착점

요한계시록 22:1-21

Expositions on Revelation

요한계시록 22:1-21

[1]또 저가 수정같이 맑은 생명수의 강을 내게 보이니 하나님과 및 어린양의 보좌로부터 나서 [2]길 가운데로 흐르더라 강 좌우에 생명나무가 있어 열두 가지 실과를 맺히되 달마다 그 실과를 맺히고 그 나무 잎사귀들은 만국을 소성하기 위하여 있더라 [3]다시 저주가 없으며 하나님과 그 어린양의 보좌가 그 가운데 있으리니 그의 종들이 그를 섬기며 [4]그의 얼굴을 볼 터이요 그의 이름도 저희 이마에 있으리라 [5]다시 밤이 없겠고 등불과 햇빛이 쓸데없으니 이는 주 하나님이 저희에게 비치심이라 저희가 세세토록 왕 노릇 하리로다 [6]또 그가 내게 말하기를 이 말은 신실하고 참된지라 주 곧 선지자들의 영의 하나님이 그의 종들에게 결코 속히 될 일을 보이시려고 그의 천사를 보내셨도다 [7]보라 내가 속히 오리니 이 책의 예언의 말씀을 지키는 자가 복이 있으리라 하더라 [8]이것들을 보고 들은 자는 나 요한이니 내가 듣고 볼 때에 이 일을 내게 보이던 천사의 발 앞에 경배하려고 엎드렸더니 [9]저가 내게 말하기를 나는 너와 네 형제 선지자들과 또 이 책의 말을 지키는 자들과 함께 된 종이니 그리하지 말고 오직 하나님께 경배하라 하더라 [10]또 내게 말하되 이 책의 예언의 말씀을 인봉하지 말라 때가 가까우니라 [11]불의를 하는 자는 그대로 불의를 하고 더러운 자는 그대로 더럽고 의로운 자는 그대로 의를 행하고 거룩한 자는 그대로 거룩되게 하라 [12]보라 내가 속히 오리니 내가 줄 상이 내게 있어 각 사람에게 그의 일한 대로 갚아 주리라 [13]나는 알파와 오메가요 처음과 나중이요 시작과 끝이라 [14]그 두루마기를 빠는 자들은 복이 있으니 이는 저희가 생명나무에 나아가며 문들을 통하여 성에 들어갈 권세를 얻으려 함이로다 [15]개들과 술객들과 행음자들과 살인자들과 우상 숭배자들과 및 거짓말을 좋아하며 지어내는 자마다 성 밖에 있으리라 [16]나 예수는 교회들을 위하여 내 사자를 보내어 이것들을 너희에게 증거하게 하였노라 나는 다윗의 뿌리요 자손이니 곧 광명한 새벽 별이라 하시더라 [17]성신과 신부가 말씀하시기를 오라 하시는도다 듣는 자도 오라 할 것이요 목마른 자도 올 것이요 또 원하는 자는 값없이 생명수를 받으라 하시더라 [18]내가 이 책의 예언의 말씀을 듣는 각인에게 증거하노니 만일 누구든지 이것들 외에 더하면 하나님이 이 책에 기록된 재앙들을 그에게 더하실 터이요 [19]만일 누구든지 이 책의 예언의 말씀에서 제하여 버리면 하나님이 이 책에 기록된 생명나무와 및 거룩한 성에 참여함을 제하여 버리시리라 [20]이것들을 증거하신 이가 가라사대 내가 진실로 속히 오리라 하시거늘 아멘 주 예수여 오시옵소서 [21]주 예수의 은혜가 모든 자들에게 있을지어다 아멘

제21강
역사의 출발점과 귀착점

에덴에 세워 두신 새크러먼트(sacrament)

우리가 여러 달 동안 계속했던 계시록을 오늘 끝내는데, 계시록을 끝내면서 우리가 한 가지 항상 확고하게 생각해야 할 문제가 있습니다. 하나님께서 최초에 인생을 창조하실 때에 창조하신 본래의 큰 목적을 보이신 것이 하나 있습니다. 에덴에서 하나님의 은혜의 계약의 한 증표요 인증이요 동시에 은혜의 방도로 보여 주신 특수한 사실이 있는데 그것이 무엇입니까? 그것을 통틀어서 새크러먼트(sacrament), 우리말로는 '성례'라고 합니다. 썩 잘 번역된 말은 아니지만 지금은 그렇게밖에는 쓸 말이 없습니다. 다른 말로는 비적(秘蹟)이라고도 합니다. 에덴에서 최초의 사람에게 성례가 있다면 무엇입니까? 하나님께서는 어떤 거룩한 계약의 내용을 증표로서 보이셨을 뿐 아니라 그것을 확증하시는 인증으로 삼으시고 동시에 그것과의 접촉에서 항상 하나님의 어떤 특수한 은혜를 그에게 내려 주십니다. 하나님께서 은혜의 방도(*media gratiae*)를 통해서 내려 주시는 특수한 은혜가 무엇입니까? 가령 우리가 하나님의 말씀을 '은혜의 수단' 혹은 '은혜의 방도'라고 하는데 거기서 '은혜'라는 것은 무엇을 가리킵니까? 구원의 은혜입니까? 그것이 틀린 말은 아니지만 좀 더 분명하게 말하면 '구속의 은혜'입니다.

구속(救贖, redemption)과 구원(救援, salvation)이 다 같은 의미겠지만 '구원'이라고 할 때는 중요한 여러 가지 표제(headline)가 되는 은혜의 내용이 죽 나열되어 있지 않습니까? 맨 처음에 속죄, 그다음에는 칭의, 그다음에는 사죄하심 혹은 중생, 그다음에는 변개(變改) 혹은 성화(聖化), 인자권(認子權) 혹은 양자권(養子權), 그리고 영화(榮化) 이런 모든 것이 구원이라는 말로 표시되는 중요한 여러 가지 은혜의 내용입니다. 이것을 죽 나열하고 이러한 것들을 전부 포함하든지 그중 어떤 것을 표시하려고 할 때에 큰 제목으로 '구원'이라는 말을 쓰게 됩니다. 그리고 '구속'이라고 할 때에는 예수 그리스도의 속죄의 터 위에서 속량(贖良)한다는 의미가 더 강하게 있습니다. 속량한다는 말은 노예 시장에서 사 내온다는 의미입니다. 구출한다(deliver) 또는 대가를 지불하고 한 위치에서 다른 위치로 옮겨 준다는 것인데 이것은 구약에서 가르치는 중요한 히브리 사상입니다. 룻기에서도 보면 결국 룻을 속(贖)하는 데에 보아스보다도 더 가까운 친척이 있지만 그가 신을 벗어서 주면서 '네가 담당해라' 하고 기권하니까 '내가 담당하마' 하고 그것을 받고 그다음에는 이양받은 권리를 자기의 것으로 행사한 일이 나옵니다.

그러니까 은혜의 방도라고 할 때는 언제든지 구속의 은혜(redemptive grace)라는 말을 생각하시는 것이 좋습니다. '구속의 은혜'라 하면, 속죄의 사실이 있고 속죄뿐 아니라 '주께서 속하사 생명으로 대가를 지불하시고, 보혈로써 대가를 지불하시고 나를 속량해 냈다' 하는 것을 기저로 해서 주께서 주신 자유와 하나님과의 거룩한 화목이 필연적으로 하나님과의 새로운 교통의 관계를 초래하게 합니다. 사람끼리의 교통의 관계는 서로 정을 주고받는다는 정도지만 하나님과의 교통 관계라고 할 때는 하나님의 존재의 속성과의 교통인 까닭에 무엇보다도 생명이 서로 통한다는 것입니다. 이렇게 해서 지금까지 죄와 사망 가운데, 죽음 가운데 있던 사람이 새로운 생명의 공급으로 말미암아 산 사람으로, 새로 난 사람으로 산다는 것이 '위에서 난다' 혹은 '새로 난다', '거듭난다' 하는 말입니다. 그것과 더불어 당연히 그 속의 영혼의 기능에 극단적인 변화를 일으켜서 지배적인 그의 성향이 하나님을 향해서 전진할 수 있게 한다는 사실에서 최초의 그리스도적인 인격이 발휘되는 것입니다. 거기까지가 신생(新生)의 사실 가운데 포함됩니다.

여기서부터 출발해서 또 하나 다른 면으로 보면 그에게 믿음의 씨(semen fidei)가 늘어와서 이제부터는 성낭하게 상성해 나갑니다. 동시에 그것은 다른 면으로 보자면 어둠의 나라에서 혹은 사탄의 권세에서 하나님의 나라 혹은 그 사랑하시는 아드님의 나라로 옮긴다는 것입니다. 변개(ἐπιστροφή), 즉 돌이킨다는 말입니다. 이것은 물론 단회적인 일이고 중복되는 일이 아닙니다. 그것과 유사한 외면 생활의 변개라는 것을 이야기할 때에는 거듭거듭 회개라는 말을 쓰는 것입니다. 그다음에는 휘오쎄시아(υιοθεσία), 아들로서 인정한다는 것입니다. 법적인 지위를 이야기하는 것입니다. 그다음에는 그 개인이 매일매일 거룩한 위치에 서서 그 거룩한 표준을 향해서 전진하면서 결국 완성하게 한다는 성화(聖化), 그리고 그 종점이 영화(榮化)입니다. 예수 그리스도께서 부활하셔서 영광을 입으신 그 모양대로, 그의 어떠하심과 같이 우리를 어떻게 하신다는 것입니다. 이런 것을 앞으로 자꾸 전진시키고 증가시키고 그래서 그 생명이 정상적으로 작용해서 나아가게 하는 상태가 은혜를 받은 상태입니다. 그리고 그런 것에 필요한 모든 능력을 공급해 주는 것이 은혜의 공급이고 그러한 은혜가 구속의 은혜입니다.

일반적인 은혜

사람은 이러한 구속의 은혜 이외에도 하나님의 일반적인 은혜, 물질적, 육체적 은혜 가운데 살아야 합니다. 예수를 믿지 않는 사람이라도 하나님의 일반적인 은혜 가운데 살아야 하는데 그 은혜를 적용하시는 분은 성신이십니다. 믿지 않는 사람에게도 성신께서 일반적인 원칙하에서 일반적인 은혜를 적용하는 일을 하시는데 그것은 은혜의 왕국(regnum gratiae)이 아니라 권능의 왕국(regnum potentiae)에서 발생하는 문제입니다. 하나님은 그 권능으로 천지와 만물과 모든 것을 통재하시되 은혜의 왕국을 그 소기의 거룩하신 목적대로 인도해 나가기 위해서 권능의 왕국의 모든 것을 유조(有助)하게 쓰십니다. 그러기 위해서 일반적인 은혜(general grace), 즉 성신께서 일반 원칙 아래에서 적용하시는 은혜를 사람의 사회와 자연계에 베푸셔서 은혜의 왕국이 처해 있는 모든 환경과 필요한 조건을 항상 가장 기뻐하시는 뜻대로 보존하시고 인도하시며 주장하십니다. 그러한 점에서 일반 은혜라는 것이 필요합니다. 예수를 믿는 사람은 그런 것도 하나님 앞에 구해서 얻을 수 있는 것입니다. 그런고로 우리는 그리스도 안에 있는 새사람의 내면적인 생활을 위해서만이 아니라 세사람이 구체적으로 구현되는 나의 인간적인 생활, 가령 인간성의 문제라든지 건강의 문제라든지 또 그런 것이 잘 유지되고 잘 전진하기 위한 물질의 문제라든지를 하나님 앞에 구할 수 있는 것입니다. 그렇게 구하는 것이 또한 정당합니다.

　이렇게 건강을 주신다든지 어떤 물질을 주신다든지 하는 것은 모두 다 그의 존재 의의를 위한 것입니다. 그렇지만 그가 반드시 거룩한 목적을 향해서 정당하게 전진하기만 하는 것은 아닙니다. 그럴지라도 하나님께서는 오래 참으사 그를 멸하지 아니하시고 회개의 기회를 주시며 또한 가혹하게 다루지 아니하시고 은혜로 싸매시면서 깨닫게 하신다는 사실이 있다면 그것이 큰 은혜입니다. 그가 구속을 향해서 가기를 원하여 이런 은혜를 베풀어 주시는 것입니다. 그렇지만 이것은 적극적인 구속의 진행 사실은 아닙니다. 구속의 큰 목표를 위한 의식적이고 합목적적인 진행을 하다가 비꾸러지기도 하는데 비꾸러졌으니까 금방 모든 은혜를 두절해 버리시고 그를 징벌하시지는 않습니다. 만일 그렇게 하신다면 누구도 견딜 수 없을 것입니다. 그런데도 불구하고 그 사람에게 여전히 건강이 유지되고 생활의 번영이 어느 정도 유지되고 그러니까 사람들은 그래도 괜찮은 술도 방심하기 쉽고 '아, 저렇게 하더라도 상관없구나' 하고 나쁜 샘플을 취하기 쉽습니다. 그러나 그것은 하나님의 책임이 아닙니다. 하나님께서 충분히 알 수 있을 만큼 모든 것을 가르쳐 주셨는데도 불구하고 사람의 마음이 여리고 자기의 정욕에 차서 하나님의 거룩한 바른 도리를 보는 대신에 항상 개인적인 복리와 행복주의(eudaemonism) 가운데서 살아가는 까닭에 항상 나쁜 샘플을 취하는 것뿐입니다.

　이런 모든 것들도 결국 하나님의 은혜입니다만 반드시 직접적인 구속의 은혜로서 사역하는 것은 아닙니다. 물론 모든 것이 궁극적으로는 하나님의 거룩하신 지상(至上)의 대권(大權)에 관계되어 있기 때문에 간접적으로라도 그 은혜 가운데 연결됩니다. 지상의 대권은 하나님의 도덕적인 존재와 하나님의 절대적인 존재의 속성에 다 관계됩니다. 그러나 적극적으로 구속을 위해서 확호하게 계시하시는 어떤 사실과 직접적인 관련이 없이 내리는 여러 가지 은혜가 있는 것입니다. 그것은 개인적인 경우만이 아니고 일반 사회적인 경우도 많이 있습니다. 가령 우순풍조(雨順風調)해서 풍년이 들었다면 그것도 하나님 은혜입니다. 흉년이 계속적으로 들어서 나중에는 사람들의 민심이 오오(嗷嗷)하고 살기가 어렵게 되면 예수 믿는 사람이라고 해서 거기서 쏙 빠져 나올 수는 없고 다 같이 고난을 받는 것입니다. 그러나 풍년을 주어서 혹은 경제가 윤택하게 되거나 지혜로운 위정자들이 나서서 그 나라의 경제적인 정책을 지혜롭게 잘 써서 국고가 점점 풍요하게 된다든지 하면 생활이 윤택하게 되니까 마음들이 풀어져서 유여(有餘)하고 얼굴에는 다 희색이 있고 그럴 것입니다. 가정으로 보면 그것은 마치 가난해서 살기가 어려운 집은 마음이 편하지 못하고 항상 괴로워서 '어쩌면 좋을꼬?' 하고 근심이 있기 쉬운 것과 마찬가지입니다. 사람이 성자가 아니니까 그러기가 쉽습니다. 국가의 경우에도 마찬가지입니다.

　이렇게 하나님께서는 사람에게 일반적인 은혜를 주시는 것입니다. 하지만 은혜의 수단 혹은 은혜의 방도라는 말을 쓸 때에는 그런 모든 은혜를 이야기하는 것이 아닙니다. 만일 그렇게 모든 은혜를 이야기하기로 한다면 은혜의 방도를 꼭 세례나 성찬이라는 성례와 하나님의 말씀만으로 한정하지 않을 것입니다. 물론 하지(A. A. Hodge, 1823-1886) 선생은 기도를 거기에 포함했고 소요리문답에도 역시 기도를 '유효한 은혜의 방도'라고 표현하고 있습니다(참조. 88문). 그러나 명확하게 말할 때 가장 큰 것은 말씀과 성례 이 두 가지입니다. 요리문답에서 기도를 포함해서 이야기하는 것은 그것이 유효하다는 이야기일 뿐입니다.

그런데 그렇게 말하자면 이미 우리에게 주신 모든 은혜는 그것이 은혜인 동시에 은혜의 방도가 되는 것입니다. 믿음이라는 것도 하나의 은혜이지만 동시에 믿음으로 말미암아 더 많은 것을 얻어 낼 수 있는 것입니다. 믿음이 있는 사람과 없는 사람이 큰 차이가 있어서 믿음이 있는 사람이 그만큼 하나님께 가까이 갈 수 있었다면 믿음이 은혜의 방도가 된 것입니다. 그런 것뿐 아니라 신생과 신생하지 않았다는 문제, 변개에 있어서 회개와 회개가 없다는 사실, 성화의 문제에서도 그 신속한 것과 지둔한 것은 의미가 다 다릅니다. 그렇게 말하면 모두 은혜의 방도가 된다는 것입니다.

그러므로 우리가 은혜의 방도라고 할 때에는 명확하게 늘 가르친 대로 첫째는 하나님의 말씀이고 둘째는 그 말씀을 가시적인 형태로서 공급하는 성례입니다. 이렇게 은혜의 방도로서 성례가 존재하는데, 성례라는 말은 마치 사람이 예식을 행한다는 것같이 되어서 좋은 번역은 아닙니다. 새크러먼트(sacrament) 혹은 비적(秘蹟)이라고 하십시다. 에덴에는 이런 신비한 표적으로 내려 주신 것이 있었습니다.

은혜의 언약과 하나님의 대권

하나님께서는 사람과 거룩한 은혜의 계약을 맺으셨습니다. 이 계약(agreement)이라는 말을 주의하시기 바랍니다. 계약이라는 형태를 취했다는 것은 하나님께서 계약을 받을 사람과 동등한 위치에 서서 '너는 그렇게 해라. 나는 이렇게 하마' 한다는 것이 일반적인 개념입니다. 그러나 하나님께서 사람과 계약하시는 데에는 독특한 점이 몇 가지 있습니다. 하나님은 창조주이시니까 사람에게 요구할 것을 요구하셨다고 해서 사람에게 부채를 지는 것은 아닙니다. 다른 말로 하면 사람은 무엇을 하든지 아무런 공로(credit)가 없다는 것입니다. 최

선을 다해서 가장 완전히 의롭다고 하더라도 아무 공로가 없습니다. 왜냐하면 사람은 당연히 그렇게 할 것으로, 당위(當爲)로 그것이 주어진 것입니다. 그렇게 피조된 것입니다. 그것이 사람의 위치입니다. 사람은 하나님을 반역할 수 있는 권리를 가져서 반역하는 것이 아닙니다. 정당한 권리 행사로, 정당성을 가지고 반역하는 것이 아니라는 것입니다. 사람은 언제든지 하나님 앞에서 만드신 본의에 합당하게 가장 흠 없이 의롭게 산다고 해도 아무것도 주장할 수 없습니다. 그런데도 불구하고 하나님께서는 하나님의 창조의 목적에 연결되는 생활을 요구하시는 명령을 하시고 이 명령과 더불어 하나님께서는 스스로를 내리셔서(condescend) '그러면 나는 이렇게 하마' 하신 것입니다. 하나님께서 내리셨다는 것은 은혜입니다. 값없이 주시는 것입니다. 하나님께서 그러실 이유가 없고 필요가 없습니다. 그렇게 부채를 진 일이 없고 그럴 책임이 없는데도 그렇게 하셨습니다. 꼭 그렇게 해야 할 이유가 없지만 그렇게 하시면 그것은 은혜인 것입니다. 하나님께서 기뻐하시는 뜻대로 하신 것입니다. 사람 편에서 그것을 요구할 아무런 법적인 권리나 주장할 근거가 없다는 말입니다. 그런데도 불구하고 내려 주셨으니까 은혜입니다. '내가 이렇게 은혜를 내려서 너와 한 평면에서 약속으로 나 자신을 맨다' 하신 것입니다. 하나님께서 사람의 인격에 대해 높이 대접해 주신 것입니다.

  그런 상태로 하시되 사람하고 '그것이 좋으냐? 이렇게 해 볼까, 저렇게 해 볼까?' 하고 의논할 필요는 없습니다. 사람은 장래 일을 모르는 까닭에 그 장래에 어떻게 되어야 하는 문제에 대해서까지 자담(自擔)하고 책임 있게 이야기할 수 없습니다. 사람끼리는 '내가 내일 줌세' 혹은 '내일 어떻게 함세' 그런 이야기를 합니다. 그러나 물론 그것은 하나님께 대한 신뢰를 전제로 하고 하는 것입니다. 내일 내가 살아 있다는 전제하에서 그 이야기를 하는 것이지 오늘 밤에 죽을 것을 안다면 '내일 내가 이렇게 하겠다' 하고 말하지 못할 것입니다. 알지도 못하면서 장담할 수 없는 것 아닙니까? 그런데 내일 살아 있을는지 죽어 있을는지 알지도 못하면서 내일 이렇게 하겠다고 약속을 하는 것은 하나의 가정적인 전제 가운데서 하는 것입니다. 사람인 까닭에 그렇습니다. 그러한 사람이 모든 장래를 친히 통재하시고 예료(豫料)하시고 경륜하신 하나님 앞에서 '예, 그러면 내일 그렇게 하겠습니다' 그렇게 못한다는 말입니다. 하나님 앞에서는 '하나님께서 허락하시면', '하나님께서 나를 존재케 하시면' 이런 조건을 붙여서 늘 생각하는 것입니다.

그래서 "오늘이나 내일이나 우리가 아무 도시에 가서 거기서 일 년을 유하며 장사하여 이를 보리라 하는 자들아"(약 4:13) 하고서 책망하시지 않았습니까? 사람이 보기에는 가장 그럴듯한 이야기입니다. 오늘날 세계의 모든 실업가가 다 그렇게 하는 것입니다. 반드시 떠나가서 하는 것은 아니지만 어떤 유리한 방도를 취하겠나고 할 때는 '일 년 동안은 이런 정책이다. 여기에 출장소를 내고 내가 출장하든지 출장을 보내든지 하겠다' 하고서 계획을 합니다. 그러니까 보통 사람들이 장사하는 계획을 하는 것을 생각하면 그것이 무슨 잘못이라고 할 수 없는 것입니다. 그런데도 성경은 분명히 그것을 잘못이라고 맹렬하게 지적했습니다.

야고보서에서 무엇을 전제로 하고 이야기하는지 잘 아시지요? "들으라, 너희 중에 말하기를 오늘이나 내일이나 우리가 아무 도시에 가서 거기서 일 년을 유하며 장사하여 이를 보리라 하는 자들아, 내일 일을 너희가 알지 못하는도다. 너희의 생명이 무엇이뇨? 너희는 잠깐 보이다가 없어지는 안개니라. 너희가 도리어 말하기를 주의 뜻이면 우리가 살기도 하고 이것저것을 하리라 할 것이거늘 이제 너희가 허탄한 자랑을 자랑하니 이러한 자랑은 다 악한 것이라'(약 4:13-16). '이것은 허탄한 자랑이다. 너희의 이 자랑은 악한 것이다' 하고 말했습니다.

오늘날 실업가들에게 이러한 부분은 빼고 그 행위 부분만을 서술하면서 '이것이 가장 그럴듯한 이야기가 아니냐? 가장 있음직한 이야기가 아니냐?' 하고 물으면 어떤 사람이든지 '아, 그럼직하다' 할 것입니다. 누구든지 그렇게 계획한다는 말입니다. '내일은 어디에 가서 물건을 얼마만큼 차입하겠다든지, 물건을 얼마만큼 갖다가 내놓고서는 얼마를 팔아야겠다. 어디서 얼마만큼 주문이 왔으니 내일은 이것을 보내야겠다' 누구든지 이렇게 할 것입니다. 그런데 거기에 대해서 '그렇게 하는 것은 악한 것이다' 하고 말했습니다. 안 믿는 사람은 모르니까 그렇지만 믿는 사람에 대해서는 이런 예를 들어 놓고 거기에 빠진 것을 명확하게 지적하고 '그것을 빠뜨리고 하는 동안에는 악하다' 하고 이야기한 것입니다.

첫째는 '네 생명을 네가 무엇으로 알고 네 멋대로 보증을 해서 그런 소리를 하느냐? 네 생명을 네가 좌우하지 못하는 것이 아니냐? 생명의 존재에 대해서 네가 잘 알지도 못하는 것 아니냐' 그것입니다. 생명이라는 문제는 신비한 것입니다. 엄격하게 말하면 '생명이라는 것이 이런 것이다' 하고 묘사는 할 수 있을지언정 '생명은 이것이다' 하고 말하기 어려운 것입니다. 마찬가지로 '죽음은 이것이다' 하고 말 못하는 것입니다. 사람은 제멋대로 죽음에 대해서 혹은 많이 혹은 적게 다 생각하는 것입니다. 생명에 대해서도 제멋대로 어느 정도만큼 생각하는 것뿐입니다. 그러니 그것도 생명에 대한 정의(定義)가 아니고 생명에 대한 유사(類似), 근사치로 '이렇게 생겼다' 하고 생각하는 것입니다.

여기 야고보서에서는 "너희 생명이 무엇이뇨? 잠깐 보이다가 없어지는 안개니라" 해서 은유법(metaphor)을 써서 이야기했습니다. '잠깐 보이다가 없어지는 안개와 같다' 한 것이 아니라 '안개니라' 해서 은유법을 써서 이야기했습니다. 그런 것으로 표상할 수 있다는 말입니다. 우리가 안개를 잡을 수 없습니다. 잡을 수가 없고 잡힐 만한 것도 아니고 언제 없어질는지 보장할 수 없습니다. 그러니까 도리어 어떻게 해야 하느냐 하면 "말하기를 주의 뜻이면 우리가 살기도 하고 이것 저것을 하리라 할 것이거늘" 생명은 주님이 친히 지지하시고 당신의 의사에 의해서, 거룩한 의지에 의해서 나에게 공급도 하시고 즉 유지도 하시고 거두기도 하신다는 생명의 존재의 절대권, 내 자신이 개입할 수 없는 절대권자의 거룩한 의사에 의해서 움직인다는 것을 늘 승인해야 한다는 것입니다. 우리가 일일이 다 이렇게 말을 하지는 않지만 늘 그런 생각하에서 움직이는 것입니다. 이렇게 하나님의 보장 안에서만 이야기를 할 수 있는 것이고 습관이 또 그렇게 들어야 합니다.

히브리 사람들은 이러한 철학이 그 사람들에게 十제석으로 늘 명확히 있어야 하는 까닭에 어렸을 때부터 아이들에게 가르치는 것이 있습니다. 무엇을 약속하면 그 말에다가 '그 이름께서 원하신다면 그렇게 하자' 하는 말을 붙입니다. 하나님을 대표해서 말할 때 '하늘'이라는 말을 쓰든지 그렇지 않으면 이름 가운데 오직 유일의 이름이라는 뜻으로 '그 이름'(הַשֵּׁם)이라는 말을 씁니다. 그래서 임 이르쩨 하쉠(אִם יִרְצֶה הַשֵּׁם)이라는 말을 늘 씁니다. '그 이름께서 그렇게 하신다면' 하는 말입니다. 다시 만나자는 말, '아니 로쩨 리프고쉬'(אֲנִי רוֹצֶה לִפְגֹּשׁ) 하면, '임 이르쩨 하쉠' 하고 대답합니다. 그 이름께서 원하신다면 그렇게 한다는 말입니다. 그 성호(聖號)가 원치 않으신다면 내가 백번 야단 내 봐도 안 된다는 것입니다. 거기에 소극적인 자탄(自嘆)의 말이 하나 있는데, 그것은 썩 좋은 말은 아니지만 '에인 브레이라'(אֵין בְּרֵירָה), 노우 초이스(no choice), 선택할 자유가 없다는 말입니다. 일이 이렇게 됐는데 내가 그렇게 안 되려고 아무리 버둥거려 봤아도 별수 없는 것이다. 우리나라에서는 막비천명(莫非天命)이라는 말이나 혹은 운수불길(運數不吉)이라는 말을 씁니다. 동양적인 철학에서 가지고 있는 인생관, 사관(史觀) 혹은 운명관이라는 것이 있어서 그런 말들을 씁니다만 여기 히브리적 사상 가운데 '임 이르쩨 하쉠'이라는 것은 저희 멋대로 만들어 낸 것은 아닙니다. 성경에서 나온 것입니다. 지혜서에서 특별히 그것을 가르칩니다. 신약에 있어서 가장 명확한 지혜서가 야고보서입니다. 마치 구약에 있는 지혜 문학서와 같은 지혜 문학입니다.

여기서 말씀한 것은 먼저 "만일 주의 뜻이면 우리가 살기도 하고", 우리를 살게 하시고 존재케 하시는 것, 이것이 또한 주의 뜻이라는 것입니다. 우리가 '주의 뜻'이라는 말을 잘 모르고서 함부로 쓰면 안 된다는 것을 때때로 이야기했습니다. '주의 뜻'이라는 말은 주님의 큰 섭리의 법칙 자체가 주의 뜻입니다. 섭리의 법칙하에서, 즉 주님께서 유지하시고 다스리시고 그것의 발전을 위해서 모든 것이 협조해서 적시 발생하게 하신다는 것입니다. 그러니까 주님께서 유지하시고 보존하시는 그 섭리에 의해서 나를 생존케 하시면 그다음에는 이것도 하고 저것도 한다는 말씀입니다. 이와 같이 항상 주님의 거룩하신 크신 뜻 가운데서 무슨 일이든지 해 나간다는 것을 바르게 알고 나아가야 할 것입니다.

역사의 출발점과 귀착점

이제 다시 본론으로 돌아가서, 주님께서 친히 사람에게 '이렇게 하면 내가 이렇게 하리라' 하고 약속을 하시려고 할 때 사람이 '예, 저는 이렇게 할 테니까 그렇게 하십시다' 하고 대답하기를 요구하시지 않습니다. 사람은 '주의 뜻'이라는 하나님의 통재의 큰 대권과 그 대권을 행사하는 절대 의지 가운데에 자기의 장래를 늘 예측치 못하고 맡기고 사는 까닭에 그것을 요구하지 않는 것입니다. 그러니까 필연적으로 하나님의 약속은 친히 과제를 내시고 '나는 이렇게 하마. 너는 이렇게 해라' 하는 일종의 명령과 같은 형식을 취합니다. 그러나 단순한 명령이 아니고 그 뒤에 조건을 붙이는 점에서 약속입니다.

사람에게 명령을 내리실 때에는 그 명령 뒤에 이런 거룩한 계약의 사실이 늘 숨어 있는데 그것을 항상 회억(回憶)하게 하고 깨닫게 하는 데 필요한 것들이 표징입니다. 표징은 하나님의 약속을 확증해 줍니다. 그것으로 말미암아서 하나님의 약속을 바르게 보고 바르게 적용해서 그 약속이 무엇 때문에 존재하는가를 알고, 그것을 잘 사용하면 구속의 은혜를 받는다는 사실이 거기에 존재할 때에 그것이 바로 새크러먼트입니다. 에덴에 그런 것이 있다면 그것이 무엇이겠습니까? 이것저것을 드는 신학자들이 많이 있지만 우선적으로는 생명나무입니다. 왜냐하면 결국 표징으로 나타내서 가르쳐야 할 제일 중요한 은혜의 내용은 생명이기 때문입니다. 그 생명을 표징하기 위해서, 생명을 그에게 알려 주실 뿐만 아니라 하나님께서 약속하신 그 사실을 확인하기 위해서, 그리고 그 표징과 확인을 자기에게 가장 한껏 잘 적용할 때에 은혜가 되기 위해서 세워 놓으신 것이 에덴동산의 생명나무입니다. 그리고 그 약속의 내용은 아까 말씀드린 것과 같이 사람은 자기의 장래를 어떻게 예료할 수 없는 까닭에 이러고저러고 할 수 없지만 하나님께서는 그에게 대한 어떤 보장 가운데에서 말씀하신 것입니다. '이렇게 해라. 그러면 이렇게 한다' 하는 보장입니다. 하라고 하신 것을 할 수 있게 해 주신다는 말입니다. 이러한 보장이 거기 있다는 사실이 명령으로 임했는데 그것이 바로 선악수(善惡樹)의 금령입니다.

선악수의 금령은 에덴에서의 문제입니다. 그런데 그것으로 말미암아서 이르러야 할 귀착점은 생명과(生命果)가 표징하고 있는 내용입니다. 출발점으로 있는 것이 선악수이고 귀착점은 생명나무입니다. 그러나 귀착점은 현실이 아니고 표징으로 나타날 수밖에 없습니다. 왜냐하면 그것은 역사 끝의 이야기이기 때문입니다. 아직 역사의 시작이니까 많은 시간이 흘러서 역사의 끝에 귀착해야 할 것입니다. 그런데 출발에서 실패했지요? 실패했으니까 하나님께서 인생을 창조하신 거룩한 본의가 무너진 것같이 되었습니다. 그러나 성경은 뭐라고 이야기합니까? 많은 파노라마의 과정을 겪고 역사의 찬란한 현실을 겪어서 최후에 귀착하는 곳은 또 하나의 동산(garden)입니다. 오늘 우리가 읽은 내용이 또 하나의 동산입니다. 하나님의 동산으로 다시 돌아가는 것입니다. 그것은 사람을 창조할 당시에 에덴에 있던 하나님의 동산과는 다른 것입니다. 그러나 유사한 점이 있습니다. 그것은 출발점으로서의 동산이었는데 이것은 귀착점입니다.

창세기의 맨 처음에서 시작했던 역사의 출발점의 배경 자체가 계시록 맨 마지막에서 영화(榮化)된 형태로 나타나고 거기에 도달한 것으로 가르치는 것입니다. 퍽 예술적이지 않습니까? 어떤 테마가 나와서 결국 최후의 카덴차(cadenza)로 들어가서 마지막의 종지(終止) 역시도 출발점에 있는 화음(chord)과 동일한 것이 나타납니다.

교향곡(symphony)을 시작할 때에는 대개 주조(主調)가 나옵니다. 제일 처음에 가장 인상적으로 사람의 마음에 '이것이 주조(tonic)다' 하고 심어 주는 것이 여러 번 나옵니다. 그 앞에다 장식음을 넣는지 혹은 주조를 강조하기 위해서 속조(屬調)로 시작하든지 그것은 상관이 없습니다. 가령 베토벤의 교향곡 제1번은 맨 처음에 주조로 시작하지 않습니다. 하지만 결국 귀착해서 큰소리를 하나 내 주는 것은 주조의 소리입니다. 그리고 악장이 다 지나서 마지막에 들어가서 최후의 화음(chord)은 무엇입니까? 맨 처음에 시작했을 때의 조(調, key)의 주조입니다.

성경도 그런 일대 교향곡과 같은 방식입니다. 시작을 할 때 가든(garden), 히브리 말로는 에덴에서 시작해 가지고 또 하나의 에덴으로 돌아가는 것입니다. 그러나 이것은 출발점(starting point)의 에덴은 아닙니다. 그런데 거기에 새크러먼트로 존재했던 것이 여기서는 새크러먼트가 아니라 이제는 충분히 모든 것을 공급해야 할 심벌(symbol)로 존재하고 있습니다. 이것을 상징적(symbolic)으로 표시했지만 이제는 이것이 하나의 표징으로서 사람을 유도하고 이끌어 가기 위한 하나님의 인증으로만 존재하지 않고 하나님의 인증의 구체적 사실이 공여(供與)된다는 것으로 나타납니다. 달마다 열매를 맺어서 공급한다는 것을 이야기하고 있습니다. 이래서 이제 결국 참된 영광의 정상(頂上), 혹은 영광의 높은 봉우리에 올라가는 것이 마지막 이야기입니다.

등불과 햇빛이 쓸데없으니

거기에 '빛이 쓸데없다' 하는 말이 있습니다. 최초에 창조할 때 하나님께서 맨 처음에 '있으라!' 하고 존재를 명하신 것은 무엇입니까? 맨 처음 있게 하신 것은 빛입니다. 물론 빛도 창조하셨습니다. 언제고 창조했겠지만 창세기 1장의 맨 처음에 첫째 날이라 해서 한 말은 "빛이 있으라 하시매 빛이 있었고" '빛이 있으라!' (יְהִי אוֹר, 여히 오르) 하니까 '빛이 있었다.' 그래서 빛이 거기 있었다는 말입니다. 그러더니 그 빛 아래에서 모든 것이 움직였습니다. 빛이 비치므로 모두 움직였습니다. 빛이 있기 전에 가령 무엇이 있었다고 하더라도, 결국 사람의 인식의 세계에서 그것의 존재를 인식할 수 있으려면 사람에게 최소한도 몇 가지의 외부적인 조건이 필요합니다. 우선 그것을 인식할 수 있는 능력이 있어야 합니다. 인식이라는 지적인 광명을 우리가 포착(catch)할 수 있는 능력이 있어야 하는 것입니다. 둘째는 그것이 지적인 것, 즉 정신적인 것이었든지 혹은 현실적이고 물리적인 것이었든지 간에 광명이 실지로 외부에서 비치고 있어야 하는 것입니다. 그렇지 않으면 식별할 수가 없습니다.

    칸트(Immanuel Kant, 1724-1804)는 '그런 외부의 여러 가지 조건하에서 비로소 우리는 인식할 뿐 아니라 인식한 사실이 어떻다 하는 평가를 받게 되는데 그 평가받은 그것은 그것대로의 실재는 아니다' 하고 말했습니다. 여기에 붉은 꽃이 있는데 붉은 꽃을 '붉다' 하고 '저건 꽃이다' 이렇게 우리가 인식하고 말을 하지만 그러나 그런 것은 현상(phenomena)이지 실재(reality)는 아니라고 했습니다. '빛이 없어진다고 하면 그것이 붉은 꽃인지 검은 꽃인지 혹은 누런 꽃인지 어떻게 아느냐?' 빛을 대단히 중요하게 생각한 것입니다. 깜깜한 방에 꽃 하나를 가져다 놓고 '이것이 붉은 꽃이냐, 푸른 꽃이냐, 남색 꽃이냐, 노란 꽃이냐?' 하고 알아맞히라고 할 때 그곳이 완전히 차단된 암실이라면 알 길이 없습니다. 모든 빛을 잘 식별할 수 있는 감관 작용을 정상으로 가지고 있다고 할지라도, 우리의 관능이 정상이라고 할지라도 그것을 알 수가 없습니다. 빛이 있어야 비로소 그것이 가령 붉은 색이라고 말할 수 있습니다. 그런데 만일 빛이 다른 상태라면 어떻겠습니까? 빛깔이 전연 다를 것입니다. 색채라고 하는 것은 태양 광선을 분광기로 분광했을 때에 가지고 있는 요소 가운데서 우리가 식별할 수 있는 붉은빛, 푸른빛, 남색 등등을 이야기하는 것입니다. 예를 들어 선글라스를 쓰고 바라보면 그것은 모두 다른 빛깔이 됩니다. 특별히 흰색과 선글라스와 똑같은 색을 식별하기 어려운 것입니다. 그와 같이 우리는 어떤 물리적인 조건하에서 존재를 생각하는데, 문제는 그만한 우리의 인식의 카테고리가 필요하다는 것입니다.

그런데 여기 계시록에서 빛이 어떻게 되었습니까? 빛이 쓸데없다고 그랬습니다. 그 이야기는 결국 무엇입니까? 거기서 빛이라고 하면 가령 태양 광선과 같은 그런 빛입니다. 우리가 부르는 「거룩한 성」(Holy City)이라는 찬송에도 보면 마지막 절에 '햇빛이나 달빛이 소용이 없으니……' 하는 가사가 나옵니다. 그것은 여기 있는 말씀을 가지고 만든 가사일 텐데, 햇빛은 물리적인 광선이니까 어떠한 조건 또는 요소(element)를 가지고 있습니다. 그것은 변동할 수 있는 것입니다. 가령 그것을 감수(感受)하는 감각기관은 동일하다고 할지라도 변동은 변동입니다.

그러면 이제 마지막에 귀결한 동산에 있어서의 빛은 무엇입니까? 주 하나님이 빛이시라고 했습니다. 이것을 여기서 지금 해석하려고 하는 것은 아닙니다. 해석을 하자면 조금 깁니다. 헬라어로 '주'는 퀴리오스(κύριος), 그리고 '하나님'은 쎄오스(θεός)입니다. 이것을 히브리 말로 하면 아도나이 엘로힘(אֲדֹנָי אֱלֹהִים)입니다. '주 하나님께서 빛이시다.' 그러면 무엇보다도 빛으로서의 하나님이십니다. 성경에 하나님에 대한 정의와 같은 선언이 있는데 첫째는 "하나님은 사랑이시라"(요일 4:16) 하는 것이고, 그다음에 "하나님은 빛이시라"(요일 1:5) 하는 말씀이 있습니다. "하나님은 빛이시라. 그에게는 어두움이 조금도 없으시니라." 옛날 번역에는 '털끝만치도 어둠이 없으시니라' 했습니다. 그것이 정의(定義) 같은 선언입니다. 그러니까 하나님이 빛이시라고 할 때는 그 빛 자체가 하나님의 속성을 부분적으로 표시하는 것보다도, 어떤 특성을 중심으로 해서 하나님 당신을 표시하려고 할 때 이렇게 쓴 것입니다. 마치 사랑이라는 말을 중점으로 해서 하나님의 도덕적 존재의 총화를 특성적으로 표시하고 인격적 존재를 표시하듯이 빛이라는 말로 하나님을 표시하는 것입니다.

그런데 주 하나님이 비추시는 까닭에 다른 빛이 소용이 없다는 이야기입니다. 중요한 것은 태양 광선과 같이 조건적인 요소를 가진 빛이 아니고, 즉 불완전한 빛이 아니고 빛으로서 절대적으로 완전하다는 이야기입니다. 다시 그것이 변동될 수 있는 상대적이고 결함이 있는 빛이거나 혹은 가변적인 조건하에 있는 빛이 아니라는 것입니다. 그 완전한 빛이 비칠 때 칸트가 말하던 현상(phenomenon)이 아니라 실재(reality)로 존재하게 되는 것입니다. 이것으로 현상의 세계(the world of phenomena)를 떠난 실재의 세계(the world of reality)를 표시하려고 한 것입니다. 여기서 바로 그것을 느낄 수 있습니다. 그래서 여러 가지 상징적(symbolic) 용어로 이야기한 것입니다.

현상 세계와 실재 세계

우리가 이 두 마디를 가지고 오늘 이야기를 대개 끝낼 것입니다. 때때로 우리 교회에서 성경 공부를 할 때 실재의 세계의 문제를 이야기했습니다. '이것이 현상 세계의 문제가 아니라 실재의 세계에 있어서의 문제다' 하는 말을 여러 번 들으셨을 것입니다. 이 실재의 세계가 궁극적으로 현 역사 세계의 종국에 나타나는 것입니다. 그러나 이것이 새로운 역사의 시작이냐 하면, 범주(範疇, category)가 변하고 차원이 달라진 까닭에 시작이라든지 끝이라든지 하는 말은 어폐가 있습니다. 시작이라든지 끝이라든지 말할 때에는 첫째는 거리, 둘째는 시간, 즉 공간과 시간과 인과 관계 아래에서 하는 이야기입니다. 사람이 무엇을 사유(思惟)하든지 무엇을 평가하든지 모든 인식 작용에 있어서 필요한 범주가 있는데 이것은 그런 범주에서 벌써 벗어난 것입니다. 그러니까 성경은 시간을 초월했다는 의미로써 '영원하다' 하는 말을 씁니다. 히브리어로 올람(םלוֹע)이란 말은 '장구(長久)한 시간'을 뜻하는 말이 아닙니다.

사람들은 보통 '영원'이라는 말을 시간에다 시간을 계속 더하는 의미로 씁니다. 그렇지만 시간에다가 아무리 시간을 더해도 결국 시간이라는 관념과 범주 가운데 있는 것입니다. 시간을 초월한다는 것은 이것과 의미가 완전히 다릅니다. 이 실재의 세계는 시간이라는 범주마저도 벗어난 것입니다. 왜냐하면 완전하신 하나님의 빛이, 완전하신 하나님의 그 거룩한 속성의 조요(照耀)가 전체를 지배하고 있기 때문입니다. 이것은 극치(極致)의 이야기입니다. 우리가 하나님의 절대의 경계의 완전성을 다 사유할 수 없는 까닭에 그것을 구체적으로 다 알 수는 없지만 그것을 아주 정교하게, 사람의 생각이 도달할 수 있도록 묘사하고 표현한 것이 이런 식입니다. 옛날 구약 시대의 선지자들도 그런 아주 우수한 표현을 때때로 썼습니다. 우리가 이 이상으로 더 좋은 표현을 써서 이야기를 해 본다고 해도 결국 그 생각에는 한정이 있습니다. 이러한 시공과 인과 관계 아래에서 움직인다는 것이 아닙니다. 거기에 인과 관계가 있다고 하더라도 이 땅에서는 하나님께서 원인으로서 존재하시고 이 땅 위의 역사는 그 결과로써 자꾸 움직여 나가는 것이지만 계시록 마지막에 나타나는 세계에서 하나님께서 전체를 비추실 때에는 스스로 원인이요 결과인 것입니다. 재귀(再歸)하는 것입니다. 그런고로 인과 관계가 명확하게 성립하기 어렵습니다. 이것이 그러한 세계입니다.

계시록은 땅 위에서 출발합니다. 그런 다음에는 여러 가지 거대한 역사 전체의 조류에서 무엇을 보았고 이어서 땅과 하늘에 있는 무대

(stage)를 다 보았습니다. 그러면서 역사의 새로운 창조라는 것은 땅 뿐만 아니라 하늘의 어떤 의식(意識)과 인격자들의 큰 움직임 가운데서 이루어지되 결국 만유의 주재(主宰)이신 하나님의 절대의 대권과 경륜 아래에서 모든 것이 이루어지고 진행된다는 것을 보았습니다. 그리고 이제 마지막에는 이렇게 하나님의 완전의 경계, 인간적인 범주를 벗어난 경계에 올라선다는 것을 보이시는 것입니다. 그러므로 계시록은 굉장히 호방(豪放)한 책입니다.

히브리 성경의 구분

계시록이 우리의 관념의 진행에 현저하게 보태 주는 것이 하나 있습니다. 그것은 사관(史觀)이라는 문제입니다. 성경은 구약 창세기부터 시작해서 그다음에는 출애굽기로 이야기가 발전하고 그다음에는 민수기로 뛰어서 신명기에서는 그것을 종합해서 재론하고 여호수아부터 사사기, 룻기, 사무엘, 열왕기, 역대기와 거기에 붙어 있는 에스라, 느헤미야, 에스더까지 그다음에 신약에 와서 4복음서와 사도행전이 주로 역사 이야기입니다. 우리가 거기서 풍부하게 취득할 수 있는 것은 역사의 자료입니다. 그리고 그것은 시간의 추이(推移)와 경과에 따라서 발생한 사건들을 수집할 수 있는 자료입니다. 그 사건들의 성격이 어떤 것인가를 알려면 그것만 가지고는 안되고 후선지서라는 것들을 잘 보아야 합니다.

히브리 사람들은 구약을 토라, 느비임, 케투빔 이렇게 나눴는데 중간에 있는 느비임을 나눠서 둘로 나누어서 전선지자, 느비임 리쇼님, 그리고 나중 부분은 후선지자, 느비임 아카로님이라고 했습니다. 전선지자라고 할 때는 아까 말하던 역사서들입니다. 오늘날에는 칠십인 역경(Septuagint) 이후로는 그것을 역사서라고 부릅니다. 그렇게 부르는 이유는 거기에 있는 자료(subject matter) 때문입니다. 그렇지만 히브리 사람들의 사관으로는 그것을 역사서가 아니라 예언자들의 글이라고 생각했습니다. 예수님 당시까지라도 이것은 예언자의 글이라고 보았습니다. 예수님께서 성경을 지적하실 때에도 이러한 구분을 쓰셨습니다(참조. 눅 16:29; 24:44). 히브리 사람들에게 전통적으로 내려오던 구분 그대로를 쓰신 것입니다.

칠십인 역경(Septuagint)에는 글 쓰는 예언자(writing prophet)가 몇 명이 나옵니까? 책은 몇 권이지요? 보통 성경 학교에서 배우는 식으로 하더라도 얼른 그것을 알 수 있지 않습니까? 대선지와 소선지가 몇 권입니까? 대선지가 다섯 권, 소선지는 열둘, 합해서 열일곱 권입니다. 그러면 쓴 사람도 열일곱입니까? 예레미야가 애가까지 두 권을 썼으니까 사람은 열여섯입니다.

그러면 다시 돌아가서 히브리 성경의 후선지서는 무엇인가 하면 이사야, 예레미야, 에스겔, 그다음에는 히브리 사람들은 소선지라고 하는 열두 사람의 책을 열두 권으로 안 나누고 한 권의 옐누 상과 같이 이름만 딱딱 써서 한 권으로 만들었습니다. 그래서 호세아, 요엘, 아모스, 오바댜, 요나, 미가, 나훔, 하박국, 스바냐, 학개, 스가랴, 말라기 이렇게 해서 열두 권입니다. 열두 사람 저자의 각각 하나씩의 작품을 합해 가지고 한 권에다가 집어넣어 가지고 열두 소선지라고 했습니다. 그래서 이사야, 예레미야, 에스겔, 열두 소선지를 합해서 후선지자라고 부릅니다. 우리 주님께서 쓰시던 성경이 그 성경입니다. 주님께서 '모세'라고 할 때는 오경, 즉 토라를 이야기하는 것이고 '선지자의 글들'이라고 할 때는 느비임입니다. 그리고 '다른 글'이라고 할 때는 케투빔입니다. 그렇게 나눠서 이야기하셨습니다.

히브리 사람들은 그 자료만을 가지고 이야기하지 않고, 여호수아,

사사기, 사무엘, 열왕기가 다 굉장한 역사인데 자료가 의미하는 바를 생각해서 그것을 선지자의 글이라고 했습니다. 그 사람들도 예언자(預言者), 즉 말씀을 맡은 자로 하나님의 부르심을 입은 카리스마가 있는 사람으로서 특수한 목적을 가지고 일을 했다는 것입니다. 그리고 단순히 그 사람들이 예언자였다는 것 때문에 그렇게 분류한 것은 아닙니다.

나중에 이스라엘 민족이 왕국을 형성한 다음에, 그 정치 체제와 전 사회를 지도하는 체계는 다른 나라들과 같이 중앙에 정부가 있고 국권을 쥔 국가의 원수 이하로 위정자들이 있어서 생활 전체에 대해서 간섭하고 또 정책을 세워서 '이렇게 해라, 저렇게 해라' 하고 명령을 했습니까? 그렇게 하지 않았습니다. 이스라엘의 왕의 관념은 주위에 있는 다른 어떤 나라와도 전연 다른 것이었습니다. 그래서 하나님께서는 주위에 있는 다른 나라의 왕의 관념을 본떠서 움직이려고 하던 사울을 '너는 소용이 없다' 하고 치신 것입니다. 이스라엘 국민을 포기하시지 않았던 까닭에 그렇게 하시고서 충실한 다윗을 들어서 쓰셨습니다. 다윗은 한번도 사울이 가졌던 제왕(帝王)의 관념을 품지 않았습니다.

이러한 왕의 제도와 병행해서, 백성의 정신생활뿐 아니라 생활의 규범과 마땅히 어떻게 나가야 할 것을 규정하고 나간 제도가 바로 사무엘부터 시작한 선지자 제도입니다. 왕도 거기에 순종하지 않을 수 없도록 강렬하게 지시하고 나간 것입니다. 선지자가 간헐적으로 혼자 나와서 말을 하고 들어가고 한 것이 아닙니다. 역사의 큰 조류로, 강한 체제로 움직여 나간 것입니다. '느비임'이라고 할 때는 그런 의미로 중요한 것입니다. 그들은 하나님께서 위대한 카리스마를 주셔서 들어 쓰신 사람들입니다. 자다가 꿈에서 깬 것처럼 벌떡 일어나 가지고 소리를 지른 사람들이 아닙니다. 충분히 훈련하고 교육해서 하나님의 그릇으로 연마했다가 쓰시려고 할 때에 불러서 쓰셨습니다. 그런 필요가 있었던 까닭에 그것도 제도로 만들어 놓은 것입니다. 맨 처음에 그 제도를 착상하고 그것을 강력하게 추진해서 그것이 확연히 이스라엘 역사 가운데 존재하도록 한 사람이 사무엘입니다. 그런 점에 사무엘의 위대한 공로가 있습니다. 사사로서 국민을 치리했다는 것보다도 그 점이 역사 위에서 아주 특기(特記)할 만한 사실입니다.

사무엘 이후에도 그 제도가 그대로 계속됐지만 거기에 파(派)가 생겨나서 소위 어용(御用) 예언자가 나왔습니다. 왕권에 아부를 해서 밥벌이만 하고 '왕이여, 출전하시옵소서. 여호와 하나님이 임하여 말씀하시기를 왕은 나가면 이길 것입니다.' 뿔을 만들어 가지고 '자, 이 뿔을 가지고서 치라고 하십니다' 이따위 짓을 하는 이상한 자들도 나왔습니다. 그것에 대적해서 바른말만 하려고 할 때에는 오히려 자중지란(自中之亂)이 나서 선지자가 선지자를 핍박했던 것입니다(참조. 왕상 22장). 이와 같은 것들이 이스라엘 역사에 나타나는 예언자의 모습입니다.

성경이 가르치는 역사관(歷史觀)

그런데 그러한 전체의 사실에서 우리가 얻는 것은 무엇입니까? 가령 그것이 내용에 있어서 선지자의 글이라고 할지라도 기록한 스타일과 자료에 있어서는 이사야나 예레미야와 사사기, 여호수아, 사무엘은 현저하게 다릅니다. 여호수아, 사사기, 사무엘, 열왕기는 주된 재료(subject matter)를 가지고 구분할 때에는 분명히 사기(史記)로서의 자료를 가지고 있습니다. 후선지자에 해당하는 이사야서는 그 중간 부분에 역사를 도입해 놓았지만 사기로서 풍요한 자료는 가지고 있지는 않습니다. 그렇지만 역사의 발생한 현실에 대한 해석으로서 중요합니다. 따라서 그것을 문화사적인 의미로 다뤄도 괜찮을 것입니다. 그러나 사건의 전개는 주로 전선지자에서 볼 수 있습니다. 이 전선지자부터 시작해서 나중에 쓰여서 제3부인 케투빔에 들어간 역대기와 다니엘, 그리고 혹 뛰어서 신약의 4복음서와 사도행전을 보면서 얻게 되는 것은 무엇입니까? 그 책들을 읽어 가면서 우리의 사상상 먼저 수립해야 하는 중요한 것이 무엇입니까? 요컨대 '자기의 사상이나 자기의 관찰과 판단의 내용을 어떻게 정돈하고 나가야 하는가' 하는 문제입니다.

이 세상에서 사람들이 살면서 왔다 갔다 하는 이런 모든 사실은 우리가 그 속에 살고 있는 동안에는 마치 물속에서 헤엄을 치고 있는 사람과 같아서 눈에 보이는 것은 물이고, 물은 저 물이나 이 물이나 큰 차이 없습니다. 인생이라는 창해(滄海) 속에 들어가서 헤엄치고 있는 동안에는 이 물이나 저 물이나 다를 것이 없습니다. 그러나 높은 데에 올라서서 관조(觀照)하고 내려다보면 산도 있고 들도 있고 시내도 있고, 여러 가지 펼쳐져 있는 것들이 일모(一眸)에 들어옵니다. 우리가 무엇을 보되 시간적으로 다음 일, 그다음 일, 이렇게 죽 나아가면 그런 것들이 하나의 역사(歷史)를 우리에게 일러 줍니다. 사건들이 연결되어서 역사가 이루어진다고 해서, 잡다한 사건을 수집해서 모아 놓으면 역사가 되는 것은 아닙니다. 역사라는 것은 하나의 뼈대가 있고 맥박이 있어서 흘러나오는 것입니다. 그러니까 그 역사의 큰 줄기에서 벗어나서 딴 데서 무슨 야단을 낸 것은 대단한 문제가 아닙니다.

사람은 각각 자기가 살고 죽는 것이 다 대단한 문제입니다. 그러나 전 인류 사회와 문화라는 관점에서 볼 때에는 어떤 사람이 죽고 사는 문제가 대단한 문제가 아니고 차라리 인류 전체에 영향을 미칠 수 있는 사람들이 죽고 사는 문제가 대단한 문제입니다. 그것이 역사입니다. 가령, 그 나라의 모든 백성을 좌우할 수 있는 권력자라든지 그 사람들에게 강력한 영향을 끼치는 사상가라든지 예술가라든지 이런 사람들의 생애가 중요한 문제입니다. 그런데 그것만이 전부가 아니고 사람과 사람과의 관계에서 그런 사건이 어떻게 발생해서 진전하고 어떻게 귀결되어 나가며 그 귀결된 사건은 어떻게 그다음 사건의 원인이 되었는가 하는 것을 자꾸 찾아 나가는 것입니다.

그런데 그런 일들이 무슨 의미를 가지고 있는가 하는 것은 역사에 대한 관찰에 따라서 달라집니다. '알렉산더가 정복을 하고 헬레니즘을 자기의 정복지 사방에 퍼뜨린 것이 잘한 일인가 잘못한 일인가? 과연 어떠한 의미를 가지고 있는가' 이런 것을 생각하는 것은 역사에 대한 해석입니다. 역사적 사실에 대한 해석인데 이것을 하려면 해석을 할 수 있는 자기 주관과 판단 기준(criteria)이 있어야 합니다. 이러한 것들이 속해 있는 사관(史觀)을 형성해서 가지고 있어야 하는 것입니다.

아무것도 알지 않기로 작정하면 무식한 것이 제일 편합니다. 그러나 알기를 원한다면 이런 경우에 성경이 우리에게 무엇을 가르치고 무엇을 요구하는지 알아야 합니다. 성경이 가르치는 큰 것이 있습니다. 성경은 우리에게 사관을 가지기를 요구합니다. 아무런 생각이 없는 사람이 되기를 원하는 것이 아니라 생각이 깊은 사람이 되라는 것입니다. '하나님께서 무엇을 생각하고 계시며, 하나님 나라는 어떻게 경영하시며, 인류 사회를 어떻게 통치하고 나가시며, 우리에게는 무엇을 하기를 원하시는가' 이것을 알기를 요구하는 것입니다.

우리에게 닥쳐오는 역사의 도전

여러분, 우리는 다 어떤 시기에 났습니다. 생년 생월 생일이 있을 것입니다. 그러면 그것을 여러분 마음대로 정해서 나온 사람이 있습니까? 아무도 마음대로 정한 사람이 없는 것입니다. 자기가 그 시간에 나오고 싶어서 나온 사람이 없습니다. 그렇게 나온 것뿐입니다. 우리가 다 나오고 보니까 20세기에 나서 살고 있는 것입니다. 여기에 19세기에 나오신 분 없지요? 우리가 다 20세기 전반(前半)에 한국 땅에서 나서 여러 가지 큰 사건들을 치르고 지나왔습니다. 과거 시대에 난 사람, 가령 19세기에 한국에서 났던 사람과는 전혀 다른 경험을 했습니다. 이렇게 역사의 어떤 시기에 우리가 나왔는데 '언제 나왔든지 마찬가지다' 하는 식으로 생각하고 지내면 되겠습니까? 우리가 나서 우리가 직면하고 매일 어떤 태도를 취하고 반응을 취하면서 사는 시대에 대해서 맹목적으로 막연하게 살아야 합니까, 아니면 목적의식을 확연하게 가지고 살아야 합니까? 하나님께서는 사람이 자기가 난 역사에 대해서 무의식적으로 살지 않고 합목적적으로 살아야 할 것을 가르치고 요구하시는 것입니다.

계시록 전편(全篇)을 다 보고 나서 강하게 느끼는 것은 '나하고 상관없는 역사는 의미가 없다. 나와 강한 관계를 가지고서 역사를 생각하라' 하는 것입니다. '그러므로 나는 어떤 사람이 되어야 하는가, 나는 어떻게 해야 할 것인가?' 하는 문제입니다. 그것은 단순히 한 개인에게 요구하는 것이 아닙니다. 거룩한 교회의 지체인 개인에게 요구하는 것입니다. 요컨대 '교회는 어떻게 해야 하느냐' 하는 것과 '그리스도의 지체로서는 어떠해야 하느냐' 이것이 중요한 문제입니다.

그런고로 앞서 말씀드린 성경의 여러 책들이 우리에게 역사의 자료로서 누누이 이야기하는 것은 거기에서 확연한 사관을 가지라는 것입니다. 역사에 대한 바른 관찰을 가지고 있으라는 것입니다. 그 시대의 것만이 아니라 그것을 연장해서 그것과 관계가 있고, 거기서 시작해서 흘러나온 오늘날의 역사에 나타난 가지와 잎과 열매가 무엇인가를 찾아보라는 것입니다. 덮어놓고 문화사적인 사관이나 정치사의 사관을 가지라는 이야기가 아닙니다. 이 사관은 창세기부터 시작해서 나온 것입니다. 거기서부터 차례차례 흘러 나왔습니다. 우리는 이 사관에 의해서 오늘날 하나님의 거룩하신 경영은 어떠하신가, 인류의 역사 현실 가운데서 전 세계의 사람들에게 어떻게 하고 계시는가를 볼 줄 알아야 하는 것입니다.

그러한 큰 사관을 여기서 얻을 수 있습니다. 그것을 얻어서 그것에 의해 우리가 늘 말하는 '역사의 도전'(challenge)이라는 것에 대해서 분명히 알고 대처해야 합니다. 역사는 어떤 성격을 가지고 있습니다. 예컨대 우리가 처해 있는 20세기의 전·후반에 걸쳐서 강렬하게 독특한 성격을 강요하는 것이 있습니다. '너희가 예수를 믿는다, 하나님의 자녀다, 중생했다, 성신님을 의지한다, 성신께서 안에 계신다, 그런 소리를 하느냐? 너희가 교회냐? 그러면 여기에 대해서 너희는 어떻게 하는지 보자.' 이것이 도전입니다. 그런 도전을 하지 않고 가만히 있으면 좋겠지만 그렇게 되어 있지 않습니다. 왜냐하면 "우리는 하나님께 속하고 온 세상은 악한 자 안에 처한 것"(요일 5:19)이기 때문입니다. 온 세상(ὁ κόσμος ὅλος)은 그 악한 자(ὁ πονηρός)의 팔에 누워 있기 때문입니다.

기도

거룩하신 아버지시여, 저희에게 은혜를 베풀어 주셔서, 주님의 말씀이 저희에게 호방하고 풍요하게 가르쳐 주시는 것들에 대해서 저희가 마음이 좁고 생각이 옅어서 그것을 한번에 받을 수도 없지만, 우리가 받아야만 할 것들도 그때그때 우리의 장성의 분량이 시원치 않고 넉넉지 못해서 제대로 잘 받지 못하고 있사옵나이다. 저희들이 정신을 차리게 하여 주셔서 항상 안온한 가운데, 구안(苟安) 가운데 현실에 그냥 주저앉아 있는 생활을 하지 않게 하여 주시고, 확실히 거대한 분기점에 서 있는 것과 같이 역사의 큰 도전의 확실한 자태를 볼 수 있는 눈을 주시며, 거기에 응하는 사람답게 긴장하고 자기 자신을 깊이 헤아리며 하나님의 약속을 확호하게 믿으며 하나님의 명령을 확실히 듣고 전진하는 사람들이 되게 하여 주시옵소서. 주의 종으로서 충성스럽게 모든 것을 순실히 행할뿐더러 거룩한 정병으로 설 수 있는 고도한 위치에 이를 수 있게 저희를 붙들어 주시고, 이끌어 주시고, 채찍질하시고 혹은 격려해 주셔서 확호하게 세워 주시기를 기도하옵나이다. 주께서는 우리를 통해 일하시려고 하시지만 우리의 모든 부족이 주님께로부터 오는 이런 고귀한 것들을 막고, 항상 저회적인 위치에서 배회하는 일이 많이 있사오니 저희를 불쌍히 여기시고 긍휼히 여기시고 아버님의 거룩하신 능력에 대해서 참되고 바른 깨달음이 있게 하여 주시고 그 거룩한 계시의 내용에 대해 확실한 각성이 있게 하여 주옵소서.

우리 주 예수 이름으로 기도하옵나이다. 아멘.

1972년 5월 10일 수요 기도회

보첨(補添)

계시록 22장의 중요한 두 장면

Expositions on Revelation

보첨(補添)

계시록 22장의 중요한 두 장면

　그동안 계시록을 죽 공부했는데 지난 수요일에는 22장을 읽고서 이야기했습니다. 계시록 마지막에 어떤 동산에 이르렀는데 그 동산에는 나무가 있어서 달마다 새로운 열매가 열립니다. 그것을 생명수 강가에 서 있는 나무들이라고 했습니다. 마치 "시냇가에 심은 나무가 그 시절을 좇아 과실을 맺으며"(시 1:3) 하는 말씀을 연상하게 하는 장면을 거기에 그린 것입니다. "또 저가 수정같이 맑은 생명수의 강을 내게 보이니 하나님과 및 어린양의 보좌로부터 나서 길 가운데로 흐르더라. 강 좌우에 생명나무가 있어 열두 가지 실과를 맺히되 달마다 그 실과를 맺히고 그 나무 잎사귀들은 만국을 소성하기 위하여 있더라. 다시 저주가 없으며 하나님과 그 어린양의 보좌가 그 가운데 있으리니 그의 종들이 그를 섬기며 그의 얼굴을 볼 터이요 그의 이름도 저희 이마에 있으리라. 다시 밤이 없겠고 등불과 햇빛이 쓸데없으니 이는 주 하나님이 저희에게 비춰심이라. 저희가 세세토록 왕 노릇 하리로다"(계 22:1-5). 이렇게 그 정경을 묘사했습니다.

지난 시간에는 계시록의 마지막에 보이는 이 광경에 나타나는 두 가지의 말에 생각을 얹어 놓고 이야기를 하였습니다. 첫째는 그 동산에 서 있는 나무인데 그것을 '생명나무'라고 했습니다. 생명나무라는 것은 여기서 처음 듣는 말이 아니고 창세기 맨 처음 에덴동산에서 생명나무를 만난 적이 있지요? 그러니까 에덴동산에 서 있는 생명나무는 어떤 의미를 가지고 있었는가를 이야기하고 그것과 여기 이 생명나무를 비교해서 잠깐 생각했습니다. 둘째로 이 정경 가운데서 딱 정지되어 있는 그림과 같이 환연히 그려 볼 수 있는 것이 무엇이냐 하면 그곳이 어둡지 않고 환하다는 사실입니다.

사람들이 환한 그림을 그릴 때에 그 빛은 당연히 햇빛입니다. 특별히 불빛 아래 있는 것을 그리려고 할 때에는 일부러 불이 비치는 정경을 그리고 그 아래서 불에 비춰진 상을 그립니다. 그리고 햇빛과는 다른 그 불빛의 특이성을 그려냅니다. 불빛 아래서는 그림자마저도 햇빛 아래서 나온 그림자와 같지 않습니다. 서양의 유명한 화가 가운데 햇빛을 아주 잘 받아서 환하게 빛나는 정경을 잘 그린 사람이 있습니다. 특별히 그 빛을 찬란하게 취택해서 어디에 가든지 태양 아래 있는 빛을 잘 그려 낸 사람이 있는데 그가 누군지 아시지요? 그 그림의 특색을 들자면 환한 햇빛에 반사된 것을 햇빛 아래 있는 사실만 그대로 그리지 않고 그보다는 차라리 신선한 생명을 녹음(綠陰)이나 나뭇잎 등으로 구체적으로 한 개의 빛깔에 기탁(寄託)해서 많이 그려 냈습니다. 햇빛이 비치는 장면을 특수한 어떤 색채를 통해서 신선함과 생명을 동시에 느낄 수 있게 그렸습니다. 그림을 그렇게 아주 특색 있게 그려서 '이것은 그 사람의 그림이다' 하고 얼른 알아볼 수 있게 그린 사람이 누구냐 하면 세잔(Paul Cezanne, 1839-1906)입니다. 그의 그림은 항상 푸른빛이 참 많고 또 환해서 생명의 푸르름을 늘 느끼게 합니다. 그런데 그보다도 햇빛이 환히 비치는 정경을 잘 그린 사람이 또 있습니다. 그와 같은 것을 아주 환상적으로 그려 낸 사람은 반 고흐(Vincent van Gogh, 1853-1890)입니다. 그리고 고갱(Paul Gauguin, 1848-1903)도 찬란한 햇빛을 그리기 좋아해서 나중에 남태평양에 있는 섬에 가서 살았습니다.

제가 왜 이런 이야기를 하느냐 하면 그림 이야기가 중요해서가 아닙니다. 여기 이 계시록 최후에 나타난 이 동산의 빛은 그 햇빛이 아니었다는 것을 말씀드리려는 것입니다. 그 빛은 햇빛이 아닌 까닭에 거기에 있는 현상들이 햇빛이 비치는 현상으로 나타나지 않았을 것이고 훨씬 별다르게 나타났을 것입니다. 어떤 물건을 불빛 아래에 놓고서 불빛에 비치는 그 물건의 특색을 그려 놓는 것과 그것을 대낮에, 특별히 오뉴월 염천 환히 맑은 햇빛이 비치는 데에 그것을 놓고 그린 것은 같은 그림일 수가 없다는 말입니다. 물건은 같은데 그 물건에 빛이 반사되어서 나타나는 그 색채와 빛이 주는 인상은 아주 다릅니다. 물론 물건이 가지고 있는 가치에 의한 인상은 별다른 문제입니다. 그와 같이 이 동산에 환하게 비치는 빛이 있는데 그것은 햇빛이 아니라는 것입니다.

수요일 저녁에 계시록 마지막 장에 있는 여러 가지 중에 중요한 것을 뽑아서 이야기했는데 시간이 많이 없어서 두 가지 이야기를 했습니다. 첫째는 생명나무에 관해서 설명했고 둘째는 빛이 비치는 장면에 관해서 이야기했습니다. 계시록 22장에는 동적인 장면도 나옵니다. 하나님과 어린양의 보좌가 그 가운데 있고 종들이 그를 섬기며 그의 얼굴을 본다는 장면입니다. 이것은 정적인 수채화나 유화로 그릴 수 있는 장면이 아닙니다. 보좌에 가만히 앉아 계시는 것이 아니고 거기서 섬김을 받고 그들에게 은혜를 주고 명령하시고 저들은 모셔서 섬깁니다. 영화처럼 움직이는 그림으로 표현을 해야 할 장면입니다. 그러나 먼저 나오는 생명나무의 장면과 빛이 비치는 것은 비교적 정화(停畵)로, 정지한 상태로 그려도 그 특색을 많이 나타낼 수 있습니다. 그래서 그 두 가지 이야기를 했습니다.

창세기 맨 처음에 에덴동산을 창조하셨고 거기에 생명나무를 두셨다는 것이 창세기 2장에 나옵니다. 에덴동산에서 생명나무의 의미는 무엇일까 하는 것을 이야기할 때, 여러분들에게 '생명나무의 의미가 무엇입니까' 하고 일일이 물어보면 시간이 가니까 바로 이야기를 시작해서 에덴동산에서 이 생명나무가 하나님의 새크러먼트로서 현저한 의미를 가진다는 것을 말씀드렸습니다. 비적(秘蹟)이라고 할 때는 몇 가지 조건이 있지요? 첫째는 하나님이 제정하신 것이어야 합니다. 둘째는 무엇을 표징하는 징표(徵標)가 되어야 합니다. 셋째는 무엇을 확인하는 인증이 되어야 합니다. 그리고 그것은 하나님의 은혜의 방도가 되어야 합니다. 우리 주께서 거기 같이 계심으로써 된다는 약속하에서 나타내는 그 은혜라는 것이 그중에서도 가장 현저하고 중요합니다. 그렇지만 주께서 거기에 확실히 같이 계신다는 사실을 별도의 조건으로 붙이지 않고 대개 이 세 가지를 새크러먼트의 요소로 봅니다.

성찬과 세례를 행하면서 새크러먼트가 무엇인지 배웠으니까 그 의미에 대해 잘 아실 것입니다. 새크러먼트는 하나님께서 제정하셨습니다. 그리고 그것은 하나님께서 우리에게 주시는 큰 은혜의 내용을 나타내는데 '죄사함' 혹은 '하나님의 은혜의 계약'이라는 말로도 표시합니다. 이것이 물론 에덴 이후, 즉 사람이 범죄한 이후의 이야기입니다만 범죄하기 이전이라도 하나님의 거룩한 계약의 표징이 되고 인증이 됩니다. 하나님께서 계약하시는 그러한 은혜의 표징과 인증이 된다는 말입니다. 에덴에 있어서 생명나무라는 것도 그런 표징으로, 인침으로, 은혜의 방도로 거기에서 확실히 자기의 할 일을 하고 있는 것같이 그 존재의 의미를 늘 나타내고 있었습니다. 이와 같이 생명나무가 에덴에서 어떤 의미를 가지고 있었던가를 이야기한 것이고 여기 계시록에 와서 마지막에 다시 생명나무가 서서 열매를 맺는다는 말씀이 나오니까 이 생명나무는 창세기 1장에 나타났던 에덴의 생명나무와 어떤 상관이 있느냐 하는 것을 말씀드렸습니다. 에덴의 생명나무는 다만 표징에 불과했지만 계시록의 생명나무는 한 개의 표징으로만 존재하지 않고 그것 자체가 가장 풍부하게 은혜를 직접적으로 나타내고 공급하는 것을 보여 줍니다. 생명을 그대로 공급하는 것을 표시하는 것입니다.

에덴의 생명나무는 그 열매를 먹음으로써 영원한 생명을, 그것이 공급하는 특수한 자양과 신통력을 갖게 된다고 말할 수가 없습니다. 그것은 마치 선악과를 먹는 것 자체가 생리적으로 물질적으로 무슨 특수한 신통력을 발휘하지 않는 것과 같은 이야기입니다. 그러나 계시록에 나오는 생명나무는 에덴에 있는 생명나무와 같이 단순한 사인(sign)과 표징에 불과한 것이 아니고 어떤 실체(realrity)를 주는 것을 이런 식으로 표현한 것이라고 말씀드렸습니다. 그 실체를 이런 식으로 예술적으로 표현을 한 것입니다. 계시록 전체가 커다란 상징적인 표현이지만, 거기에는 어떤 실체가 있다는 것이지 새크러먼트적인 사인(sign)은 아닙니다. 계시록은 어떤 사실을 그런 식으로 묘사합니다.

그러면 에덴에 있어서의 생명나무는, '생명'을 '생명나무'라는 말로 묘사한 것입니까? 창세기의 맨 처음 표현은 모두 상징적인 표현이냐 하는 문제입니다. 만약 그렇다고 한다면 '선악과도 사실상 어떤 나무가 있는 것이 아니고 어떤 선악을 표시한 것이다' 이렇게 말을 해야 합니다. '에덴동산에 있는 생명나무가 생명을 실지로 표시한 말이고 그것을 문자적으로 문학적으로 그렇게 표현했다' 그렇게 본다면 '선악과라는 것도 사실상 선이라든지 악이라는 도덕적인 실질을 시적(詩的)으로 문학적으로 그렇게 표현했다' 그렇게 말을 해야 할 것입니다.

과연 그것이 그러한 은유법을 쓴 표현입니까? 예를 들어서 밤이 되어서 어둠이 덮이면 '어둠이 차츰차츰 짙어진다' 하는 것이 비교적인 제일 과학적인 표현일 텐데 시적으로 표현하려면 '어둠의 장막이 온 누리를 차례차례 포근히 덮어 주었다' 이런 말을 씁니다. 이것은 순전히 문학적인 표현입니다. 그러한 문학적인 표현이 지시하고 보여 주는 내용은 단순히 점점 어두워졌다는 이야기입니다. 어둠을 그냥 어둠이라고 하지 않고 '어둠의 장막'이라는 말로 썼습니다. 장막과 같이 내려서 덮는 것을 표현한 것인데 여기서 '어둠'이라는 부분은 사실이고 '장막'이라는 것은 순전히 은유입니다. 그것 자체는 그것대로 순전히 상징적인 표현이고 '어둠의 장막' 하면 그것은 은유법입니다. 표상과 실질을 섞어 가지고 쓰는 것입니다.

그러면 창세기 2장에 있는 것이나 1장에 있는 문장이 모두 은유법적인 표현입니까? 단순하게 '생명'이라고 말하지 않고 '생명나무'라고 말한 것입니까? 어떻게 생각하세요? 그렇다면 선악과도 어떤 물질적인 나무가 있었다고 생각할 것이 아니고 '선악'을 '선악수' 혹은 '선악을 알게 하는 나무' 이런 말로써 표현을 했다고 보아야 합니까? 어떻게 보면 그것도 일종의 은유적인 것입니다. 점점 그렇게 자꾸 표현이 짙어지면 풍유적으로 들어가는 것인데 그런 식 표현이었습니까? 그것과 비교해서 계시록 전체가 다 그렇지만 22장에 있는 표현이 사실 그대로의 표현입니까, 그렇지 않으면 이것은 사실이 아니고 상당히 발전된 은유적인 표현이나 상징적인 표현입니까? 물건 자체가 무얼 표시한다든지 표징한다든지 그런 것이 아니고 문학적인 표현으로 보아서 이것이 직설적인 표현인가 은유적인 표현인가 하는 문제입니다. 만약 직설이라고 하면 새 세상에 어떤 나무가 나서 열매가 주렁주렁 열린다고 해야 할 것입니다. 이러한 식물이 거기서 난다고 해야 할 것입니다.

계시록의 문장의 표현법과 창세기의 표현법은 근본적으로 달라서 창세기는 사실을 그냥 서술한 것입니다. 그런데 이렇게 해석하지 않고 계시록의 문체나 창세기의 문체나 동일한 풍유적인 혹은 은유적인 표현이라고 한다면, 계시록을 해석하는 데는 좋을는지 몰라도 창세기의 경우에는 '아담과 하와가 최초로 시험받은 경로가 역사상 현저한 사실로서 그렇게 시험받은 것이 아니고 풍유적으로 그렇게 표현한 것뿐이다' 이렇게 해석하게 됩니다. 말하자면 '인류의 타락이라는 것은 인류가 이렇게 생겼다 하는 것을 표시하기 위해서, 인류가 가지고 있는 현실을 설명하기 위해서 그런 신화적인 것을 생각해 가지고 은유적으로 표현한 것이다' 이렇게 해석하는 것이 자유주의자들의 방식입니다.

성경을 해석하려면 자유주의자뿐만 아니라 모든 학자가 다 성경의 문체가 여자적(literal)인지 상징적(symbolic)인지 결정해 가면서 이야기를 해야 합니다. 결정할 때에는 논지가 명백해야 하고 파악하는 방법도 명백해야 합니다. 그것이 불분명한 바람에 오늘날 허다한 괴로움이 발생하는 것입니다. 예를 들어 예언서를 해석할 때 '어린아이가 독사의 구멍에다가 손가락을 넣어도 해를 받지 않는다. 사자와 어린양이 함께 뛰면서 논다' 하는 것을 문자 그대로 사실이 그렇게 발생할 것으로 볼 것인가 그렇지 않으면 어떤 훨씬 고도적인 큰 사실을 사람들이 상상하기 쉽도록 실마리를 잡게 하기 위한 상징적인 표현으로 볼 것인가 하는 문제입니다.

　이것은 상징적인 표현입니다. 전체의 기조로 보아서 문자 그대로라고 할 때에는 굉장히 이상한 억설(臆說)이 생기는 것을 발견하고 '이것은 문자 그대로 표현된 것이 아니고 오히려 그것보다 더 고도한 사실을 이런 물리적인 현상으로 표시했던 것이다' 이렇게 판단할 때에 비로소 이러한 말씀의 배경이 무엇이고 내용이 무엇인지를 교회에서 찾는 것입니다. 그렇게 생각하지 않고 '이것은 앞으로 자연 현상 가운데서 사실 그대로 발생할 것이다' 하고 해석하면 교회에서 그 실질을 찾아보려고 하지 않고 언제고 한번 그것이 발생하기를 바라는 것입니다. 언제 그런 일이 발생하는가 하면 예수님이 땅에 오셔서 세상을 그렇게 만들어 놓을 것이라고 합니다. 문장의 스타일 하나를 잘못 해석하는 데서 하나는 이리로 가고 하나는 저리로 가는 것입니다. 그것이 굉장한 문제입니다.

　그래서 결국 예수님이 오셔서 땅 위에 건설할 유토피아라는 것을 이야기할 때에 사람의 마음과 정신적인 부문에 나타나는 인간의 가장 고귀한 인격적 부문에 있어서의 위대성과 고도한 존엄성 대신에 사람의 육체적인 것과 물리적인 것, 물질적인 부문을 가지고 자꾸 이야기합니다. 말하자면 물질 편중주의입니다. 생각하는 방식이 물질주의적(materialistic)입니다.

　예를 들어 사시장철 봄바람만 불고 나뭇잎은 늘 푸르고 철마다 좋은 꽃이 피고 시냇물은 졸졸졸 흐르는 그것을 유토피아 혹은 위대한 메시아 왕국으로 생각하고 그것이 메시아 왕국의 특색이라고 한다면 오늘날에도 그만한 정도의 동산 하나를 꾸며 놓고 살사면 못 할 것이 없습니다. 부잣집에 가 보면 정원을 그렇게 꾸며 놓고 삽니다. 우리나라는 겨울이 오면 낙엽이 떨어지지만 하와이에 가면 연평균 기온의 변동분이 2도밖에 안됩니다. 연평균 기온이 섭씨 24도이고 제일 추운 때의 평균 기온이 섭씨 22도입니다. 그러니까 아무리 추워도 요새 날씨와 같습니다. 그런 데에 가서 살면 참말로 낙원과 같을 것입니다. 그러면 하와이가 지상 낙원입니까? 결국 문자적으로 해석하고 나가면 예수님이 재림하셔서 꾸밀 땅은 하와이 같은 곳이라고 하지 않을 수 없습니다. 나무도 많이 나고 과실도 많이 열리고 옷 걱정할 것도 없고 그 속에서 잘 지냅니다. 그렇다면 하와이가 정말로 낙원입니까?

이런 것이 기독교인들이 가지고 있는 물질주의적인 생각입니다. 이런 생각을 한다면 거기에 기독교의 특색은 없습니다. 동양 사상에도 이상적인 낙원으로 무릉도원이라는 것이 있습니다. 무릉도원이라는 것이 어디에 있는 것인지 알 수 없으나 좌우간 시인은 무릉도원을 생각해서 시를 만들기도 했습니다. 그런 것을 보면 기독교가 이 지상에 있는 기후나 자연 환경을 가지고 낙원의 중요한 요소라고 하는 것을 떠들어 댄다고 하면 별 대단한 것은 아니라고 느끼게 됩니다. 사자와 어린양이 같이 노는 것이 굉장한 것 같지만 사자하고 어린양이 반드시 찢고, 먹고, 잡아 죽이고 그러기만 하는 것은 아닙니다. 우리나라 사람은 그렇게 생각하겠지만 짐승을 길들이는 사람에게 물어보면 그것이 다 가능한 이야기라고 합니다. 우리나라에서는 아직 못 보았습니다만 개하고 고양이하고 참 재미있게 노는 사진이 얼마든지 있지 않습니까? 개하고 고양이는 만나기만 하면 싸운다고 하는 것이 우리의 전통적인 생각입니다. 그것뿐 아닙니다. 개하고 닭하고도 정답게 지내기도 합니다. 만약 그런 것이 다 가능하다면 지상천국이라는 것도 사람의 노력으로 건설할 수 있다는 신학도 나오게 되는 것입니다.

그래도 사람은 좀 더 지혜가 있어서 성경에 나오는 것보다는 좀 더 많이 생각을 했습니다. 가령 '아무리 천국이 좋아도 사람이 질병으로 죽으면 소용이 없지 않은가' 하는 생각입니다. 아무리 좋고 아름다운 것도 그만큼 뭐가 있느냐 하면 나쁜 벌레가 있고 질병이 있습니다. 예를 들어 사진 찍어 놓으면 참 아름다운 정경인데 그곳이 사람이 살기에는 악조건을 가지고 있는 데가 많이 있습니다. 아마존 강 유역에 수풀이 우거진 곳에 배를 띄우고 돌아다니면 마치 무릉도원에 간 것 같을 테지만 거기에는 독특한 토질병이 있고 벌레들이 물어서 나는 병이 있습니다. 따라서 아무리 좋은 나무숲 속에 아무리 좋은 집을 짓고 살아 보아도 그곳이 낙원일 수가 없습니다. 그러니까 '사람이 몸이 건강해야 낙원이지 몸이 건강하지 않고는 안 되겠다' 해서 예방 의학을 자꾸 발달시켜 가지고 그만큼 위생 관리를 철저히 하고 평균 수명을 늘어나게 해야 한다는 식의 생각을 자꾸 하는 것입니다. 그런 것들이 모두 이렇게 물질적이고 육체적인 생각입니다. 그런 데에 중점을 두고 예언서에서 장차 올 아름답고 영화로운 세계를 묘사한 부분을 그런 식으로 해석하면 기독교에서 말하는 하나님의 나라는 별것 아닌 것이 되고 맙니다.

우리가 생각해야 할 것은 계시록의 문장 스타일이 어떤 해석을 요하는가 하는 문제입니다. 계시록에 있는 모든 말들은 여자적(如字的)인 표현이 아니고 항상 그것이 무엇을 상징하고 있습니다. '물'이라고 하면 실지로 물이 흐른다는 것을 생각해야겠습니까? 그렇다면 "너희 목마른 자들아 물로 나아오라"(사 55:1) 하는 말씀이나 예수님께서 오셔서 "누구든지 목마르거든 내게로 와서 마시라. 나를 믿는 자는 성경에 이름과 같이 그 배에서 생수의 강이 흘러나리라"(요 7:37-38) 하신 말씀에서 '물'은 어딘가에 있는 우물물이나 샘물을 의미하겠습니까? 이사야 선지자는 분명히 생명에 대한 이야기를 한 것입니다. 예수 그리스도로 말미암아서 공급될 생명을 이야기한 것입니다. 그런데 그것도 '예수님이 장차 모세가 지팡이로 땅을 터트리듯이 어느 곳을 터 트려서 아주 생생한 물이 콸콸 흘러내리게 할 것이다. 그것을 먹으면 되겠다' 하는 식으로 해석하면 되겠습니까? 물을 먹어서 영적인 생명이 풍성해져서 영원한 생명의 풍성한 생활을 한다는 것은 성경 어디에도 없습니다. '내게 오면 값없이 너희는 생명의 양식을 먹고 생명의 물을 마신다' 하는 의미로 "내 살은 참된 양식이요 내 피는 참된 음료로다"(요 6:55) 하고 말씀하신 것입니다. 그렇게 표현하는데도 불구하고 그런 표현을 자기네가 얼른 '그건 아닌 것 같다' 하고 알 수 있는 것 이외에는 '전부 다 사실이다. 여자적으로 해석해야 한다' 하는 주장이 일부에 강하게 있습니다.

 미국에서도 특별히 달라스 신학교는 전부 그런 식으로 그냥 확 밀고 나갑니다. 약자로 바이올라(BIOLA)라고 하는 곳에도 그런 주장을 하는 사람이 있습니다. 원래는 로스엔젤레스 성경학교(Bible Institute of Los Angeles)인데 지금은 칼리지입니다. 원래 무디 성경학교에서 토리 선생이 로스엔젤레스로 와서 그것을 다시 세워서 거기 교장으로 있다가 오늘날에는 대학이 되었습니다. 거기 파인벅(Charles L. Feinberg, 1909-1995)이라는 사람이 있는데 달라스 신학교 출신이고 유대 사람으로서 기독교인이 된 사람인데 거기서 강렬하게 그런 주장을 합니다. '성경을 읽되 여자적으로 해석해서 도저히 되지 않을 데에 가서 비로소 상징이 시작하는 것이다. 여자적으로 해석해도 될 데는 다 그대로 해석해야 한다' 하는 주장입니다. 그러니까 사자하고 양하고 논다는 것도 여자적으로 해석해서 안 될 이야기가 아니니까 그렇게 해석해야 한다는 것입니다.

 그렇다면 창세기의 엿새 동안에 천지를 창조한 이야기도 여자적으로 해석해야 하니까 우리가 살고 있는 하루라고 해야 하고 '그날'이라든지 '그 큰 날'이라든지 '마지막 날'도 여자적으로 24시간으로 해석해야 할 것입니다. 그러나 우리말도 그렇고 서양말도 마지막 날(last day)이라고 할 때는 반드시 마지막의 24시간을 이야기하는 것이 아니라 말기(末期)를 이야기하는 것입니다. 특별히 히브리어에서 날을 뜻하는 욤(יוֹם)이라는 말은 적어도 세 가지 의미로 쓰입니다. 첫째는 24시간을 가리킵니다. 둘째는 어떤 일정한 기간을 가리킵니다. 어떤 일의 시작으로부터 끝까지의 기간을 욤이라고 하는 것입니다. 셋째로 어떤 사람의 일생을 가리키기도 합니다. 예컨대 '다윗의 날에' 하는 말은 다윗의 일생동안을 가리킵니다. 또한 '이스라엘이 광야에서 생활하는 날에' 할 때는 광야에서 생활하던 어떤 날을 의미하는 것이 아니라 광야 생활 40년을 의미합니다.

이렇게 언어 자체가 신축성이 있음에도 불구하고 언어를 어느 한 귀퉁이에다만 집어넣고 해석하려고 하면 안 됩니다. 성경은 그때 사람들이 생각하고 있는 현상을 말로 표현한 것입니다. 자연 현상도 '해가 동쪽에서 떠서 서쪽으로 진다' 하는 말을 할 수 있습니다. 사람은 자연 현상을 바라보고 그것을 그렇게 표현하는 것입니다. 오늘날에도 우리가 해가 동에서 떠서 서로 진다는 것을 다 생각하지요? 그러나 해가 뜨고 진다는 것은 지구가 중심이 되어서 해석하는 이야기입니다. 그러나 과학적으로 엄밀하게 말하자면 해는 뜨지도 않고 지지도 않고 가만히 있는 것입니다. 지구에 대해서 올라갔다 도로 내려갔다 하지 않고 오히려 지구가 자전을 하고 공전을 하는 것입니다. 그렇지만 지금도 해가 떴다든지 졌다든지 하는 말을 씁니다. 만일 우리가 쓰는 그 말을 지금부터 2천 년이나 3천 년 전의 사람들이 생각하던 대로 여자적으로 해석해 버린다면 우스운 일이고 말도 안 되는 이야기입니다.

이런 예를 보더라도 비록 동일한 용어라고 하더라도 언어는 시대의 변천에 따라서 표시하는 개념이 달라지기도 하고 변동되기도 한다는 것을 알고 있어야 합니다. 우리가 쓰는 말 가운데에는 그런 것들이 참 많이 남아 있습니다. 이처럼 사람들이 쓰는 말은 신축(伸縮)하고 그 말이 표현하는 내용은 변천해 나가는데 여자적으로 그냥 말 자체에 생명을 걸고 모든 교리를 말에다 걸어 놓고서 매달린다면 그것은 참으로 위험한 일입니다. 말은 내용을 표현하기 위해서 사용한 것인데 오히려 말에 붙들려서 내용을 말에다가 붙여서 '꼭 말대로다' 이렇게 한다면 큰 야단입니다. 프랜시스 베이컨도 허위(fallacy)를 말할 때, 이돌라(idola)론을 할 때에도 '말'에 대한 이야기를 하지 않았습니까? 사람은 말로써 생각을 표현하는데 나중에는 그 말 자체에 매달려 가지고서 말이 생각을 지배해 버리게 된다고 했습니다. 그런 것도 허위이고 우상이라고 한 것입니다. 그것은 참 투철한 명언입니다.

　그런 의미에 있어서 창세기의 표현법은 계시록의 표현법과 스타일이 같지 않다는 것입니다. 같지 않으니까 '창세기에서 말한 생명나무와 계시록에 있는 생명나무가 같은 실질을 의미했겠는가?' 이렇게 물어보는 것입니다. 수요일 저녁에는 그것을 그렇게 자세히 논하지 않았습니다. 그 두 가지는 같은 실질을 의미하지 않습니다. 창세기에서는 그 나무가 실지로 나무이지만 이쪽은 실지로 나무라고 할 수가 없다는 말입니다. 그것을 실지로 나무라고 한다면 계시록의 표현법도 전부가 여자적인 표현이라고 주장해야 하고 그렇다면 '계시록에 있는 것은 모두가 다 실지로 그것이다' 하고 이야기해야 합니다. 실지로 마귀라는 것은 결국 어떤 형상이냐 하면 용의 형상이라고 해야 합니다. 큰 붉은 용입니다. 마귀는 어떻게 생겼느냐 하면 뿔이 돋치고 귀가 넓적하고 길고 한 그것도 아니고 결국 마귀는 용과 같이 생겼다고 말을 해야 합니다. 그리고 나중에 거짓 선지자가 나오는데 거짓 선지자의 모양은 사람처럼 안 생기고 양과 같이 두 뿔이 달린 놈이 나옵니다. 그놈이 떡 앉아서 '내가 거짓 선지자다' 하지 않고 '내가 이걸 하라고 한다' 하고서 명령하면 '아, 참 명령하시니 따라가겠습니다' 할 것이라는 말입니다. 그래도 이해가 됩니까?

만약 '선지자라는 것은 사람이라야지 사람 이외의 것은 선지자가 될 수 없다' 한다면 생명나무는 어떻게 해서 그것이 실지로 나무일 수 있습니까? 세상에 어떤 식물이 사람에게 영원한 생명을 공급한다는 말입니까? '아, 그것은 하나님의 권능이 한다' 세상에 그런 논리가 어디에 있습니까? '하나님의 권능이면 모두 다 한다' 그것은 아무 논리가 없는 것입니다. 하나님은 친히 내신 법칙이 있는데도 그 법칙을 다 무시해 버리고 하나님의 권능으로써 이제 나무를 가져다가 영원한 생명의 공급자로 만드셨다는 것입니까?

또한 창세기에 있는 생명나무가 실제 나무가 아니고 어떤 다른 이상한 영적인 존재를 그것으로 표시했다고 한다면 창세기에 있는 모든 것이 그런 이상한 영적인 존재가 되어야 할 테고, 나중에는 '아브라함이 정말로 있었는지 없었는지 모른다. 어떤 위대한 영적인 사실을 의인화해서 아브라함이라는 인물로써 표시한 거다' 해야 할 것입니다. 실제로 아브라함이 정말로 존재했는지 안 했는지 모른다는 주장도 나옵니다. '야곱의 열두 아들이라는 것은 천상의 십이궁이다.' 그렇게까지 이론이 나왔습니다. 십이궁을 가져다가 마치 지상에다 열두 아들이라고 벌여 놓았다는 것입니다. 쌍둥이 성좌도 있지요? 그러니까 '아들 둘을 낳은 것은 쌍둥이 성좌를 표시한 것이다.' 그리고 다윗은 태양을 의인화해서 표시했다고 주장합니다. 심지어 그런 이론이 다 나왔습니다. 그러니까 이렇게 하면 끝 간 데가 없습니다. 성경 어디든지 '이것은 상징이다' 하고 붙이고 싶은 데는 다 상징이라고 붙여도 좋다는 것이고 그러면 사실상 모세가 있는지 없는지 모른다는 것입니다.

이것이 간단한 이야기 같아도 성경의 문체(style) 하나를 정하고 해석하는 것에 따라서 나중에는 교리 전체가 이리로 갔다 저리로 갔다 하는 것입니다. 이것이 소위 성경의 비판학(criticism)이라는 것입니다. 좌우간 거두절미하고 창세기에 있는 생명나무하고 여기 있는 생명나무하고 같은 평면에다 놓고 같이 나무라고 생각해야 할 것이냐? 그렇게 생각하면 안 된다는 것입니다.

이런 내용을 그냥 간단히 몇 마디로만 해 버리고 말았으니까 알기가 어렵게 되었습니다마는 알고 보면 그런 것입니다. 창세기에서는 그것이 분명히 나무입니다. 나무인데 새크러먼트로 존재했던 나무입니다. 계시록에서는 새크러먼트가 아니고 여기서는 어떤 실질을 이런 것으로 표현한 것뿐입니다. 그러니까 이것은 나무가 아닙니다. 창세기에 나타난 생명나무가 새크러먼트적인 성격을 가졌다면 결국 그것 자체가 무엇을 표징했다는 것입니다. 마치 떡이라는 것이 예수님의 몸은 아니지만 그것이 예수님의 몸을 표징하듯이 창세기에 있는 생명나무도 그 나무가 생명 자체는 아닙니다. 그것은 첫째로 '따 먹어라' 하고 말씀하신 것과 같이 하나님께서 사람에게 공급하여 주시려고 하는 생명을 의미했고 둘째는 '그것은 나무인 까닭에 사람이 따서 먹을 수 있다는 것이 무엇을 상징하고 있다. 너도 생명을 취하는 것이다. 네가 이렇게 나가면 생명을 취할 수 있게 해 주마' 하는 의미였습니다.

그러면 생명을 어떻게 취하는가? 그것은 하나님의 거룩한 법칙이 자재(自在)해서 '네가 그 방법대로 나아가면 마지막에 이 생명을 주마' 하신 것입니다. 표징으로써 보여 주신 그 생명을 주는 방식으로 하나님께서 내어놓으신 방식이 선악과의 명령입니다. 그것은 이 생명나무가 표징하고 있는 참된 생명을 얻게 하시는 방식으로써 '이렇게 해라. 그러면 얻는다' 하신 것입니다. '선악과 이야기에는 죽음에 관한 이야기뿐이지 어디 생명에 관한 말이 있느냐' 하겠지만, 죽음이 있으니까 당연히 저 반대의 극(極)에는 생명의 이야기가 있는 것입니다. 죽는다는 말의 대척적인 위치에는 언제든지 산다는 말이 있습니다. 거기서 그것을 간취해야 합니다. 그런 명령을 함으로써 그에게 가장 명료하게 인식시키기 위해서 죽음을 이야기한 것이고 그것은 '이렇게 하면 죽을 테니까 죽음으로 들어가서는 안 된다. 이렇게 안 하면 산다' 하는 의미인 것입니다.

그리고 새크러먼트라고 할 때에는 무엇을 인증하는 것입니다. 인을 쳐서 말하자면 확증해 주는 것입니다. 거기 새크러먼트가 있다는 그 사실은 그들에게 '하나님께서 분명히 생명을 비치(備置)하시고 나로 하여금 행위의 정당성과 지속성의 귀결점에 가서 그 생명을 얻게 하시는 것이다' 하는 것을 확증해 주는 것입니다. '행위가 정당하고, 지속되어서 어떤 귀결에 도달하면 생명을 얻는다' 이것을 간단히 '행위 언약' 또는 '행위의 계약'이라고 한다는 것과 그 계약에 관해서 간단히 말씀드렸습니다. 하나님은 하나님이시니까 사람의 동의를 구하실 필요가 없었습니다. 왜냐하면 사람은 장래를 모르기 때문입니다. 그렇게 참 연약하고 장래에 대해서 안다든지 하는 기능이 전혀 없는 사람을 놓고 '너는 장래에 이렇게 하겠느냐? 난 이렇게 하마' 하시지 않는다는 것입니다. 하나님께서는 '너 이렇게 해라. 그러면 내가 이렇게 하마' 하시고, '해라' 하신 이상에는 할 수 있게 만들어 주시는 것뿐입니다. 사람의 능력을 전제로 하는 것이 아니라 능력을 주실 것을 전제로 하고 계약을 하시는 것입니다. 그것을 한바탕 설명했습니다. 사람이 장래를 모르는데 장래를 안다는 전제하에서 가장 타당한 것 같은 말을 할지라도 그것은 부정당하다고 했습니다. 그래서 야고보서를 인용해서 이야기한 것입니다. 이것이 지난번에 생명나무에 대해서 한 이야기입니다. 창세기에서 새크러먼트로서 그 속에다가 보이신 내용이 이제 여기 계시록에 와서는 그 생명이 완전히 공급되는 것입니다.

두 번째 이야기는 빛에 대한 이야기였습니다. 빛에 대해 이야기를 할 때에 태양 광선이었든지 전등이었든지 그 여타 어떤 광선이든지 그 광선만의 특색이 있어서 모든 존재하는 것은 그 광선 아래에서 어떤 현상을 드러내는 것이라고 말씀드렸습니다. 예를 들면 불이 완전히 꺼진 깜깜한 방에서는 붉은색인지 검은색인지 푸른색인지 남색인지 도저히 식별할 수 없는 것입니다. 그러니까 전연 무엇이었는지 알지 못하는 것을 가져다 놓고서 '이것이 무슨 색이냐' 하고 물으면 아무도 무슨 색이라고 말을 할 길이 없습니다. 그것이 '붉다. 아름답다' 하는 것을 느끼려면 빛이 있어야 하는 것입니다. 그런데 예를 들어 밤에 촛불 밑에서 누른빛을 보았을 때에는 누르다는 것을 느끼지 못합니다. 누런 종이를 가져다 놓아도 누런 종이인지 흰 종이인지 잘 알 수 없습니다. 태양광선 아래에서 비로소 종이가 누렇다는 것을 알 수 있습니다. 가령 모조지하고 갱지를 가져다 놓고 보면 현저하게 그 빛깔이 다른 것을 알 수 있습니다. 그렇지만 밤에 희미한 등잔불 밑에서 쳐다보아서는 잘 알 수가 없습니다.

태양은 현재 우리에게 있어서는 최고의 위대한 빛이지만 태양은 태양으로서의 조건을 가지고 있을 뿐입니다. '태양이 쓸데없다' 하는 것은 항상 어떤 조건하에서 변동하기 쉬운 그런 현상 세계가 아니고 하나님이 빛이신 자리, 다시 변동할 수 없는 자리를 의미합니다. 하나님이 빛이시니까 이제 다른 빛이 와서 또 바뀐다든지 하는 일이 없고 바뀔 만한 더 큰 빛이 없는 것입니다. 이것은 완전한 빛이고 완전한 빛 아래에 나타난 것이야말로 실질이라는 말씀입니다. 그러니까 이것은 현상의 세계가 아니고 실질의 세계라는 것을 하나님의 빛으로써 표시한 것입니다.

지난 수요일 저녁에는 이렇게 두 가지 이야기를 했습니다. 다른 이야기는 그것을 설명하느라고 부대(附帶)로 한 것입니다. 우리가 계시록을 읽어 간 터 위에서 그런 이야기를 한 것입니다. 그런데 가만히 생각하면 우리 교회의 일반적인 정도로 생각해서 어떤 때는 이것이 너무 고도한 이야기입니다. 그렇지만 이렇게 심오한 계시록을 '이것은 이것이다' 하는 식으로 이야기하면 되겠습니까? 성경은 어느 책이든지 보면 다 쉽고 이해하기 좋은 것은 아닙니다. 우리가 별로 큰 노력을 안 들여도 이해하기 좋은 부분이 있습니다. 그것은 복음의 기초 도리에 관한 내용입니다. 복음의 기초 도리는 굉장한 노력을 안 들여도 이해하게 만들었습니다. 그렇지만 복음의 기초 도리를 이야기한 성경 말씀을 읽으면 다 안다는 말은 아닙니다. 거기에 나타난 기초적인 도리만을 알게 했으니까 그것이 포함하고 있는 심오한 도리는 세월이 가면서 생활하면서 경험하면서 깊이 연구해야 알 수 있는 것입니다.

하지만 성경 어떤 부분은 표현부터 어려운 곳이 있습니다. 턱 보아도 어렵고 '1차적이거나 2차적인 것은 이런 것이겠지' 하고 흡수할 만한 것이 보이지 않을 만큼 처음부터 아주 딱딱한 부분이 있습니다. 계시록이 바로 그런 책입니다. 처음부터 어려운 책입니다. 쓱 보면 그래도 대강의 뜻은 알겠다는 그런 것이 없고 대강의 뜻도 모르게 딱 막혀서 깊이 사고하고 연구를 해야 하겠다는 생각이 드는 책입니다. 그러니까 하나님의 여러 도리와 하나님 나라의 큰 진리를 통투하게 여러 가지로 많이 알면 아는 만큼 계시록을 볼 때 깨닫는 바가 많은 것입니다. 그러지 않을 때에는, 가령 복음의 가장 기초적인 몇 가지만 알 정도의 초신자(初信者)는 계시록을 보아도 계시록이 전달하고자 하는 그 심오한 뜻을 알 길이 없습니다. 그렇기 때문에 지금 이런 방식으로 계시록에서 가르치는 뜻을 어느 정도만큼 취해서 설명을 해 보자고 한 것입니다. 일종의 설명이기는 하지만 알아듣기는 쉽지 않습니다. 오늘 이야기한 것과 같은 문장의 스타일에 관한 이론도 필요하고 항상 확실한 논리적인 관점과 철학적인 관점이 요구되기 때문입니다.

1972년 5월 12일 금요일

성구 색인

창세기
2장/ 238
11:1-9/ 138
15:18/ 102

신명기
18:11-12/ 120

사무엘하
6:1-7/ 170

열왕기상
22장/ 227

역대하
26:16-21/ 170

시편
1:3/ 235
2:3/19
93:3/ 18

이사야
55:1/ 244

다니엘
2:37/ 17
2:38/ 23
4장/ 17
7:1-2/ 15
7:3-8/ 15, 16
7:4/ 17
7:9-12/ 16
7:25/ 29
11:31/ 124

마태복음
11:15/ 71

16:22/ 193
16:23/ 193
24:14/ 48
24:21/ 179
24:24/ 77

누가복음
16:19/ 112
16:29/ 225
24:44/ 225

요한복음
3:3/ 192
6:55/ 244
7:37-38/ 244
13:2/ 27
13:27/ 27
15:19/ 66
16:8/ 72

로마서
8:18-23/ 53
8:22/ 56
9:27-28/ 48
11:25/ 48

고린도전서
4:20/ 71
14:10/ 55
15:51-52/ 57

고린도후서
5:17/ 192
11:2/ 113

에베소서
2:2/ 28
6:5-7/ 70

데살로니가전서
2:3-4/ 77
4:16/ 57

데살로니가후서
2:7-12/ 78

디모데후서
3:1/ 78
3:12/ 65

야고보서
4:13/ 213
4:13-16/ 214
4:4/ 113, 114

요한일서
1:5/ 221
2:18/ 52, 84
4:3/ 123
4:16/ 221

요한계시록
4:8/ 92
6:9-11/ 92
11장/ 39
11:2/ 29
11:11/ 29
11:11-12/ 40
12장/ 30
12:3/ 13, 111
12:5/ 41
12:9/ 13
12:12/ 26
12:14/ 29
12:14-17/ 14
12:17/ 26, 46
13장/ 20, 21, 23, 64

13:1/ 14, 112
13:1-18/ 12
13:2/ 15, 22, 25
13:3/ 32
13:4/ 76
13:5/ 29
13:7/ 26
13:11/ 53
13:11-18/ 75
13:12-14/ 76
13:14-15/ 32
13:16-17/ 75
14장/ 63
14:1-20/ 38
14:8/ 58
14:9-12/ 58
14:13/ 58
14;14/ 58
15:1-8/ 62
16:1-21/ 89
16:2/ 93
16:3/ 95
16:4/ 91, 95
16:6-7/ 92
16:8-9/ 100
16:10-11/ 101
16:12/ 101
16:13-16/ 103
16:16/ 127
17:1-18/ 110
17:2/ 116
17:3-5/ 89, 144, 165
17:4/ 112, 116, 136
17:5/ 112, 116, 136
17:6/ 115, 136
17:7-8/ 122
17:8/ 145, 165
17:9/ 166

17:9-10/ 122, 165
17:9-11/ 145
17:10/ 178
17:11/ 165
17:12-14/ 127
17:15/ 127
17:16/ 127
17:16-17/ 144, 164
17:18/ 113, 136, 139
18:1-24/ 132
18:2/ 89, 135
18:3/ 126
18:4-5/ 137, 143
18:6/ 137
18:7/ 137
18:8/ 137
18:9-10/ 137
18:14/ 134, 142
18:15-17/ 134, 142
18:17/ 142
18:18-19/ 134
18:19/ 142
18:20/ 135
18:22-23/ 142
18:23/ 135
18:24/ 135, 143
19:1-21/ 162
19:11/ 163
19:11-16/ 127
19:12-16/ 90
19:17-18/ 164
19:19-21/ 164
20:1-15/ 162
20:9-10/ 90
20:12/ 91
21:1-23/ 184
21:5-7/ 185
21:11/ 185

22장/ 237
22:1-5/ 235
22:1-21/ 204